LES VOIES
DE LA PRAGMATIQUE

STANFORD
FRENCH AND ITALIAN
STUDIES

volume LI

DEPARTMENT OF FRENCH AND ITALIAN
STANFORD UNIVERSITY

SANDA GOLOPENTIA

Les voies
de la pragmatique

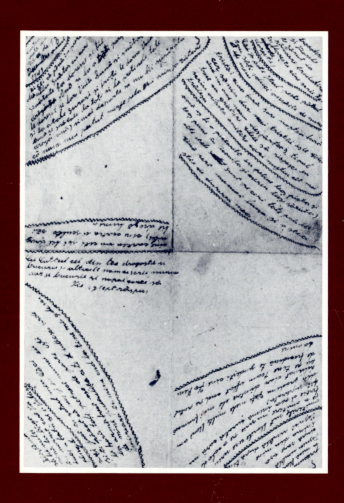

STANFORD FRENCH AND ITALIAN STUDIES 51 · ANMA LIBRI

LES VOIES
DE LA PRAGMATIQUE

SANDA GOLOPENTIA

1988

ANMA LIBRI

Stanford French and Italian Studies is a collection of scholarly publications devoted to the study of French and Italian literature and language, culture and civilization. Occasionally it will allow itself excursions into related Romance areas.

Stanford French and Italian Studies will publish books, monographs, and collections of articles centering around a common theme, and is also open to scholars associated with academic institutions other than Stanford.

The collection is published for the Department of French and Italian, Stanford University by Anma Libri.

© 1988 by ANMA Libri & Co.
P.O. Box 876, Saratoga, Calif. 95071
All rights reserved.
LC 87-71797
ISBN 0-915838-67-2
Printed in the United States of America

Table des matières

Avant-propos

Les textes qui composent le présent recueil ont été écrits entre 1969 et 1985. La plupart d'entre eux, publiés dans des revues, ne sont plus guère accessibles[1]. Certains apparaissent dans un éclairage nouveau, grâce aux travaux qui ont été publiés entre temps dans le domaine.

L'assemblage des textes a imposé des modifications locales plus ou moins substantielles. Il a permis, en même temps, de rendre visible et parfois de souligner la manière dont ceux-ci s'entre-expriment et se répondent.

L'organisation du recueil répond à des soucis plutôt méthodologiques que chronologiques. Les six premiers articles ont un caractère théorique. Ils visent à établir la position de la pragmatique dans le cadre de la sémiotique, les rapports entre la pragmatique et la théorie de l'action, l'analyse contrastive ou l'ethnolinguistique, et les fondements d'une définition pragmatique plus nuancée de l'utilisateur des signes. Suivent un nombre de trois articles dans lesquels la discussion des problèmes théoriques (celui des universaux pragmatiques, celui de la pragmatique textuelle et littéraire, celui d'une définition déontique du concept de force illocutoire) émerge d'une analyse pragmatique particulière (celle de la rythmique enfantine, celle d'une lettre populaire, celle des présentations). Les quatre derniers articles sont consacrés à des problèmes de pragmatique descriptive et appliquée

---

[1] Dans l'ordre de leur inclusion dans le volume, les articles qui sont à la base des textes publiés dans le présent recueil sont les suivants: Golopentia (1979d, 1977b, 1978b, 1985, 1979a, 1979b, 1979e, 1975, 1978a, 1980, 1979c et 1970 [1973]).

ayant pour objet les macrostructures conversationnelles (et leur nota-tion), les pratiques parodiantes, et le cadre interprétatif grâce auquel l'utilisateur ordinaire des signes arrive à donner un sens aux noms de restaurants parisiens.

Au lecteur qui désire situer d'emblée "notre" pragmatique parmi les pragmatiques qui prospèrent aujourd'hui aux Etats-Unis ou en France, nous ne saurions répondre d'une manière expéditive. La lec-ture des articles l'instruira, quant au détail de nos options, mieux que nous ne pourrions le faire dans ces quelques lignes d'introduction. Disons cependant, dès le début, que nous n'adhérons complètement à aucun des trois points de vue pragmatiques possibles que définit Leech (1983): le sémanticisme (dans lequel la pragmatique est incluse dans la sémantique), le complémentarisme (dans lequel la pragmati-que et la sémantique se complètent et s'enrichissent mutuellement, tout en représentant des disciplines autonomes et "égales") et le prag-maticisme (dans lequel la pragmatique inclut la sémantique). C'est dire que nous ne souscrivons pas non plus à la pragmatique sémanti-que de Ducrot (1984) ou de Berendonner (1981) et ceci pour la sim-ple raison que la pragmatique que nous envisageons, plutôt sémioti-que (plus "ouverte" aux systèmes de signes non-linguistiques que ce que Ducrot [1984] appelle *pragmatique du langage*) se situe en amont par rapport aux pragmatiques dont le cadre de référence est stricte-ment limité à la linguistique ou à la sémantique linguistique.

Par rapport à Charles Morris (1971), selon lequel la pragmatique étudie l'origine, les emplois et les effets des signes dans le cadre du comportement qui les véhicule (p. 302), nous avons considéré comme également possibles des pragmatiques étudiant: (a) les relations entre les usagers et les signes avec lesquels ils viennent en contact extra-actionnel, (b) les changements sémiotiques dont le lieu est représenté par l'usager des signes lui-même et (c) les normes qui régissent la créa-tion, l'emploi et la consommation des signes. C'est dire qu'à côté de la pragmatique actionnelle (ou praxéologique) qui se rapproche le plus de la définition morrissienne, le lecteur trouvera dans le présent ouvrage les jalons d'une pragmatique *statique*, d'une pragmatique *dyna-mique* et d'une pragmatique *déontique* qui nous semblent non moins légitimes et non moins utiles que celle-ci.

Les disciplines qui informent notre approche sont, la sémiotique mise à part, la linguistique, l'ethnolinguistique, l'analyse textuelle, l'analyse conversationnelle et la théorie littéraire. Les auteurs par rap-port auxquels nous nous définissons d'une manière essentielle sont J.L. Austin, G.H. von Wright et Mikhaïl Bakhtine.

Nous avons développé dans le présent volume quelques concepts qui nous apparaissent comme particulièrement utiles pour la simplification et l'intégration de certaines des approches pragmatiques courantes.

Tels sont, par exemple, les concepts de *cycle communicatif, histoire conversationnelle* et *ancrage conversationnel* qui permettent de situer les conversations (et, en général, les interactions sémiotiques) dans des macrostructures pragmatiques englobantes et justificatrices. Le concept d'histoire conversationnelle pourra être mis à profit dans les études dédiées à l'énonciation polyphonique telle qu'elle a été définie par Ducrot (1984). En effet, en retrouvant, dans la foulée de Bakhtine, la pluralité des sujets et des points de vue qui sont juxtaposés ou imbriqués dans l'énoncé, Ducrot (1984) n'explique pas la manière dont cette pluralité en vient à apparaître par la scission en quelque sorte d'un sujet parlant extérieur et (sémantiquement) négligeable en locuteur et énonciateur, auteur et personnage, narrateur et sujet de conscience. Or, il nous semble que c'est par l'adhésion à une histoire conversationnelle que l'individu devient le lieu de la cohabitation heureuse ou malheureuse de deux ou de plusieurs "êtres de discours". Que l'apparition d'une histoire conversationnelle ne fait, à son tour, que suivre un acte de présentation. Que les histoires conversationnelles consistent en phases actives et en phases passives que des actes illocutoires tels les salutations initiales et terminales séparent. Et que, de la sorte, des problèmes pragmatiques qui sont analysés séparément d'habitude, tels celui des actes illocutoires de présentation et de salutation, de la conversation intérieure, de la sous-conversation, du mot pénétrant, de l'énonciation polyphonique, etc., en viennent à être utilement intégrés dans un pan pragmatique plus vaste et plus révélateur.

Un autre exemple est représenté par l'opposition *insider/outsider* qui pourrait simplifier considérablement l'approche pragmatique de l'intersubjectivité. Indépendamment du fait que les individus mis en présence dans le cadre des interactions sémiotiques appartiennent à des communautés différentes au niveau du langage, de la profession, de la qualification sémiotique ou langagière, du sexe, de l'âge, etc., le chercheur peut les aborder de la même manière s'il accepte l'idée que toutes ces différences ont pour résultat pragmatique essentiel la confrontation entre un "insider" et un "outsider" (définis par rapport à un groupement humain, par rapport à une compétence particulière, par rapport à la situation globale, etc.). L'opposition insider/outsider, avec laquelle les usagers des signes semblent opérer naturellement, permet en quelque sorte d'introduire dans l'analyse pragmatique le principe de l'altérité, de la différence, sans pour autant devoir tenir compte à chaque fois de ce qui la fonde, de son étymologie particulière, de son contenu. De cette manière on peut, en plus, distinguer entre les interactions sémiotiques authentiques (témoignant, pour parler comme Lévi-Strauss, d'un *niveau d'authenticité*) entre insiders, les interactions asymétriques (méta-sémiotiques, d'initiation, ou tout simplement malheureuses) entre insiders et outsiders et les interactions sémiotiques "vides" outsiders — outsiders.

Parmi les domaines pragmatiques plus rarement abordés, nous avons surtout exploré celui de l'essai, de la feinte et du jeu langagiers et sémiotiques. Nous avons examiné le premier au niveau de l'apprentissage d'une deuxième langue, des activités sémiotiques de l'informateur exécutant qui vit dans une communauté traditionnelle, de l'apprentissage langagier et textuel de l'enfant qui rythme ses formulettes, de l'épistolier qui compose une lettre populaire, etc. Nous avons étudié la feinte locutoire de la référence, la feinte conversationnelle, la feinte parodique, les abus sémiotiques et langagiers en général. Nous avons enfin essayé de décrire les jeux de syllabation ainsi que certains jeux conversationnels plus amples dont l'analyse peut illuminer des zones encore inconnues de la pragmatique.

Quatre sémiotiques possibles

> Il aspirait à regrouper et à concentrer les édifices de la même espèce en un seul lieu, les églises avec les églises, les jardins avec les jardins. A rassembler, de partout, les statues dans un Parc des Statues, et de même les canaux et les boulevards, toutes et tous étant plus aisés à soigner et à administrer ensemble que séparément. Les conduits, par exemple, devaient être extraits du sol pour ne plus l'incommoder, et massés, comme on le fait sur le chantier d'une fabrique de tubes en béton, en fonction de leurs diamètres et de leurs longueurs, dans des piles démonstratives au milieu d'un parc avec lac: les ampoules électriques, enlevées de la ville, devaient être plongées dans le lac pour l'illuminer en couleurs. Chaque chose à sa place, tel est le principe du Maire Général. Il s'agit d'une simplification et d'une réorganisation de la vie. Ayant par exemple 250.000 robinets d'eau massés au même endroit, leur débit peut être rigoureusement surveillé et l'anarchie de leur dissémination dans toute la ville supprimée. Le Maire a été impressionné par le sens du regroupement de l'ancienne Babylone, où tous les éléphants en pierre d'une région étaient disposés côte à côte sur deux rangées pour garder l'entrée du Temple. Ce qui lui avait réussi pour le moment, c'était l'heureux ensemble des réverbères qu'il avait fait porter hors de la ville, sur une colline, l'un à côté de l'autre. (Arghezi, [1933], 25-26)

On peut déterminer une discipline: (a) en précisant l'objet qu'elle appréhende; (b) en précisant le langage qui lui permet d'isoler, de découper, voire de construire son objet et/ou (c) en précisant les équilibrations successives qui se réalisent entre la construction de l'objet et l'aménagement du langage. Les démarches[1] (a), (b) et (c) ne sont pas si éloignées entre elles qu'elles le semblent.

Dans ce qui suit, nous adopterons la démarche (a).

Les théories sémiotiques courantes et leurs applications cognitives et pratiques, lorsqu'elles ne limitent[2] pas leur objet d'étude en abordant les signes en tant que "choses" (en les réifiant), l'étendent — avec un enthousiasme implicite tout aussi dangereux — à tout ce qui existe, à tout ce qui peut être considéré; elles suivent, en ceci, la voie ouverte par des précurseurs illustres tels que Charles Sanders Peirce et Ferdinand de Saussure.

Dans le premier cas, à la "sémiotique des choses sémiotiques" peuvent et doivent être ajoutées d'autres sémiotiques possibles. Dans le deuxième cas, "la sémiotique de tout ce qui existe" devrait être découpée en sémiotiques plus aisément dominables.

Dans ce qui suit, nous entendrons par *objet d'une sémiotique possible* soit un objet prélevé (isolé, découpé) dans la réalité[3], soit un objet construit par la pensée. Nous aurons donc en vue, sans plus nous préoccuper de cette distinction, des *sémiotiques analytiques* et des *sémiotiques synthétiques*.

Les sémiotiques possibles que nous proposons sont les suivantes:

(1) la sémiotique dont l'objet est représenté par (et uniquement par) des *états sémiotiques*; nous la nommerons *sémiotique de l'état* ou *sémiotique statique* et nous la marquerons par *sémiotique S*.

(2) la sémiotique dont l'objet est représenté par (et uniquement par) des *transformations sémiotiques*; nous la nommerons *sémiotique du changement* ou *sémiotique dynamique* et nous la marquerons par *sémiotique T*.

(3) la sémiotique dont l'objet est représenté par (et uniquement par) des *actions* et des *réactions sémiotiques*; nous la nommerons *sémiotique de l'action* et nous la marquerons par *sémiotique A*.

(4) la sémiotique dont l'objet est représenté par des *normes sémiotiques*; nous la nommerons *sémiotique de la norme* ou *sémiotique déontique* et nous la marquerons par *sémiotique N*.

Les raisons pour lesquelles nous nous sommes arrêtés aux sémiotiques possibles énumérées ci-dessus sont les suivantes:

---

[1] *Démarche* est un terme que nous utilisons pour désigner globalement les théories, les applications cognitives et les applications pratiques.

[2] Nous nous référons à la limitation implicite, non perçue par l'auteur, naïve, et non pas à la limitation explicite, pleinement perçue par l'auteur et inévitable.

[3] Nous avons en vue la réalité naturelle aussi bien que la réalité culturelle.

(A) Les concepts d'état, de changement, d'action et de norme sont explorés, par l'intermédiaire du métalangage naturel, dans maints ouvrages récents qui reprennent des préoccupations philosophiques bien représentées dans la culture européenne. Dans ce qui suit, nous utiliserons les concepts de changement, d'action et de norme dans l'acception de von Wright (1963) et le concept d'acte de base dans l'acception de Danto (1970).

(B) A côté de la logique traditionnelle, se sont développées, ces dernières années, des logiques du changement, de l'action, de la norme, qui ont rendu évidente la nature de "logique de l'état" de celle-ci. L'élaboration de ces logiques ouvre non seulement des perspectives à la formalisation mais aussi, et surtout, car elles sont de beaucoup plus importantes, des perspectives nouvelles de thématisation à la démarche scientifique en général et sémiotique en particulier.

(C) Enfin, si nous pensons au fait que les quatre logiques énumérées sous (B) sont des logiques articulées (la logique du changement s'édifie sur la logique de l'état; la logique de l'action s'édifie sur la logique du changement; la logique de la norme s'édifie sur la logique de l'action), la perspective d'une articulation similaire pour les quatre sémiotiques que nous envisageons n'est pas négligeable.

Dans la présentation, rapide, de chacune de ces sémiotiques, nous aurons recours à la distinction *syntactique/sémantique/pragmatique*.

L'acception dans laquelle nous employons les trois termes ci-dessus diffère des acceptions courantes de la littérature sémiotique, linguistique, etc. Nous la discuterons brièvement.

Etant donnés trois ensembles disjoints:

(a) l'ensemble des signes[4] (que nous nommerons l'*ensemble des signifiants*);

(b) l'ensemble des objets (que nous nommerons l'*ensemble des signifiés*) et

(c) l'ensemble des individus qui intériorisent et/ou extériorisent des signifiants et/ou des signifiés (que nous nommerons l'*ensemble des significateurs*[5]), nous nommerons *syntactique* toute discipline sémiotique

---

[4] Dans un sens restreint.

[5] Nous avons adopté le schéma saussurien signifiant — signifié pour des raisons de simplicité. On aurait pu opérer avec quatre ensembles disjoints, conformément à la théorie de Charles Sanders Peirce: l'ensemble des signes (*Signs*), l'ensemble des objets (*Objects*), l'ensemble des interprétants (*Interpretants*) et l'ensemble des utilisateurs des signes (*Interpreters*).

consacrée à l'étude des structures et des systèmes (a), (b) ou (c). Nous distinguerons donc entre une *syntactique des signifiants*, une *syntactique des signifiés* et une *syntactique des significateurs*. Nous nommerons *sémantique* toute discipline sémiotique consacrée à l'étude des rapports qui s'établissent entre l'ensemble des signifiants et l'ensemble des signifiés. Nous nommerons *pragmatique* toute discipline sémiotique consacrée à l'étude des rapports entre (1) l'ensemble des significateurs et l'ensemble des signifiants ou (2) l'ensemble des significateurs et l'ensemble des signifiés. Nous distinguerons donc entre une *pragmatique "extérieure"* et une *pragmatique "intérieure"*. Nous nommerons *sémiotique générale* (où *générale* ne veut pas dire "théorique", car nous pouvons parler de théories générales, de descriptions générales, d'histoire générale, etc.) ou *sémiotique intégrée* toute discipline sémiotique consacrée à l'étude de l'articulation dans un système unique des rapports abordés par la syntactique, la sémantique et la pragmatique définies ci-dessus.

Nous marquerons par *syntactique S, sémantique S, pragmatique S* la syntactique, la sémantique, respectivement la pragmatique d'une sémiotique S. Nous marquerons par *syntactique T, sémantique T, pragmatique T*, la syntactique, la sémantique, respectivement la pragmatique d'une sémiotique T. Nous marquerons par *syntactique A, sémantique A, pragmatique A*, la syntactique, la sémantique, respectivement la pragmatique d'une sémiotique A et par *syntactique N, sémantique N, pragmatique N* la syntactique, la sémantique, respectivement la pragmatique d'une sémiotique N.

C'est pour simplifier l'exposé que nous parlons d'ensemble de signifiants (de signifiés, de significateurs). Il s'agit, en fait, d'ensembles d'ensembles... d'ensembles pour les signifiants, les signifiés et les significateurs.

La sémiotique S

La syntactique S a pour objet les états-signifiants, les états-signifiés, ou les états-significateurs. Les différents types d'états-signifiants sont étiquetés d'habitude par des termes tels que *trait distinctif, phonème, morphème, énoncé, paragraphe, texte*[6], *intervention*[7], *conversation, strophe, incipit, refrain, phrase musicale*, etc. Les différents types d'états-signifiés sont

---

[6] Ces étiquettes sont employées littéralement dans la linguistique et métaphoriquement dans des disciplines sémiotiques comme la poétique, la sémiotique gestuelle, la sémiotique de la peinture, etc.

[7] L'intervention est, pour nous, l'unité de base de la conversation au niveau de l'analyse locutoire de celle-ci. Au niveau d'une analyse illocutoire de la conversation c'est l'échange conversationnel que nous définissons comme unité de base.

étiquetés d'habitude par des termes tels que *sème, lection* (angl. *reading*), *acception, concept, proposition, argument, motif, fonction*, etc. Les différents types d'états-significateurs, moins étudiés jusqu'à présent, pourraient recevoir des étiquettes comme par exemple *significateur premier* (ou *Agent*[8] *sémiotique*), *significateur second* (ou *Anti-Agent sémiotique*) et *significateur tertiaire* (ou *Spectateur sémiotique*).

Des études ayant pour objet la structure phonologique des morphèmes ou des mots, la structure morphématique des mots ou des énoncés, la structure intonationnelle des interventions peuvent servir d'exemple pour la syntactique S des signifiants. Les études ayant pour objet les combinaisons de sèmes dans des lections, les combinaisons de lections dans des propositions, les combinaisons de propositions dans des raisonnements, la distribution des motifs dans le texte (dans l'oeuvre littéraire), etc., sont des exemples de syntactique S des signifiés. Les études ayant pour objet les combinaisons "dans" les significateurs de paramètres tels que l'âge, le sexe, le statut social, l'instruction sémiotique, l'appartenance de groupe, la nature d'individu ou de groupe du significateur, la structure des groupes de significateurs, etc., sont des exemples de syntactique S des significateurs.

La sémantique S a pour objet les corrélations entre états-signifiants et états-signifiés. Elle rend évidente, définit ou décrit la correspondance précise ou vague entre un état-signifiant et un état-signifié; la correspondance polysémique entre un état-signifiant et des états-signifiés apparentés; la correspondance homonymique entre plusieurs états-signifiés et un état-signifiant; la correspondance synonymique entre plusieurs états-signifiants et un état-signifié; la correspondance entre une structure d'états-signifiants et une structure d'états-signifiés, sur laquelle se fondent les familles de mots, les familles de textes (c'est ce qu'on entend, en fait, par *intertextualité*), etc. Elle avance des explications psycho-physiques (du type: contiguïté ou similarité entre un état-signifiant et état-signifié, hérédité sémiotique individuelle, etc.) ou psycho-sociales (du type: communion sociale — angl. *sharing*, transmission par l'intermédiaire de la tradition orale, hérédité sémiotique collective) pour rendre compte de l'association des états-signifiants avec des états-signifiés à l'intérieur d'un style (linguistique, artistique, etc.), d'une langue, d'une aire sémiotique plus vaste. Nous englobons dans la sémantique S la classification peircéenne des signes en signes iconiques, signes indexiques et signes symboliques.

---

[8] La graphie *agent* signale l'utilisation naturelle du terme; la graphie *Agent* signale l'utilisation technique du terme.

La pragmatique externe S a pour objet: le répertoire des états-signifiants (mots, contes, gestes, mélodies, anecdotes, proverbes, etc.) propres à un état-significateur (individu ou collectivité); le rapport entre le répertoire des états-signifiants propres à l'état-significateur individu et le répertoire d'états-signifiants propres à ou sanctionnés par l'état-significateur groupe de référence; la relation qualitative entre l'état-significateur (individu, groupe) et l'état-signifiant (le signifiant plaît, répugne, est familier au significateur; il est inaccoutumé, surprenant pour celui-ci; le significateur est attiré, intimidé, fasciné, irrité par le signifiant). L'étude de Constantin Brailoiu intitulée "La vie musicale d'un village" est un exemple de pragmatique externe S.

Les modes sémiotiques sont des cas où un significateur collectif est attiré par et familiarisé avec: (a) certaines classes de signifiants; (b) certaines classes de signifiés; (c) certaines associations signifiant-signifié.

Des problèmes de pragmatique interne S sont: (1) la détermination des signifiants définitoires pour la pensée d'un individu, d'une collectivité (par exemple les concepts, les idées morales, les opinions, les idées littéraires, les idées esthétiques, les idées linguistiques, le raisonnement, etc., caractéristiques pour un individu naïf, pour un spécialiste, pour une collectivité traditionnelle, pour une collectivité moderne, etc.); (2) la détermination des types de relations possibles entre significateurs et signifiés: le significateur a l'intuition du signifié, comprend le signifié, assume le signifié, etc.

En fonction du degré d'intériorisation des signes et des modalités de cette intériorisation il est possible d'établir le "profil interne" des significateurs sous-moyens, moyens, au-dessus de la moyenne, exceptionnels.

La sémiotique T

Les objets du type changement sont des objets construits à partir des états. Un changement sera défini dans ce qui suit comme passage d'un état X à un état Y, les cas étant également admis où X ≠ Y et où X = Y.

Nous distinguerons entre les changements élémentaires construits à partir d'un seul état et les changements complexes construits à partir de plusieurs états distincts[9].

---

[9] Pour la distinction transformation élémentaire / transformation complexe ainsi que pour les types de transformations élémentaires, cf. von Wright (1963).

Nous marquerons les états par *p, q, r* et le passage d'un état à l'autre par T.

Nous distinguerons entre les types suivants de changements élémentaires:

(1) *p* T *p* (le changement nommé *persistance, durée*, etc.)

(2) *p* T non-*p* (le changement nommé *disparition, mort*, etc.),

(3) non-*p* T *p* (le changement nommé *apparition, naissance, surgissement*) et

(4) non-*p* T non-*p* (pour lequel nous n'avons pas trouvé de terme en français, en roumain ou en anglais, ce qui n'est pas pour surprendre vu le caractère non-perceptible d'un tel changement. Le terme angl. *suppression* proposé par von Wright ne nous semble pas adéquat dans la mesure où *supprimer*, tout comme *éluder, éviter, se dérober* renvoient à un objet plus compliqué que le changement non-*p* T non-*p*, voire à l'action dont l'accomplissement provoque un tel changement.

Nous distinguons entre les types suivants de changements sémiotiques:

(a) la transition d'un état-signifiant X à un état-signifiant Y;

(b) la transition d'un état-signifié X à un état-signifié Y;

(c) la transition d'un état-significateur X à un état-significateur Y;

(d) la transition d'un état-signifiant X à un état-signifié Y;

(e) la transition d'un état-signifiant X à un état-significateur Y;

(f) la transition d'un état-signifié X à un état-signifiant Y;

(g) la transition d'un état-signifié X à un état-significateur Y;

(h) la transition d'un état-significateur X à un état-signifiant Y;

(i) la transition d'un état-significateur X à un état-signifié Y.

Les types (a), (b) et (c) constituent l'objet évident d'étude d'une syntactique T des signifiants, des signifiés, respectivement des significateurs.

Les types (d)-(i) sont d'une nature plus spéciale. Les types (d) et (f) nous semblent correspondre aux changements internes de décodage caractéristiques pour l'ordinateur. Ils pourraient constituer l'objet d'étude d'une *pragmatique de degré zéro* consacrée aux relations entre signifiants, signifiés et ordinateur (ce dernier, étant, en fait, un significateur "transparent").

Les types (e) et (g) renvoient:

(1) à la compréhension des signifiants: déchiffrage d'un texte ou d'une partition, repérage des mots dans une séquence sonore ou

(2) à la compréhension des signifiés: la perception, l'intuition du sens d'une proposition, d'une poésie, d'un roman, etc. Nous soulignons à ce propos l'ambiguïté de mots tels *interprétation* qui se réfère aussi bien à l'identification des signifiants qu'à l'identification des signifiés. On pourrait isoler les deux acceptions en parlant d'une *interprétation extérieure* (des signifiants) et d'une *interprétation intérieure* (des signifiés).

Les types (e) et (g) représentent les objets possibles d'une sous-discipline pragmatique de la sémiotique: l'herméneutique.

Les types (h) et (i) renvoient à des changements d'émission externe (émission de signifiants) respectivement interne (émission de signifiés). Ils spécifient l'objet d'étude de certaines sous-disciplines pragmatiques de la sémiotique, telles la stratégie de la diction, la rhétorique, etc.

La linguistique illustre le style de pensée d'une sémiotique T non seulement par:

(A) les théories de la *diachronie* (dédiées aux changements que subissent les signifiants, les signifiés et — ajouterions-nous — les significateurs, si l'on considère des segments temporels relativement importants), mais aussi par:

(B1) les théories de l'*émergence* (dédiées aux changements que subissent les signifiants, les signifiés ou les significateurs durant la production pensée, parlée, chantée, etc., d'un énoncé, d'un paragraphe, d'un discours, d'une intervention).

Le phénomène d'*attente frustrée* dont on discute dans la poétique est un effet d'émergence, plus précisément un écart par rapport à une régularité émergente dans la perception du significateur second ou tertiaire. Nous distinguons entre:

(a′) une attente frustrée par rapport aux signifiants;

(a″) une attente frustrée par rapport aux signifiés et

(a‴) une attente frustrée par rapport aux significateurs.

L'attente frustrée par rapport aux significateurs est illustrée par les cas, fréquents dans les spectacles de Grotowski, où, durant le même spectacle, le même acteur interprète alternativement les rôles de plusieurs personnages différents ou, au contraire, des acteurs différents interprètent le rôle d'un personnage unique (l'attente consolidée par la pratique moderne de la mise en scène étant qu'un acteur qui ne change pas de costume ou de masque correspond à un seul et même personnage).

(B2) les théories de la *fluctuation* en synchronie (en d'autres termes, les théories dédiées à des changements oscillants du type *p* T non-*p* T *p* T non-*p*...).

Nous avons regroupé ensemble sous (B) les théories de l'émergence et les théories de la fluctuation dans la mesure où celles-ci visent des changements qui s'inscrivent dans un espace temporel relativement réduit.

Dans l'anthropologie culturelle, *l'évolutionnisme* (qui étudie des changements du type *p* T *q* T *r*..., où *p* correspond à *l'origine* et *q*, *r* représentent les *phases* distinctes des processus) et le *diffusionnisme* (qui étudie des changements du type non-*p* T *p* dans le contexte *p*) peuvent, à leur tour, être rangés sous l'étiquette *sémiotique* T.

La définition saussurienne de la sémiologie en tant que discipline étudiant "la vie des signes au sein de la vie sociale" est, en fait, la définition d'une sémiotique générale T.

Les théories de la *variation* dans l'espace des phénomènes linguistiques, culturels, etc. peuvent être, elles aussi, rangées sous la dominance d'une sémiotique T.

L'objet d'une syntactique T des signifiants peut être constitué par: l'évolution phonétique d'un mot, l'évolution morphologique de la flexion verbale ou nominale; l'évolution syntaxique de la phrase (la création et le recours à l'article, à la voix passive, la grammaticalisation ou la dégrammaticalisation de l'ordre des mots, etc.); les variantes chronologiquement ou logiquement successives d'une poésie, d'une oeuvre d'art, etc.; le passage, de l'intuition des signifiés, à l'articulation (la notation, la mise en geste, etc.) des signifiants qui est, en fait, l'objet de toute syntaxe transformationnelle de type chomskien.

La sémantique T a pour objet les corrélations qui peuvent être décelées, prédites, imaginées, etc., entre les changements subis par les signifiants et les changements subis par les signifiés auxquels ils correspondent.

Si nous tenons compte des quatre types de changements élémentaires (*p* T *p*, *p* T non-*p*, non-*p* T *p*, non-*p* T non-*p*), nous pouvons distinguer entre les types suivants de changements sémantiques (de changements à aborder dans une sémantique T):

(a) un changement syntactique du signifiant correspond à, entraîne un changement syntactique similaire du signifié. Si nous marquons par la mise entre parenthèses le changement-signifiant, par la mise entre guillemets le changement-signifié, par *p* les états-signifiants et par *q* les états-signifiés, nous distinguons entre:

(1) (p T p) "q T q";
(2) (p T non-p) "q T non-q";
(3) (non-p T p) "non-q T q" et
(4) (non-p T non-p) "non-q T non-q".

(b) un changement syntactique du signifiant correspond à, entraîne, etc., un changement syntactique de type différent du signifié. Nous distinguons entre les possibilités suivantes:

(5) (p T p) "non-q T q";
(6) (p T p) "q T non-q";
(7) (p T p) "non-q T non-q";
(8) (non-p T p) "q T q";
(9) (non-p T p) "q T non-q";
(10) (non-p T p) "non-q T non-q";
(11) (p T non-p) "q T q";
(12) (p T non-p) "non-q T q";
(13) (p T non-p) "non-q T non-q";
(14) (non-pT non-p) "q T q";
(15) (non-p T non-p) "non-q T q";
(16) (non-p T non-p) "q T non-q".

Il y aurait intérêt à mettre en correspondance les types de changements ci-dessus avec les changements sémantiques linguistiques tels qu'ils ont été définis ou décrits par G. Stern, L. Hjelmslev, ou E. Coseriu.

La pragmatique externe T étudie les rapports qui s'établissent entre les changements subis par les significateurs et les changements subis par les signifiants. Des objets de recherche possibles pour une pragmatique externe T sont: l'apprentissage de l'articulation, de la prononciation et de l'écriture des mots par l'enfant; la conservation, stricte ou laxiste, des structures phonétiques, morphématiques, syntaxiques qui caractérise la manière dont parle une langue naturelle (sa langue maternelle) l'adulte qui n'a pas souffert des influences linguistiques déformatrices[10]; les mutations phonétiques, morphématiques, syntaxiques caractérisant la parole (la culture) de l'adulte soumis à l'influence déformatrice d'une autre langue (d'une autre culture) — ici s'inscrivent

---

[10] Nous utilisons le terme *déformatrice* sans aucune connotation péjorative.

les cas de multilinguisme, d'acculturation, etc.; la perte ou l'altération de la capacité d'articulation, de prononciation ou d'écriture des mots (énoncés) qu'on enregistre dans l'aphasie expressive; la "vie" des signifiants dans la "mémoire" des collectivités (les langues qui "meurent", les modes sémantiques qui s'instaurent, les modes sémiotiques qui succombent, les traditions sémiotiques qui se maintiennent, les répertoires sémiotiques actifs ou passifs, etc.).

Si nous nous limitons aux changements élémentaires et si nous marquons les états-significateurs par r et les changements-significateurs par la mise entre crochets, nous pouvons énumérer les changements pragmatiques externes distincts qui suivent:

(1) $\langle r \text{ T } r \rangle$ $(p \text{ T } p)$;

(2) $\langle \text{non-}r \text{ T } r \rangle$ $(\text{non-}p \text{ T } p)$;

(3) $\langle r \text{ T non-}r \rangle$ $(p \text{ T non-}p)$;

(4) $\langle \text{non-}r \text{ T non-}r \rangle$ $(\text{non-}p \text{ T non-}p)$;

(5) $\langle r \text{ T } r \rangle$ $(\text{non-}p \text{ T } p)$;

(6) $\langle r \text{ T } r \rangle$ $(p \text{ T non-}p$;

(7) $\langle r \text{ T } r \rangle$ $(\text{non}p \text{ T non-}p)$;

(8) $\langle \text{non-}r \text{ T } r \rangle$ $(p \text{ T } p)$;

(9) $\langle \text{non-}r \text{ T } r \rangle$ $(p \text{ T non-}p)$;

(10) $\langle \text{non-}r \text{ T } r \rangle$ $(\text{non-}p \text{ T non-}p)$;

(11) $\langle r \text{ T non-}r \rangle$ $(p \text{ T } p)$;

(12) $\langle r \text{ T non-}r \rangle$ $(\text{non-}p \text{ T } p)$;

(13) $\langle r \text{ T non-}r \rangle$ $(\text{non-}p \text{ T non-}p)$;

(14) $\langle \text{non-}r \text{ T non-}r \rangle$ $(p \text{ T } p)$;

(15) $\langle \text{non-}r \text{ T non-}r \rangle$ $(\text{non-}p \text{ T } p)$;

(16) $\langle \text{non-}r \text{ T non-}r \rangle$ $(p \text{ T non-}p)$.

La pragmatique interne T étudie les rapports qui s'établissent entre les changements subis par les significateurs et les changements subis par les signifiés. Des exemples d'objet de recherche possible pour une pragmatique interne T sont: la "biographie" de certains signifiés tels que "bien", "mal", "juste", "parent", "vieux", etc. par rapport à un significateur (individu ou groupe) indépendamment du fait que ces signifiés ont pour signifiants des chaînes sonores (mots, énoncés, discours, chants), des séquences actionnelles (rituels, danses), etc.

Si nous nous limitons aux changements élémentaires, nous distinguerons entre les types suivants de changements pragmatiques internes:

(1) ⟨r T r⟩ "q T q";

(2) ⟨non-r T r⟩ "non-q T q";

(3) ⟨r T non-r⟩ "q T non-q";

(4) ⟨non-r T non-r⟩ "non-q T non-q";

(5) ⟨r T r⟩ "non-q T q";

(6) ⟨r T r⟩ "q T non-q";

(7) ⟨r T r⟩ "non-q T non-q";

(8) ⟨non-r T r⟩ "q T q";

(9) ⟨non-r T r⟩ "q T non-q";

(10) ⟨non-r T r⟩ "non-q T non-q";

(11) ⟨r T non-r⟩ "q T q";

(12) ⟨r T non-r⟩ "non-q T q";

(13) ⟨r T non-r⟩ "non-q T non-q";

(14) ⟨non-r T non-r⟩ "q T q";

(15) ⟨non-r T non-r⟩ "non-q T q";

(16) ⟨non-r T non-r⟩ "q T non-q".

La sémiotique A

Pour construire une sémiotique A nous aurons recours aux distinctions et aux concepts qui suivent:

(A) le concept de changement. L'action a pour objet un changement élémentaire ou complexe.

Si nous nous limitons aux changements élémentaires, nous distinguerons entre des actions ayant pour objet:

(1) un changement de persistance; nous les nommerons actions de *conserver, garder, maintenir, persévérer*, etc. Certaines actions rituelles sont des exemples d'action sémiotique de conservation totale, fixe. Le contage, la confection de l'habit, etc., dans une collectivité traditionnelle sont des exemples d'actions sémiotiques de conservation partielle, laxe;

(2) un changement d'apparition; nous les nommerons actions de *créer*. Des exemples d'actions sémiotiques de création sont: composer une mélodie, peindre un tableau, écrire un poème;

(3) un changement de disparition; nous les nommerons actions de *détruire*. Des exemples d'actions sémiotiques de destruction sont les incantations censées provoquer la disparition des maladies;

(4) un changement du type non-p T non-p; nous les nommerons actions de *protéger, éviter, éluder*, etc.

(B) la distinction entre actions-signifiants, actions-signifiés et actions-significateurs.

L'objet d'étude d'une syntactique A des signifiants linguistiques consiste en actes locutoires.

L'objet d'étude d'une syntactique A des signifiés linguistiques consiste en actes illocutoires[11].

Nous n'imaginons pas pour le moment l'objet d'étude d'une syntactique A des significateurs.

La sémantique A étudie les rapports entre les actes sémiotiques-signifiants et les actes sémiotiques-signifiés, qu'il s'agisse d'actes institutionnels extérieurs, extraits de l'individu par la pratique sociale, ou d'actes intérieurs, adhérant à l'individu par la pratique solitaire.

La pragmatique A étudie:

(1) les types d'Agents sémiotiques;

(2) les types d'Anti-Agents sémiotiques;

(3) les types de Spectateurs sémiotiques;

(4) les rapports qui s'instaurent entre (1), (2), (3) et les types d'actes sémiotiques signifiants;

(5) les rapports qui s'instaurent entre (1), (2), (3) et les types d'actes sémiotiques signifiés.

Nous avons étudié les types d'agents sémiotiques dans Golopentia (1977a et 1979). Citons, parmi ceux-ci, les types: *Emetteur, Récepteur, Transmetteur, Traducteur, Adressant, Adressé, Spectateur, Initiateur, Témoin,* etc.

Par rapport aux sous-types d'actions basés sur des changements élémentaires, nous pouvons définir les sous-types agentifs suivants:

(a) conservateurs, perpétuateurs de signifiants ou de/et de signifiés;

(b) créateurs de signifiants ou de/et de signifiés;

(c) éliminateurs de signifiants ou de/et de signifiés;

(d) saboteurs sémiotiques qui évitent, contrecarrent la production de signifiants ou de/et de signifiés.

Un exemple typique de conservateur de signifiants et de signifiés est représenté par le sujet parlant.

Il serait intéressant d'explorer la distinction entre le créateur (destructeur, conservateur) de signifiants et le créateur (destructeur), etc. de signifiés. Un exemple de créateur de signifiants est représenté par

---

[11] Les "actes perlocutoires" (*perlocutionary acts*) de J.L. Austin sont en fait des transformations perlocutoires, ainsi que nous l'avons montré dans Golopentia (1977b).

celui qui crée des mots pour nommer de nouveaux produits; les philosophes, les théoriciens des différentes disciplines scientifiques sont des exemples de créateurs de signifiés. Virtuellement, l'auteur d'une oeuvre littéraire est en même temps créateur de signifiants et créateur de signifiés.

Il y a des auteurs (peintres, sculpteurs, etc.) qu'on pourrait définir par une personnalité de créateur—Goethe peut servir d'exemple—et des auteurs, etc., qui sont caractérisés par une personnalité de destructeur—c'est le cas de Lautréamont, Artaud, Wittgenstein. Il s'agit de deux hypostases innovatrices fondamentales.

(C) la distinction entre des actions d'*exécution* et des actions d'*abstention* par rapport à la transformation-objet. Tout comme les exécutions, les abstentions réclament un effort ad-hoc de la part de l'agent. Les exécutions et les abstentions peuvent être régies par des normes supra-individuelles (des tabous linguistiques, gestuels, etc., en vigueur dans une collectivité à un moment donné) ou par des normes individuelles (des obsessions, des mythes personnels, des névroses).

(D) la distinction entre des actions *considérées* (envisagées dans la théorie) et des actions *accomplies* (observées dans la pratique).

Nous nommerons *actes* les actions (exécutions ou abstentions) accomplies, qui s'inscrivent dans la conduite d'un agent.

(E) la distinction entre des *actions premières*, des *actions secondaires* et des *actions tertiaires*. Nous nommerons actions premières (ou *actions* tout court) les actions attribuées à un Agent. Nous nommerons *actions secondaires* (ou *réactions primaires*) les actions qu'on attribue à un Anti-Agent. Nous nommerons *actions tertiaires* (ou *réactions secondaires*) les actions qu'on attribue à un Spectateur.

Les actions précèdent chronologiquement les réactions primaires et priment logiquement par rapport à celles-ci. La création d'une oeuvre littéraire peut consister en une action (le cas le plus fréquent en apparence seulement) ou en une réaction primaire (exemple: la création de *Don Quijote*, des parodies en général). La théorie de l'intertextualité réduit toute création littéraire à une réaction primaire. Un exemple de réaction primaire est le discours critique en marge des créations littéraires, musicales, linguistiques, etc.

Esthétiquement, moralement, l'action n'est pas supérieure à la réaction sémiotique. Il y a des cas où les textes de critique littéraire, de linguistique, etc., surpassent en valeur les textes littéraires qui en ont représenté le stimulus.

(F) la distinction entre des *actions ponctuelles* et des *schémas actionnels*. Nous nommons actions ponctuelles les exécutions ou les abstentions ayant trait à un changement unique. Nous nommons schémas actionnels les itérations, alternances, enchaînements, etc., d'exécutions ou d'abstentions ayant trait à un changement (à une séquence de changements, à une structure de changements, etc.).

(G) le concept d'*acte sémiotique de base*, en d'autres termes, d'acte sémiotique n'ayant pas pour cause un acte sémiotique. Pour établir l'inventaire des actes sémiotiques de base (actes sémiotiques élémentaires), la sémiotique théorique aura à intégrer certains aspects de la neurologie, de l'aphasiologie, de la praxéologie pour les actes signifiants, certains aspects de l'épistémologie génétique pour les actes signifiés.

La sémiotique N

Les normes sont a concevoir comme *super-actions* d'un *super-agent* X ayant pour objet les actions d'un agent Y; Y peut être égal à ou différent de X.

En fonction du type de super-action, nous distinguons entre des *permissions* et des *interdictions sémiotiques*.

Les permissions indiquent la zone où le système sémiotique s'offre à l'emploi créateur du significateur. Les normes qui régissent les actes phoniques de production d'allophones; les normes qui régissent les actes phatiques de production d'allomorphes ou de constructions syntaxiques synonymes, etc., sont des exemples de permissions sémiotiques. Les tabous linguistiques, gestuels, etc., sont des exemples d'interdictions sémiotiques.

En fonction de la nature du super-agent, nous distinguons entre des normes du type *loi, édit, résolution*, promulguées par un super-agent consacré, autorisé, etc.; des normes du type *coutume* promulguées par un super-agent collectif— l'ensemble toujours croissant des ascendants; des normes du type *attente*, dont les super-agents sont, virtuellement, tous les individus qui prennent acte de l'action normée. Notons que les lois, édits, résolutions sont des normes à promulgation extérieure obligatoire tandis que les normes du type coutume, attente sont des normes à promulgation extérieure optionnelle.

En linguistique, la syntaxe N étudie les normes qui régissent l'activité locutoire des sujets parlants, par exemple l'étiquette phonique, phatique et rhétique valable pour une langue donnée dans un milieu social et culturel défini (les convenances de prononciation, les convenances qu'il faut respecter dans le choix des mots, etc.). La sémantique N étudie les normes qui régissent certains actes illocutoires (par exemple les actes décrire, affirmer, nier et, en général, la plupart des actes illocutoires "expositifs" austiniens). La pragmatique N étudie les normes qui régissent des actes illocutoires tels que les actes "de comportement" (angl. *behabitive*) austiniens.

Les types agentifs du conservateur, créateur, destructeur ont pour correspondants les types super-agentifs d'*exécuteur, promulgateur*, respectivement *abrogateur* qu'une recherche ultérieure sera à même d'approfondir.

Actes de langage et théorie de l'action

Dans ce qui suit, nous présentons l'esquisse d'une théorie générale de l'action et de la réaction langagières. Cette théorie est englobée dans une théorie générale de l'action. Elle englobe la théorie austinienne des actes de langage.

1. Dans la majorité des études consacrées à la théorie de l'action, les termes *acte, activité, action* renvoient à un continuum conceptuel. Nous proposons:

(a) de distinguer entre le concept d'acte, le concept d'activité, et le concept d'action;

(b) d'introduire systématiquement dans l'examen de l'action les concepts d'acte de base et de réaction;

(c) de distinguer entre des actes de base, actes et activités *solitaires* (ou indépendants) et des actes de base, actes et activités *interactionnels* (ou relatifs). Nous marquerons ces derniers par: acte de base', acte', activité'.

Les actes de base, les actes et les activités indépendants comportent un rôle essentiel unique: le rôle de l'Agent (A) et un type d'exécution unique: l'exécution par l'Agent.

Les actes de base, actes et activités relatifs comportent deux rôles essentiels: le rôle de l'Agent et le rôle de *l'Anti-Agent* (AA) auxquels s'ajoute, parfois, le rôle de *Spectateur* (S) et deux types d'exécution essentiels: l'exécution par A et l'exécution par AA, auxquels s'ajoute, parfois, en tant que troisième type l'exécution par S. L'Anti-Agent est celui avec lequel l'Agent négocie ses actes de base, actes et activités relatifs, celui dont les actes et activités relatifs seront "additionnés" ou "mélangés" avec les actes et activités relatifs de l'Agent dans une *interaction*. Les rôles A et AA peuvent être remplis alternativement par les partenaires ou répartis une fois pour toutes entre eux.

L'acte de base est un acte physique, instantané, qui comporte uniquement le rôle d'Agent et qui n'a pas pour cause un autre acte[1]. Des exemples d'actes de base sont: remuer les lèvres, cligner de l'oeil, appuyer. Lorsque nous formulons des énoncés du type:

(1a) Elle remua les lèvres.
(1b) Elle remue les lèvres.
(2a) Elle cligna de l'oeil.
(2b) Elle cligne de l'oeil.

nous signalons, ou bien (1) l'accomplissement des actes de base respectifs par un individu agent (c'est le cas des énoncés 1a, 1b, 2a, 2b dont on peut dire également qu'ils attribuent un acte de base à un individu), ou bien (2) le fait que les actes respectifs appartiennent à la compétence actionnelle d'un individu qu'on présente comme étant capable de les accomplir, même si l'occasion de le faire ne s'est jamais présentée (c'est le cas des énoncés 1b et 2b lorsqu'ils signifient "elle peut remuer les lèvres", "elle peut cligner de l'oeil") ou, enfin (3) le fait que l'individu respectif a fait preuve d'une disposition si tenace à accomplir les actes respectifs qu'il est raisonnable de supposer que cette disposition ne disparaîtra de sitôt (c'est le cas des énoncés 1b et 2b lorsqu'ils signifient "elle a l'habitude de remuer les lèvres"; "elle a l'habitude de cligner de l'oeil").

Pour un individu normal, l'exécution des actes de base se confond avec l'existence de l'individu. L'acte de base n'est jamais, dans son cas, un fait d'apparence (d'essai, de faire semblant). L'individu normal qui *essaie* d'ouvrir la bouche, ouvre la bouche. L'individu normal qui *fait semblant* de remuer les lèvres, remue les lèvres.

La capacité d'accomplir des actes de base est la même pour tous les individus normaux.

Le nombre des actes de base distincts n'est pas très élevé. L'élaboration d'un inventaire des actes de base[2] rendra possible l'apparition d'une discipline scientifique occupant, par rapport à la théorie de l'ac-

---

[1] Ce dernier trait a été formulé par A. Danto (1970); il servait à définir des actions de base (angl. *basic actions*).
[2] Dans toute culture, dans une culture déterminée, dans la compétence d'un individu, etc.

tion, la position, ou bien de la phonologie par rapport à la phonétique (et de toute discipline de type *emic* face à la discipline du type
etic qui lui correspond), ou bien — et plutôt — la position de la phonologie par rapport à la grammaire en entier.

L'acte de base n'admet pas la séparation Objet (O) — Instrument
(I) — Lieu (L) de l'acte. Il a pour O — I — L une partie de l'individu
qui agit. C'est pourquoi *Jean ouvre la bouche* signifie simultanément:

- "Jean agit sur sa bouche" (la bouche = l'objet de l'action);
- "Jean agit par sa bouche" (la bouche = l'instrument de l'action);
- "Jean s'ouvre à la bouche" (la bouche = le lieu de l'action).

L'acte est simple ou complexe. *L'acte simple* est une structure d'actes
de base superposés et/ou enchaînés. *L'acte complexe* est une structure
(d'actes de base et) d'actes superposés et/ou enchaînés. Des exemples
d'actes sont: ouvrir la fenêtre, acheter le journal.

Attribuer des actes à un individu suppose des conventions dont
l'étude reste à faire. Citons, parmi les plus importantes:

(a) le sujet parlant convient de traiter comme instantanée et simple une occurrence qui ne l'est pas (sinon, il devrait "narrer" l'acte,
le décrire, etc.);

(b) lorsqu'il s'agit d'un acte interactionnel, celui qui parle convient
de se choisir une perspective et de rapporter uniquement l'exécution
A, ou uniquement l'exécution AA. Il dira donc: *Jean* (= A) *a acheté
un journal* (*chez Pierre* [= AA]), ou *Pierre* (= AA) *a vendu un journal* (*à
Jean* [= AA]), mais jamais *Jean a acheté un journal chez Pierre et Pierre
a vendu un journal à Jean*, malgré le fait que l'acte concret qui a eu lieu
résulte de la composition des actes accomplis par Jean (se rendre au
kiosque, chercher la monnaie, compter l'argent, mettre l'argent à la
portée de Pierre, prendre le journal, etc.) avec les actes accomplis
par Pierre (compter l'argent, rendre la monnaie, tendre le journal
à Jean, etc.).

L'acte attribué est donc un fait discursif dans lequel la distance par
rapport à l'acte réel est beaucoup plus grande que dans l'acte narré
ou décrit. Attribuer un acte suppose le choix, parmi les individus qui
remplissent les rôles A et AA, de l'individu auquel sera attribué l'acte
en entier. L'acte attribué est donc un acte "dévié" dans la direction
d'un individu. Cette partialité intervient moins dans la narration ou
dans la description. La narration ou la description d'un acte sont donc
des actes de langage plus objectifs que l'attribution d'un acte à un
individu.

Pour un individu normal, l'exécution des actes ne se confond pas avec l'existence de l'individu.

L'acte admet l'essai, donc la réussite ou l'échec. On peut essayer d'acheter un journal et échouer parce que le kiosque était fermé, parce qu'on avait oublié l'argent à la maison, etc.[3].

L'acte admet le faire semblant. On peut faire semblant d'ouvrir la fenêtre, d'acheter un journal, etc.

La capacité d'accomplir des actes peut différencier les individus normaux.

Le nombre des actes est illimité.

Dans l'acte, l'Agent, l'Objet, l'Instrument et le Lieu actionnel se séparent nettement[4].

L'activité (*simple* ou *complexe*) se distingue de l'acte par son caractère duratif et ouvert. Des exemples d'attribution d'activités sont: *Il fume un cigare; Elle cultive le blé; Il cause avec un copain; Elle joue aux échecs avec sa fille.*

L'opposition grammaticale perfectif/imperfectif témoigne de l'appréhension, par les sujets parlants, de l'opposition acte/activité. On pourrait y joindre l'opposition grammaticale passé simple et passé composé/imparfait. Le passé simple et le passé composé, sans déterminations, apparaissent plutôt dans les énoncés rapportant des actes, l'imparfait apparaît plutôt dans les énoncés rapportant des activités. Le présent neutralise cette opposition. Le présent habituel est le présent de l'activité: *Il lit.*

Le degré d'ouverture d'une activité varie. Il y a des activités présumées ouvertes aussi longtemps que l'Agent continue d'exister: *Elle cultive le blé; Elle chasse; Il pêche.* Il y a des activités présumées ouvertes pour une durée moindre que la durée de la vie restante de l'Agent: *Elle écrit un roman.* Enfin, il y a des activités dont le degré d'ouverture est très restreint: *Il fume un cigare.*

La durée pour laquelle une activité reste ouverte une fois écoulée[5], celle-ci peut être rapportée globalement, comme un acte, par le passé

---

[3] L'essai et le faire semblant sont, en fait, deux types d'exécution partielle.

[4] Et de plus en plus, à mesure que les cultures diversifient le répertoire actionnel qu'elles proposent au choix de l'individu. Une "histoire des actes" (et, en anticipant, de l'action, de la réaction) dans une culture donnée sont à faire.

[5] L'activité se ferme: par la disparition (la mort, etc.) de l'Agent (de l'Anti-Agent, du Spectateur), par la disparition des conditions nécessaires à l'activité respective (disparition de l'objet sur lequel elle est exercée, de l'instrument par lequel on l'exerce, etc.).

simple ou le passé composé: *Il a cultivé le blé toute sa vie; Elle chassa sa vie durant; Elle écrivit son roman; Il fuma un cigare.*

L'accomplissement d'un acte à *n* moments différents, séparés par des intervalles réguliers peut être présentée dans le discours ou bien comme *n* actes différents (*Il a levé la main sept fois en sept heures*), ou bien comme une activité (*Il a levé la main une fois par heure durant sept heures*).

L'activité admet l'essai et le faire semblant.

La capacité de mener à bien des activités différencie nettement les individus.

L'activité connaît la séparation Agent/Objet/Instrument/Lieu.

Le nombre des activités est illimité.

Les actes de base, actes et activités relatifs peuvent être classifiés selon le fait qu'ils sont accomplis par un individu assumant le rôle A, AA, ou S. On aura donc (figure 1):

	ACTION RELATIVE		
A	acte de base$^I_1$	acte$^I_1$	activité$^I_1$
AA	acte de base$^I_2$	acte$^I_2$	activité$^I_2$
S	acte de base$^I_3$	acte$^I_3$	activité$^I_3$

Figure 1

La somme des actes de base$_1$, actes$_1$, et activités$_1$ — indépendants et interactionnels — définit la conduite d'Agent dans une culture donnée. La somme des actes de base$_2$, actes$_2$, et activités$_2$ interactionnels définit la conduite d'Anti-Agent. La somme des actes de base$_3$, actes$_3$ et activités$_3$ relatifs définit la conduite de Spectateur dans une culture donnée.

L'acte de base, l'acte et l'activité (indépendants ou relatifs) peuvent faire l'objet d'une *exécution* ou d'une *abstention*.

L'exécution et l'abstention sont les deux modalités de *l'action* ou de la *réaction*.

Nous définissons *l'action* comme exécution ou abstention attribuables à un Agent par rapport à un acte de base, acte ou à une activité indépendants. Nous définissons *l'action relative* (que nous marquerons par *action'*) comme exécution ou abstention attribuables à un Agent par rapport à un acte de base, acte ou à une activité interactionnels. Nous définissons la *réaction directe* comme exécution ou abstention attribuables à un Anti-Agent par rapport à un acte de base, acte ou activité interactionnels. Nous définissons la *réaction indirecte* comme exécution ou abstention attribuables à un Spectateur par rapport à un acte de base, acte ou à une activité interactionnels.

L'abstention par rapport à un acte de base est moins naturelle que l'abstention par rapport à un acte ou à une activité. Des exemples sont fournis par les situations de "détérioration" temporaire de l'Agent. Blessé, celui-ci s'abstient d'appuyer son pied au sol, de remuer le bras, etc.

2. Le réseau conceptuel proposé ci-dessus est rudimentaire. La théorie de l'action devra l'enrichir et l'affiner. Dans cette démarche, l'appel à la linguistique nous semble utile pour deux raisons:

(a) Si ce qui a été dit sous 1. est accepté, la théorie de l'action que nous proposons est une discipline isomorphe à la linguistique. En simplifiant à l'extrême, les actes de base correspondent aux phonèmes, les actes et activités correspondent aux morphèmes, l'action et la réaction correspondent aux phrases. La théorie et la méthode d'une telle analyse pourraient donc bénéficier des résultats obtenus dans la linguistique.

(b) Dresser l'inventaire approximatif des actes de base, actes et activités qui fondent une culture déterminée est une opération, dans la réalisation de laquelle, les linguistes peuvent apporter une aide substantielle aux praxéologues, anthropologues et sociologues. Cette aide serait représentée par l'établissement, à partir du dictionnaire, de l'inventaire des mots qui nomment des actes de base, actes et activités dans la langue qui soustend la culture étudiée. Il va sans dire que beaucoup d'actes, etc., n'ont pas de noms, que certains actes, activités, etc., ont plusieurs noms, qu'il y a des mots qui nomment des actes imaginaires, etc. Néanmoins, l'exploration du lexique consacré à l'action peut signaler au praxéologue la plupart des faits qu'il a pour charge d'étudier.

3. Inversement, l'appel à la théorie de l'action peut être utile au linguiste:

(a) Du point de vue sémantique, celle-ci peut fonder une analyse plus poussée du lexique de l'action[6];

---

[6] Du langage consacré à l'action, en fait. Voir à ce sujet Golopentia (1975).

(b) Du point de vue pragmatique, la théorie de l'action peut élargir les perspectives théoriques et descriptives ouvertes à la linguistique par la théorie austinienne des actes de langage. C'est sur (b) que nous allons nous attarder dans ce qui suit.

4. Habitué déjà par J.L. Austin à concevoir l'existence des actes de langage, le linguiste qui accepte 1. ci-dessus peut se poser la question théorique s'il n'existe pas, également, des Agents, des Anti-Agents et des Spectateurs langagiers, des actes de base et des activités langagières (indépendants ou relatifs), une action et une réaction langagières, etc.

Pour ce qui est de la trichotomie Agent/Anti-Agent/Spectateur, il nous semble que la réponse est affirmative. La distinction entre celui qui parle (angl. *speaker*), celui qui écoute (angl. *listener*) et celui qui entend (angl. *hearer*) est, pour nous, une distinction A/AA/S par rapport aux actes locutoires phoniques austiniens. Nous avons défini en détail ces rôles dans Golopentia (1974). Nous leur avons ajouté, dans le même ouvrage, le triplet *Initiateur/Interlocuteur/Témoin* correspondant respectivement à celui qui est l'Agent d'un acte illocutoire (par exemple, celui qui questionne, celui qui donne un ordre, etc.), à celui qui est l'Anti-Agent d'un acte illocutoire (par exemple celui qui répond à la question, celui qui réagit verbalement à l'ordre donné, etc.) et à celui qui assiste à l'exécution d'un acte illocutoire et qui pourra s'en porter garant, le décrire, le rapporter, en témoigner, etc.

Les linguistes ne se sont jamais posé explicitement, du moins à notre connaissance, la question s'il existe[7] des actes de langage irréductibles, des actes de base langagiers.

Notons cependant que la phonétique articulatoire répond déjà, en partie, à une question de ce type. Le chercheur qui s'efforce de retrouver dans la parole les éléments discrets de la langue, qui essaie de décrire les mouvements phonateurs (leurs superpositions, combinaisons, etc.) aboutit — ou aboutira — à des actes de base langagiers caractéristiques pour le rôle de *Speaker*. Des exemples en seraient la fermeture labiale antérieure; l'aperture dorso-vélaire, la mise en vibration des cordes vocales, les différentes manières de l'arrondissement des lèvres, etc.[8].

Nous nous demandons même si la phonétique de l'audition (qui devra, en fait, devenir la *phonétique de l'écoute* aussi bien que de l'audition) ne se trouve pas devant une tâche similaire et si des analyses

---

[7] Ou s'il est utile d'une stipuler l'existence dans la théorie.
[8] Cf. Malmberg (1971), p. 177.

comme celles de Hanson (1967), Lafon (1961), etc., n'aboutiront pas à l'établissement d'un inventaire d'actes de base langagiers rapportables aux rôles de *Listener* et de *Hearer*.

Tout comme les actes de base sont relatifs à une culture déterminée, les actes de base langagiers sont relatifs à une langue déterminée.

La capacité d'accomplir des actes de base langagiers est la même (est définie par le même répertoire) pour tous les individus *linguistiquement normaux* qui parlent la même langue maternelle. Entre les actes de base accomplis par ces individus il y a une *ressemblance de famille* (dans l'acception de Wittgenstein).

Nous ne savons pas encore si l'on peut parler d'actes de base langagiers indépendants ou si les actes de base langagiers ne sont qu'interactionnels (relatifs). En ce qui nous concerne, nous inclinons vers la deuxième alternative.

Un acte de base langagier n'a pas d'Objet distinct (par rapport à l'Agent, à l'Instrument, au Lieu actionnels), car c'est de la superposition de plusieurs mouvements (phonatoires, d'écoute, d'audition) — donc de plusieurs actes de base langagiers — que résultent la prononciation ou la perception d'un son.

L'enfant, celui qui apprend une langue étrangère, le malade qui tente de récupérer ou le sourd-muet qui travaille à se construire une compétence linguistique peuvent essayer et, même, faire semblant d'accomplir des actes de base langagiers. Ce fait n'est pas de nature à contredire nos affirmations sous 1. L'enfant[9], celui qui a perdu (en partie) sa faculté de parole ou qui ne l'a jamais eue sont des individus *linguistiquement anormaux* (plus précisément, dans le cadre qui nous intéresse, anormaux par rapport à la parole). La linguistique contrastive et, en général, toute étude concernant l'apprentissage d'une langue ou l'apprentissage de la faculté de parole, sont des disciplines consacrées à l'essai, au faire semblant, à l'individu linguistiquement anormal, et ceci n'est pas sans importance pour leurs théories.

Les "actes" locutoires (phoniques, phatiques, ou rhétiques) et illocutoires de J.L. Austin correspondent à des actes ou à des activités langagiers relatifs. L'auteur ne les a jamais rapportés à celui qui écoute ou qui entend, à celui qui y réagit, ou qui en est le témoin; il s'est limité à considérer leur exécution par celui qui parle et qui les initie. Ceci s'explique par le fait que J.L. Austin n'a pas inclus dans le domaine théorique de son étude la dimension interactionnelle.

---

[9] *Normal*$_p$ signifie, entre autres, "adulte$_p$" (= qui est adulte par rapport à la parole, dont les capacités de parole se sont pleinement développées).

Nous proposons de raffiner la classification austinienne et surtout, d'en élargir le domaine, en distinguant entre dix types actionnels (locutoires et illocutoires) que nous présentons dans la figure ci-dessous:

rôle	locutoire						illocutoire					
	indépendant			interactionnel			indépendant			interactionnel		
	acte de base	acte	activité	acte de base'	acte'	activité'	acte de base	acte	acti vité	acte de base'	acte'	activité'
A_p	1	2	3	4	5	6				7	8	
AA_p				9	10	11				12	13	
S_p				14	15	16						

Figure 2

Nous avons marqué dans ce tableau les types d'action et de réaction langagières dont nous pouvons entrevoir la possibilité dans cette étape de la recherche praxéologique et linguistique. Chaque type est marqué par un numéro et caractérisé par l'ensemble des "traits" qui le précèdent verticalement et horizontalement. Par exemple, le type 2 est caractérisé par les traits "acte", "indépendant", "locutoire" qui le précèdent sur la verticale et le trait "Agent langagier" qui le précède sur l'horizontale.

Signalons que, dans la figure ci-dessus, A, AA et S correspondent à *Speaker, Listener* et *Hearer* dans la zone locutoire et à *Initiateur, Interlocuteur* et *Témoin* dans la zone illocutoire.

Nous avons déjà discuté les types 1, 4, 9 et 14. En fait, les types 1-3 doivent être introduits dans la mesure où nous concevons le monologue extérieur en tant qu'action indépendante. Si nous considérons que, dans le monologue extérieur, le même individu remplit simultanément les rôles d'Agent et d'Anti-Agent langagier, alors les types 1-3 devront être éliminés du système actionnel. Notons que ce choix est important. Dans un système d'action langagière où le locutoire admet l'exécution indépendante tandis que l'illocutoire l'exclut, l'opposition locutoire/illocutoire est considérablement renforcée.

L'objet d'un acte langagier indépendant ou relatif (cf. les types 2 et 5 dans la figure ci-dessus) est le son (actes phoniques indépendants ou relatifs), le mot (actes phatiques indépendants ou relatifs), la phrase (actes rhétiques indépendants ou relatifs), l'intervention conversationnelle[10]. Nous proposons de nommer un acte de ce dernier type, non envisagé par Austin, *acte dialogique*.

L'objet d'une activité indépendante ou relative (cf. les types 3 et 6 dans la figure ci-dessus) est le *texte*. L'activité langagière relative peut être phonique (par exemple, déclamer une poésie), phatique (par exemple, réciter une poésie), rhétique (par exemple, raconter une histoire), ou dialogique (par exemple présenter une communication dans un congrès scientifique).

Les actes de base langagiers appartenant aux types 9 et 14 concernent l'écoute et l'audition. Leur découverte incombe à la phonétique.

Pour ce qui est des actes et activités locutoires relatifs attribuables à un Anti-Agent ou à un Spectateur (les types 10, 11, 15 et 16 dans la figure ci-dessus), la recherche est entièrement à faire. Nous donnerons quelques exemples. Admettant que nous sommes intéressés par les actes relatifs d'un S langagier (le type 15), on peut distinguer entre le sous-type phonique (par exemple, distinguer un son), phatique (par exemple, entendre un mot), le sous-type rhétique (par exemple, comprendre une phrase) et le sous-type dialogique (par exemple, saisir une réplique, reconnaître l'apport d'une intervention dans la conversation qui l'abrite). Produire un son, opérer une référence, une prédication, déclamer *à la manière de* quelqu'un ou *contre la manière de* quelqu'un sont, pour nous, également, des actes et activités relatifs attribuables à un Spectateur/Témoin langagier. Dans le premier cas, il s'agit d'actes et d'activités relatifs appartenant à un type actionnel que nous proposons d'appeler *pastiche de parole*. Dans le deuxième cas, il s'agit d'actes et activités relatifs appartenant à un type actionnel que nous proposons de nommer *parodie de parole*.

Dans notre conception, l'action et la réaction illocutoire:

(a) ne peuvent être qu'interactionnelles et

(b) ne sauraient être attribuées à un Spectateur/Témoin.

C'est pourquoi la colonne "indépendant" et la ligne "S" restent vides dans la figure ci-dessus.

J.L. Austin n'a pas distingué entre des actes et des activités illocutoires (voir les types 7 et 8 dans notre figure), ou entre les actes ou activités illocutoires attribuables à un Agent et les actes ou activités

---

[10] Nous l'avons définie en détail dans Dascalu & Golopentia (1977).

illocutoires attribuables à un Anti-Agent (cf. les types 12 et 13 dans notre figure). Ces distinctions sont cependant possibles et utiles. Nous donnerons des exemples illustratifs:

-ordonner, demander pour le type 7;
-démontrer, prendre l'interrogatoire pour le type 8;
-promettre, s'engager pour le type 12.

Nous n'avons pas trouvé d'exemples pour le type 13. Soulignons, sans plus nous y attarder, le fait que, pour nous, promettre et s'engager (entre autres) sont des actes illocutoires attribuables à un Anti-Agent langagier: celui qui promet le fait parce qu'il appréhende une demande possible. Le fait que cette dernière n'ait pas été toujours formulée est secondaire.

Les actes et activités langagiers admettent l'essai et le faire semblant. C'est sous de telles rubriques que sont à ranger les *Infélicités* discutées par Austin.

Le répertoire des actes et, surtout, des activités, dans leurs exécutions A, AA ou S est différent dans des cultures différentes, dans des milieux différents appartenant à la même culture, pour des individus différents. Etablir le portrait actionnel de l'individu langagier normal par rapport à sa langue maternelle est une tâche que le linguiste devra, tôt ou tard, accepter. Une autre serait représentée par l'élaboration d'une *typologie des individus langagiers* (= typologie des individus par rapport à leur capacités de parole). Une telle typologie tiendrait compte du fait que certains individus sont reconnus, dans leur milieu, comme de bons narrateurs, d'autres comme de bons descripteurs, de bons normateurs, etc. Nous avons esquissé, dans Golopentia (1977a) une telle typologie, valable surtout pour les individus que rencontre ou que cherche l'anthropologue.

La pragmatique contrastive

0.1. Toute démarche sémiotique est une *théorie* ou l'*application* d'une théorie.

Nous distinguons entre *application cognitive* et *application pratique*.

Nous distinguons entre application pratique visant l'action (que nous nommerons *technique*) et application pratique visant l'interaction (que nous nommerons *stratégie*[1]).

La *pragmatique contrastive* est la théorie qui sous-tend la stratégie couramment désignée par le syntagme *analyse contrastive*[2].

0.2. Nous situons au centre de l'étude pragmatique la relation entre individu (= I) et signes (= S). Nous nommerons cette relation *relation pragmatique fondamentale*.

La relation I–S fonde les relations pragmatiques complexes qui s'établissent entre individus et objets (= O) ou entre individus. Nous marquerons ces relations comme il suit: relation I (–S)–O et relation I (–S)–I.

Dans ce qui suit, nous limitons nos considérations à la relation I–S.

0.3. Une relation I–S peut s'instaurer:

(1) entre un individu et un signe;

(2) entre un ensemble d'individus et un signe;

---

[1] Nous avons développé la distinction technique/stratégie dans Golopentia (1977d).
[2] Nous avons abordé les problèmes de l'analyse contrastive dans un contexte plus largement sémiotique dans Golopentia (1977d et 1978).

32

(3) entre un ensemble... d'ensembles d'individus et un signe;

(4) entre un individu et un ensemble de signes;

(5) entre un individu et un ensemble... d'ensembles de signes;

(6) entre un ensemble d'individus et un ensemble de signes;

(7) entre un ensemble d'individus et un ensemble... d'ensembles de signes;

(8) entre un ensemble... d'ensembles d'individus et un ensemble de signes et

(9) entre un ensemble... d'ensembles d'individus et un ensemble... d'ensembles de signes.

Les cas (5), (7), (9) correspondent aux formes "naturelles" de la relation I–S. Les cas (1)–(4), (6) et (8) correspondent aux formes "abstraites", simplifiées de celle-ci. La réalité ne nous confronte pas à des situations où un individu ou un ensemble d'individus entre en relation avec un signe unique, où un individu ou un ensemble d'individus entre en relation avec un ensemble de signes unique.

0.4. Toute langue naturelle est un ensemble... d'ensembles de signes.

0.5. L'analyse contrastive est une stratégie visant l'amélioration des relations I–S entre un individu et une langue naturelle qui n'est pas sa langue maternelle (qui n'appartient pas au groupe de langues maternelles de l'individu dans le cas où celui-ci est bilingue ou plurilingue dès le début de sa biographie linguistique).

L'individu visé par l'analyse contrastive est donc en relation I–S avec au moins deux langues naturelles. C'est à cette forme minimum de la relation que nous limitons notre analyse.

0.6. Les principes de base de la pragmatique contrastive sont les suivants:

(1) Etant donnés un ensemble de langues $(L_1,... L_n \rangle$ et un individu I_i, les relations entre I_i et $\langle L_1,... L_n \rangle$ sont ordonnées; il existe au moins une L_k telle que la relation I_i–L_k se soit instaurée avant toutes les autres relations I_i–L. Nous marquerons L_k par L_1.

Nous distinguerons entre:

(1a) le cas où, à l'exception de la relation I_i–L_1, toutes les autres relations I_i–L sont non-ordonnées. Nous marquerons l'ensemble des langues correspondant à ce cas comme il suit: $\langle L_1, \{L_j,... L_n\} \rangle$ et nous le nommerons *ensemble de langues minimum ordonnées*;

(1b) le cas où toutes les relations I_i–L_i sont ordonnées, constituant une série. Nous marquerons l'ensemble des langues correspondant à ce cas par $\langle L_1, L_2,\ldots L_n \rangle$ et nous le nommerons *ensemble de langues maximum ordonnées*.

(1a) n'exclut pas le cas où il y a deux ou plusieurs langues L_i, L_k,… telles que les relations I_i–L_i et I_i–L_k sont simultanées et antérieures par rapport aux autres relations I_i–L. C'est le cas de plusieurs langues maternelles (d'un ensemble de langues maternelles) que nous représenterons par: $\langle \{L_1^i,\ldots L_1^j\}, L_k,\ldots L_n \rangle$. (1b) n'exclut pas le cas où deux ou plusieurs relations I–L sont identiquement ordonnées par rapport à toutes les autres relations I–L. C'est le cas de l'apprentissage simultané de plusieurs langues étrangères. Nous marquerons celles-ci par: $\langle L_1, \{L_2^i,\ldots L_2^j\}, L_3,\ldots L_n \rangle$, $\langle \{L_1^i,\ldots L_1^j\}, \{L_2^i,\ldots L_2^j\},\ldots \{L_n^i,\ldots L_n^j\} \rangle$.

(2) Toute relation I–L antérieure détermine toute relation I–L ultérieure.

Ceci signifie que la relation I–L_1 (ou I–$\{L_1^i,\ldots L_1^j\}$) détermine toutes les autres relations I–L. C'est donc une relation spéciale par rapport à toutes les autres relations I–L.

Parmi les faits qui contribuent à singulariser la relation I–L_1, nous mentionnons: (a) le fait que L_1 (ou $\{L_1^i, \ldots L_1^j\}$) est la langue utilisée par l'individu dans son discours intérieur "le plus intérieur"; (b) le fait que L_1 (ou $\{L_1^i,\ldots L_1^j\}$) est la langue dont l'apprentissage est encadré par le processus d'apprentissage le plus ample de la biographie sémiotique de l'individu.

(2) exclut les cas où la relation I–L_2 détermine la relation I–L_1, la relation I–L_3 détermine les relations I–L_1 et/ou I–L_2, la relation I–L_n détermine les relations I–L_1,… I–L_{n-1}.

Par ce fait, (2) assure la séparation entre la pragmatique contrastive et la *pragmatique des langues en contact*. La pragmatique contrastive examine l'influence de toutes les relations I–L précédentes (L–L_1,… L_{n-1}) ou, au moins, l'influence de la relation I–L_1 sur une relation I–L_n. La pragmatique des langues en contact considère l'influence d'une relation I–L_k sur une relation I–L_i indépendamment de l'ordre de leur instauration et abstraction faite du processus d'apprentissage.

0.7. Il résulte de ce qui a été dit sous 0.4 et 0.5 que seuls les types (5), (7), et (9) sous 0.3 sont pertinents pour la pragmatique contrastive.

Vu la complexité des types (7) et (9), nous limiterons notre examen au type (5). Nous remplacerons, dans la description de celui-ci (cf. 0.4 et 0.5) la séquence "ensemble... d'ensembles de signes" par la séquence "deux langues naturelles".

0.8. Afin de mieux cerner la relation entre un individu et deux langues naturelles, nous débuterons par l'examen de la relation entre un individu et une langue naturelle (le type (4) sous 0.3).

0.9. Nous aborderons la relation I–S en tant que relation entre un individu et une langue naturelle et en tant que relation entre un individu et la grammaire d'une langue naturelle.

Nous distinguerons entre la *grammaire naturelle* et la *grammaire artificielle* d'une langue naturelle.

Nous marquerons les langues naturelles par L, les grammaires naturelles des langues naturelles par G et les grammaires artificielles des langues naturelles par G'.

0.10. De toutes les relations possibles[3] entre un individu et une langue naturelle (telles par exemple: la langue respective plaît/déplaît à l'individu, l'intéresse/le préoccupe/lui est indifférente, etc.) nous avons choisi deux relations que nous considérons fondamentales:

(1) l'individu utilise/n'utilise pas la langue respective;

(2) l'individu connaît/ne connaît pas la langue respective.

Dans notre pensée, "X utilise les signes y" n'est pas identique avec et n'implique pas "X connaît les signes y". "X utilise les signes y" renvoie à une action physique de X. "X connaît les signes y" renvoie à un état intérieur de X. X peut utiliser les signes y de façon mécanique, imitative, en écho, sans pour autant les connaître.

0.11. Nous avons distingué ailleurs[4] entre les théories de l'état (ou théories *statiques*), les théories du changement (ou théories *dynamiques*), les théories de l'action (ou théories *praxéologiques*) et les théories de la norme (ou théories *déontiques*). Une théorie statique est une théorie visant des états, une théorie dynamique est une théorie visant des changements, etc.

Nous distinguons donc entre la *pragmatique statique*, la *pragmatique dynamique*, la *pragmatique praxéologique* et la *pragmatique déontique*.

---

[3] Nous distinguons entre relations dont les *relata* sont "englobés" dans le même état, relations dont les *relata* sont "englobés" dans le même changement, relations dont les *relata* sont "englobés" dans la même action et relations dont les *relata* sont "englobés" dans la même norme.

[4] Cf. l'article "Quatre sémiotiques possibles" inclus dans le présent volume ainsi que Golopentia (1977d et 1978).

La pragmatique statique vise les relations entre individus et signes. La pragmatique dynamique vise les changements des relations entre individus et signes.

La pragmatique praxéologique vise les actions par lesquelles un "super-individu" modifie les relations entre individus et signes.

La pragmatique déontique vise les normes qu'on doit respecter pour manipuler la relation entre individus et signes.

La discussion sous 0.2 et 0.3 est du domaine de la pragmatique statique.

La pragmatique statique fonde la pragmatique dynamique. La pragmatique dynamique fonde la pragmatique praxéologique. La pragmatique praxéologique fonde la pragmatique déontique.

Le cadre théorique de notre exposé devrait être représenté par la pragmatique déontique ou, au moins, par la pragmatique praxéologique, vu que celles-ci abordent les normes/les actions par lesquelles on modifie les relations pragmatiques.

Aborder des pragmatiques si complexes est cependant impossible en ce moment. Les études sémiotiques, praxéologiques et pédagogiques indispensables font défaut.

Nous limiterons la portée de notre ouvrage à la pragmatique dynamique en étudiant les changements que peut subir la relation entre un individu et deux langues naturelles (et, en premier lieu, les changements que peut subir la relation entre un individu et une langue naturelle).

1.1.1. Nous marquerons par "U" l'utilisation et par "K" la connaissance d'une langue naturelle; "&" est à lire *et*, "~" est à lire *non*. "U(I_i, L_i)" correspond donc à l'expression *un individu déterminé utilise une langue déterminée*.

Nous distinguerons entre les possibilités suivantes:

(1) U(I_i, L_i) & K(I_i, L_i);
(2) U(I_i, L_i) & ~K(I_i, L_i);
(3) ~U(I_i, L_i) & K(I_i, L_i):
(4) ~U(I_i, L_i) & ~K(I_i, L_i).

Le cas (1) correspond à l'utilisation normale d'une langue naturelle. Nous nommerons l'individu qui utilise et connaît une langue naturelle L_i *utilisateur normal* de L_i.

Le cas (4) correspond à la non-utilisation normale d'une langue naturelle. Nous nommerons l'individu qui n'utilise pas et ne connaît pas une langue naturelle L_i *non-utilisateur normal* de L_i.

Le cas (2) correspond à l'utilisation sans connaissance d'une langue naturelle. Nous nommerons l'individu qui utilise une langue L_i qu'il ne connaît pas *utilisateur non-connaisseur* de L_i. Notons qu'il est obligatoire en ce cas que l'individu respectif connaisse une autre langue naturelle L_j ou, au moins, un autre système de signes et que, en fait, (2) équivaut à:

(2') $U(I_i, L_i)$ & $K (I_i, L_j)$.

La capacité d'utiliser un système de signes aussi complexe qu'une langue naturelle suppose la familiarisation préalable avec d'autres systèmes sémiotiques. Un individu peut, accidentellement, utiliser avec succès un système sémiotique qu'il ne connaît pas à condition de connaître un autre système sémiotique et d'extrapoler à partir de cette connaissance.

Mais le cas (2) ne correspond pas à une relation I – S du type (4), vu qu'il entraîne un individu et *deux* systèmes de signes. Conformément à ce que nous avons dit sous 0.3. ci-dessus, il est donc réductible à une relation I – S du type (5).

Le cas (3) correspond à la connaissance sans utilisation d'une langue naturelle. Nous nommerons l'individu qui connaît sans utiliser la langue naturelle L_i *non-utilisateur connaisseur* de L_i.

1.1.2. En ce qui concerne la relation entre un individu et deux grammaires (naturelle et artificielle) de la même langue, nous distinguons entre les possibilités suivantes:

(1) $U (I_i, G_i)$ & $K (I_i, G_i)$ & $U (I_i, G_i')$ & $K (I_i, G_i')$;
(2) & & & $\sim K (I_i, G_i')$;
(3) & & $\sim U (I_i, G_i')$ & $K (I_i, G_i')$;
(4) & & & $\sim K (I_i, G_i')$;
(5) & $\sim K (I_i, G_i)$ & $U (I_i, G_i')$ & $K (I_i, G_i')$;
(6) & & & $\sim K (I_i, G_i')$;
(7) & & $\sim U (I_i, G_i')$ & $K (I_i, G_i')$;
(8) & & & $\sim K (I_i, G_i')$;
(9) $\sim U (I_i, G_i)$ & $K (I_i, G_i)$ & $U (I_i, G_i')$ & $K (I_i, G_i')$;
(10) & & & $\sim K (I_i, G_i')$;
(11) & & $\sim U (I_i, G_i')$ & $K (I_i, G_i')$;
(12) & & & $\sim K (I_i, G_i')$;
(13) & $\sim K (I_i, G_i)$ & $U (I_i, G_i')$ & $K (I_i, G_i')$;
(14) & & & $\sim K (I_i, G_i')$;
(15) & & $\sim U (I_i, G_i')$ & $K (I_i, G_i')$;
(16) & & & $\sim K (I_i, G_i')$.

1.2.1. En ce qui concerne la relation entre un individu et deux langues naturelles, nous distinguons entre les possibilités suivantes:

(1) $U(I_i, L_i)$ & $K(I_i, L_i)$ & $U(I_i, L_j)$ & $K(I_i, L_j)$;

(2) $U(I_i, L_j)$ & $K(I_i, L_i)$ & $U(I_i, L_j)$ &~$K(I_i, L_j)$;

(3) $U(I_i, L_i)$ & $K(I_i, L_i)$ &~$U(I_i, L_j)$ & $K(I_i, L_j)$;

(4) $U(I_i, L_i)$ &~$K(I_i, L_j)$ & $U(I_i, L_j)$ & $K(I_i, L_j)$;

(5) ~$U(I_i, L_i)$ & $K(I_i, L_i)$ & $U(I_i, L_j)$ & $K(I_i, L_j)$;

(6) $U(I_i, L_i)$ & $K(I_i, L_i)$ &~$U(I_i, L_j)$ &~$K(I_i, L_j)$;

(7) $U(I_i, L_i)$ &~$K(I_i, L_i)$ &~$U(I_i, L_j)$ & $K(I_i, L_j)$;

(8) ~$U(I_i, L_i)$ &~$K(I_i, L_j)$ & $U(I_i, L_j)$ & $K(I_i, L_j)$;

(9) $U(I_i, L_i)$ &~$K(I_i, L_i)$ & $U(I_i, L_j)$ &~$K(I_i, L_j)$;

(10) ~$U(I_i, L_i)$ & $K(I_i, L_i)$ &~$U(I_i, L_j)$ & $K(I_i, L_j)$;

(11) ~$U(I_i, L_i)$ & $K(I_i, L_i)$ & $U(I_i, L_j)$ &~$K(I_i, L_j)$;

(12) $U(I_i, L_i)$ &~$K(I_i, L_j)$ &~$U(I_i, L_j)$ &~$K(I_i, L_j)$;

(13) ~$U(I_i, L_i)$ &~$K(I_i, L_i)$ &~$U(I_i, L_j)$ & $K(I_i, L_j)$;

(14) ~$U(I_i, L_i)$ &~$K(I_i, L_i)$ & $U(I_i, L_j)$ &~$K(I_i, L_j)$;

(15) ~$U(I_i, L_i)$ & $K(I_i, L_i)$ &~$U(I_i, L_j)$ &~$K(I_i, L_j)$;

(16) ~$U(I_i, L_i)$ &~$K(I_i, L_i)$ &~$U(I_i, L_j)$ &~$K(I_i, L_j)$.

1.2.2. La relation entre un individu et les grammaires naturelle et artificielle de deux langues naturelles est si complexe que, pour la marquer, il nous faudra abréger les abréviations employées ci-dessus. Nous remplacerons:

$U(I_i, G_i)$ par U;

$K(I_i, G_i)$ par K;

$U(I_i, G_i')$ par U' et

$K(I_i, G_i')$ par K'.

Nous séparerons par le signe "&" les séquences $UKU'K'$ visant des langues différentes. Ceci donne les possibilités suivantes:

(1) $UKU'K'$ & $UKU'K'$

(2)   & UKU'~K'

(3)   & UK~$U'K'$

(4)   & U~$KU'K'$

(5)   &~$UKU'K'$

(6)   & UK~U'~K'

(7)   & U~K~$U'K'$

(8)   &~U~$KU'K'$

(9)   & U~KU'~K'

(10)   &~UK~$U'K'$

(11)   &~UKU'~K'

(12)   & U~K~U'~K'
(13)   &~U~K~U'K'
(14)   &~U~KU'~K'
(15)   &~UK~U'~K'
(16)   &~U~K~U'~K'
(17) UKU'~K'   & UKU'K'
.
.
.
(33) UK~U'K'   & UKU'K'
.
.
(49) U~KU'K'   & UKU'K'
.
.
(65)~UKU'K'   & UKU'K'
.
.
(81) UK~U'~K'   & UKU'K'
.
.
.
(97) U~K~U'K'   & UKU'K'
.
.
.
(113)~U~KU'K'   & UKU'K'
.
.
.
(129) U~KU'~K'   & UKU'K'
.
.
.
(145)~UK~U'K'   & UKU'K'
.
.
.

(161)~UKU'~K'   & UKU'K'

.

.

.

(177) U~K~U'~K'   & UKU'K'

.

.

(193)~U~K~U'K'   & UKU'K'

.

.

(209)~U~KU'~K'   & UKU'K'

.

.

(225)~UK~U'~K'   & UKU'K'

.

.

(241)~U~K~U'~K'   & UKU'K'

.

.

(256)~U~K~U'~K'   &~U~K~U'~K'

2.1. Les changements élémentaires que peut subir la relation entre un individu et une langue naturelle sont, en ce qui concerne l'utilisation de celle-ci:

    (1) U T U
    (2)~U T~U
    (3) U T~U
    (4)~U T U

et, en ce qui concerne la connaissance de celle-ci:

    (5) K T K
    (6)~K T~K
    (7) K T~K
    (8)~K T K.

Le changement (1) est caractéristique pour tout utilisateur normal d'une langue. L'activité linguistique d'un individu qui a utilisé, sa vie durant, une langue donnée peut être représentée par une séquence de changements élémentaires du type (1):

$$U \quad T \quad U \ldots T \quad U.$$

Le changement (5) est caractéristique pour tout connaisseur normal d'une langue naturelle. L'état intérieur d'un individu qui a expérimenté, sa vie durant, la connaissance d'une langue donnée peut être représenté par une séquence de changements du type (5):

$$K \quad T \quad K \ldots T \quad K.$$

Ces séquences de conservation d'état rendent compte, dans notre système, du sentiment de sécurité éprouvé par le connaisseur (l'utilisateur) d'une langue.

Les changements (2) et (6) sont définitoires pour la non-utilisation respectivement la non-connaissance normales d'une langue. Par rapport à la plupart des langues, l'existence linguistique d'un individu peut être décrite par les séquences de changements

$$\sim U \quad T\sim U \ldots T\sim U \text{ et}$$
$$\sim K \quad T\sim K \ldots T\sim K.$$

Les changements (3) et (7) marquent l'abandon respectivement l'oubli d'une langue. L'abandon d'une langue L_i correspond au passage de l'utilisation à la non-utilisation de L_i. L'oubli d'une langue L_i correspond au passage de la connaissance à la non-connaissance de L_i. Les changements (4) et (8) marquent le passage de la non-utilisation (non-connaissance) à l'utilisation (à la connaissance) d'une langue. En fait, (3), (7), (4) et (8) représentent les points initial et terminal de *processus* prolongés. Tous ces processus se déroulent dans le cas où un individu se déplace dans une collectivité parlant une langue différente de celle qu'il a connue et utilisée auparavant. D'une part, l'individu cesse d'utiliser et, petit à petit, de connaître (au moins au sens d'une connaissance immédiate) la langue qu'il avait utilisée (connue) antérieurement. D'autre part, il commence à utiliser et, petit à petit, à connaître la langue de la collectivité à laquelle il s'assimile.

De ce qui a été dit plus haut on pourrait déduire que l'individu utilise d'abord et connaît ensuite une langue donnée. Nous nous empressons de souligner que cet ordre n'est valable que dans le cas du déplacement physique de l'individu (qui déménage, voyage, émigre) d'une collectivité à une autre. Dans le cas d'un "déplacement cognitif " c'est-à-dire dans le cas où l'individu est soumis à une forme d'instruction linguistique visant l'apprentissage d'une langue étrangère, il peut bien arriver que celui-ci commence par connaître et utilise seulement par la suite la langue respective.

Si nous combinons un changement du type (1)-(4) avec un changement du type (5)-(8) ci-dessus, nous obtenons les formules suivantes:

(1)   U T U &   K T K
(2)   U T U &~K T~K
(3)   U T U &   K T~K
(4)   U T U &~K T K
(5)~U T~U &   K T K
(6)~U T~U &~K T~K
(7)~U T~U &   K T~K
(8)~U T~U &~K T K
(9)   U T~U &   K T K
(10)   U T~U &~K T~K
(11)   U T~U &   K T~K
(12)   U T~U &~K T K
(13)~U T U &   K T K
(14)~U T U &~K T~K
(15)~U T U &   K T~K
(16)~U T U &~K T K.

Dans (1), l'individu continue à utiliser et à connaître une langue donnée. Dans (2), l'individu continue à utiliser et à ne pas connaître une langue donnée. Dans (3), l'individu continue à utiliser et cesse de connaître une langue donnée. Dans (4), l'individu continue à utiliser et commence à connaître une langue donnée. Dans (5), l'individu n'arrive pas à utiliser mais continue à connaître une langue donnée. Dans (6), l'individu continue à ne pas utiliser et à ne pas connaître une langue donnée. Dans (7), l'individu continue à ne pas utiliser et cesse de connaître une langue donnée. Dans (8), l'individu continue à ne pas utiliser et (mais) commence à connaître une langue donnée. Dans (9), l'individu cesse d'utiliser et (mais) continue à connaître une langue donnée. Dans (10), l'individu cesse d'utiliser et continue à ne pas connaître une langue donnée. Dans (11), l'individu cesse d'utiliser et cesse de connaître une langue donnée. Dans (12), l'individu cesse d'utiliser et commence à connaître une langue donnée. Dans (13), l'individu commence à utiliser et continue à connaître une langue donnée. Dans (14), l'individu commence à utiliser et (mais) continue à ne pas connaître une langue donnée. Dans (15), l'individu commence à utiliser tout en cessant de connaître une langue donnée. Dans (16), l'individu commence à utiliser et à connaître une langue donnée.

Le changement (1) définit le processus que nous nommons *parler couramment une langue* (dans le sens de parler ordinairement, d'une façon habituelle et non pas de parler facilement, rapidement).

Le changement (6) définit le "fait" de *ne pas parler une langue*. Ce changement caractérise les rapports de l'individu avec la majorité écrasante (dans la plupart des cas avec n-1) des langues naturelles.

Le changement (11) définit *l'abandon — l'oubli* d'une langue. Le changement (16) définit *l'acquisition d'une langue*.

Les changements (2)-(5), (7)-(10) et (12)-(15) peuvent caractériser aussi bien *l'abandon* (*l'oubli*) que *l'acquisition d'une langue*. La recherche empirique sera à même d'illuminer l'ordre dans lequel tendent à se succéder ces changements dans les processus susmentionnés.

Les changements (12) et (14) nous semblent correspondre à des *phases critiques*, paradoxales, courantes dans l'apprentissage d'une langue. Le cas (12) correspond à la situation dans laquelle l'individu qui a acquis L_i se heurte à un blocage dans l'utilisation de celle-ci. Le cas (14) où, ayant atteint à un autre degré dans l'utilisation d'une langue étrangère, l'individu en a de par ce fait la connaissance bloquée, est plus difficile à exemplifier. Nous pensons cependant aux individus qui, suite à des changements de profession, de statut social, etc., sont mis dans la situation d'exécuter des actes de langage tout à fait différents de ceux qu'imposait leur formation initiale d'utilisateurs de la langue respective. Ceci peut provoquer un état de désarroi cognitif par rapport à L_i.

2.2. La relation complexe entre un individu et deux langues naturelles L_i et L_j peut, conformément à ce qui a été dit sous 2.1, être exposée simultanément à quatre types de changements:

– changement de la relation d'utilisation $I - L_i$;
– changement de la relation cognitive $I - L_i$;
– changement de la relation d'utilisation $I - L_j$;
– changement de la relation cognitive $I - L_j$.

Vu leur complexité, nous n'entreprendrons pas la présentation de ces changements, ni de ceux auxquels est exposée la relation complexe entre un individu et les grammaires naturelles et artificielles de deux langues naturelles.

Ce qui ressort avec une clarté suffisante de ce qui a été dit jusqu'ici c'est la grande diversité des changements pragmatiques dans lesquels peut se trouver engagé un individu par rapport à deux langues naturelles.

L'analyse contrastive ne pourra évoluer et se particulariser que dans la mesure où cette diversité pragmatique sera dominée et ainsi à même de déterminer la diversification des modalités d'enseignement des langues étrangères ou d'immersion d'individus de langue L_i dans une collectivité de langue L_j.

3.1. Il nous semble utile d'éclaircir en ce point l'emploi du prédicateur "K" sous 1. et 2. ci-dessus.

Cet emploi ressemble sous certains aspects à celui qu'en fait Hintikka (1969). Comme Hintikka:

(a) nous n'employons pas les termes *connaître, savoir* pour une connaissance dont l'objet est représenté par des données sensorielles ou des objets matériels. L'expression *X connaît le son y* n'est donc pas bien formée dans notre langage;

(b) nous n'employons pas les termes *connaître, savoir* pour une "connaissance inconsciente"[5].

A l'encontre de Hintikka (1969), chez lequel le prédicateur K renvoie à une connaissance propositionnelle (c'est-à-dire à un savoir dont l'objet est une proposition) infaillible, nous marquons par K une *connaissance énonciative* (c'est-à-dire un savoir dont l'objet est représenté par un énoncé) assumée, autrement dit une connaissance que le sujet connaisseur est capable de soutenir par une argumentation quelconque.

Nous parlons de *connaissance énonciative assumée* et non pas de *connaissance propositionnelle vraie* vu que, dans le cas qui nous intéresse, le sujet connaissant connaît une grammaire, des normes qui, appartenant au langage *prescriptif*, ne sont pas des propositions et ne peuvent pas être caractérisées comme vraies ou fausses.

La question se pose cependant s'il y a une différence entre les normes qui sont intériorisées par un individu dont nous disons qu'il connaît la grammaire naturelle d'une langue et celles qui sont intériorisées par un individu dont nous disons qu'il connaît la grammaire artificielle d'une langue.

---

[5] Nous nous séparons sur ce point de Katz (1972), pour lequel "knowledge consists of conscious knowledge plus what can be brought to consciousness under appropriate

La réponse est, pour nous, affirmative. Dans le premier cas, l'individu connaît des normes du type:

- "l'énoncé *p* est correct";
- "le syntagme *s* est correct";
- "l'énoncé *q* est incorrect";
- "le terme *t* n'a pas été employé correctement";
- "le terme *t* ne doit pas être employé"; etc.

Le nombre de ces normes est infini, chaque norme visant à chaque fois un seul énoncé, un seul syntagme, un seul mot, etc. Il peut cependant être dominé parce que, dans la mémoire de l'individu, ces normes ponctuelles se regroupent dans des *familles de normes*. Les normes énumérées sont des normes du type *coutume*. Ceci devient évident si nous les reformulons par:

- "on dit *p*";
- "on dit *s*";
- "les personnes bien éduquées n'emploient pas *t*"

ou si nous nous rappelons que la réponse courante à "pourquoi dites-vous que *x* est correct?" est: "on dit comme ça". L'individu apprend les coutumes qui composent la grammaire naturelle de sa langue maternelle par une *initiation diffuse et permanente* qui confirme et renforce certaines des régularités dont il a eu l'intuition antérieure, offre à sa connaissance des coutumes qu'il ignorait et informe des coutumes qu'il avait acquises auparavant. "On ne dit plus *x*", en d'autres termes: "la norme pour *x* n'est plus valable" déduit ou s'entend dire tout sujet parlant à un moment donné de sa biographie langagière.

Dans le deuxième cas, l'individu dont nous disons qu'il connaît la grammaire artificielle d'une langue connaît des normes du type:

- "l'adjectif s'accorde en genre, nombre et cas avec le nom qu'il détermine";
- "le sujet précède le prédicat", etc.

Le nombre de ces normes est limité, chacune opérant non pas au niveau, pratiquement infini, du discours ou de l'écriture, mais à un

conditions, for example the psychoanalytic situation" (p. 26); et, plus loin, "knowledge encompasses conscious knowledge together with whatever is inherently indistinguishable from it save for being unconscious. Under appropriate conditions, we can intuitively come to grasp the fact that we had a certain thought that we didn't consciously realize we had" (p. 27).

niveau abstrait de beaucoup simplifié[6]. Les normes de la grammaire artificielle sont des normes du type *directive*. Ceci devient évident si nous les reformulons par:

- "accordez l'adjectif avec le nom qu'il détermine";
- "ne mettez pas la préposition en fin d'énoncé", etc.

ou si nous remémorons l'argument offert en tant que réponse à la question "Pourquoi?": "parce que c'est écrit dans la grammaire". L'individu apprend les directives qui composent la grammaire artificielle d'une langue naturelle par une *initiation organisée* et *temporellement limitée*, durant une période *d'instruction*. Il n'en attend pas la confirmation. Il apprend que certaines directives sont sorties d'usage seulement s'il maintient le contact avec la grammaire artificielle de la langue respective.

L'opposition entre *norme* (d'une grammaire) *naturelle/norme* (d'une grammaire) *artificielle* peut être éclaircie à l'aide de l'opposition *règle réglementative/règle constitutive*[7]. L'étiquette naturelle d'une langue, sa grammaire naturelle consiste en normes réglementatives. Par contre, la grammaire artificielle *constitue, engendre* la langue respective, en multiplie les styles, les ressources pragmatiques, sémantiques, les registres et les canaux sémiotiques. La grammaire artificielle d'une langue en vise l'écriture dans la même mesure que le discours oral. La grammaire naturelle d'une langue vise, en échange, presqu'exclusivement le discours oral. Parler une langue naturelle amène spontanément l'individu à percevoir les coutumes qui en composent la grammaire naturelle et précède l'établissement de celle-ci. Parler la variante cultivée d'une langue naturelle succède à l'apprentissage de la grammaire artificielle et devient possible grâce à celle-ci.

3.2. Il existe des langues pour lesquelles une grammaire artificielle n'a pas encore été élaborée. La question se pose si, dans un processus d'instruction du type visé par l'analyse contrastive:

(a) de telles langues fonctionnent en tant que langue source (angl. *source language*) de la même façon que les langues à grammaire artificielle et si

---

[6] Le caractère abstrait des normes de la grammaire artificielle est signalé, entre autres, par Katz (1972): "We do not intuitively recognize abstract generalizations like the relative clause rule in the way that we do the grammaticality or ungrammaticality of a string of words. They are not the same and they do not bear the same relation to behavior" (p. 27).

[7] Dans le sens de Searle (1969).

(b) de telles langues peuvent représenter la langue cible (angl. *target language*).

La réponse à (b) est, selon nous, fermement négative. L'enseignement d'une langue naturelle a comme instrument essentiel la grammaire artificielle de celle-ci. Une langue sans grammaire artificielle ne peut pas être enseignée.

La réponse à (a) ne peut pas être donnée pour le moment.

3.3. Si nous tenons compte de l'attitude épistémique ou doxastique de l'individu par rapport à l'utilisation ou à la connaissance d'une langue naturelle, la typologie des relations I−S esquissée sous 1. ci-dessus peut être considérablement raffinée.

Nous marquerons:

- l'expression I_i connaît L_i ou G_i ou G'_i par "α";
- l'expression I_i ne connaît pas L_i ou G_i ou G'_i par "$\sim\alpha$";
- l'expression I_i sait que α par "$K(I_i, \alpha)$" et
- l'expression I_i croit que α par "$B(I_i, \alpha)$".

Nous distinguons entre les possibilités suivantes:

(1) α & $K(I_i, \alpha)$;
(2) α & $B(I_i, \alpha)$;
(3) α & $B(I_i, \sim\alpha)$;
(4) $\sim\alpha$ & $K(I_i, \sim\alpha)$;
(5) $\sim\alpha$ & $B(I_i, \sim\alpha)$;
(6) $\sim\alpha$ & $B(I_i, \alpha)$.

Dans (1), l'individu connaît L_i (G_i, G'_i) et sait qu'il les connaît. C'est le cas de tout l'individu par rapport à la langue qu'il parle couramment ou à la grammaire naturelle de celle-ci. L'expérience de cette certitude est fournie par une fonction ad-hoc du discours, notamment la fonction de transmission que nous avons présentée dans Golopentia (1973a).

C'est le fait de savoir qu'il connaît L_i, G_i, G'_i qui donne à l'individu le droit de fonctionner en tant que consultant ultime en ce qui concerne la connaissance, par autrui, de L_i, le droit de donner des indications métalinguistiques concernant L_i, d'expliquer L_i à quelqu'un qui ne connaît pas ou qui n'est pas certain de connaître L_i.

Dans (2), l'individu connaît L_i et croit qu'il connaît L_i. C'est le cas de celui qui acquiert une langue étrangère L_i. Il ne peut pas fonctionner en tant que consultant ultime concernant la connaissance de L_i par autrui ou, même, sa propre connaissance de L_i. Il choisira en tant que consultant ultime l'individu pour lequel L_i représente la langue utilisée couramment ou, dans le cas de G_i' le professeur, l'examinateur, etc., et croira qu'il connaît L_i si et seulement si ses interactions linguistiques sérieuses avec le sujet parlant ordinaire (ou les testes auxquels le soumettent professeurs et examinateurs) seront satisfaisants.

Les types (4) and (5) décrivent l'attitude épistémique ou doxastique d'un individu par rapport à sa non-connaissance de L_i (G_i, G_i'). Dans (4), l'individu ne connaît pas L_i et sait qu'il ne connaît pas L_i. C'est le cas de l'individu qui n'a traversé aucun processus d'instruction visant L_i. Dans (5), l'individu ne connaît pas (encore) L_i et croit qu'il ne connaît pas L_i. C'est le cas de l'individu qui s'est engagé dans un processus d'instruction visant L_i.

Les types (3) et (6) correspondent à des croyances erronées de l'individu concernant la connaissance ou la non-connaissance d'une langue ou d'une grammaire. Dans (3), l'individu sous-estime, dans (6) il surestime sa propre connaissance de L_i, G_i ou G_i'.

Nous considérons que, en ce qui concerne l'attitude par rapport à la connaissance d'une langue étrangère, le produit idéal d'un processus d'instruction est défini par (2).

Notons que les qualifications *utilisateur normal de L_i* et *produit idéal d'un processus d'instruction visant l'apprentissage de L_i* ne sont pas équivalentes.

Nous définissons l'apprentissage d'une langue (grammaire) naturelle par les deux changements suivants:

(a) le passage de l'état $\sim K(I_i, L_j)$ à l'état $K(I_i, L_i)$ et

(b) le passage de l'état $K(I_i, (\sim K(I_i, L_i))$ ou de l'état $B(I_i, (\sim K(I_i, L_i))$ à l'état $B(I_i, (K(I_i, L_i))$.

Même si le produit idéal d'un processus d'instruction visant l'apprentissage de L_i parvient à avoir les mêmes connaissances concernant L_i qu'un utilisateur normal de L_i, il ne parviendra donc jamais à avoir la même attitude épistémique (doxastique) face à son savoir.

3.4. Des concepts tels que *langue maternelle* d'un individu, *utilisateur natif* d'une langue, *langue courante* (usuelle) d'un individu, *langue étrangère* par rapport à un individu ne peuvent pas être définis dans les cadres d'une pragmatique statique. Ce sont des concepts caractéristiques de la pragmatique dynamique.

3.4.1. *La langue maternelle d'un individu* est la langue dont l'apprentissage peut être représenté par un changement p T (p & q) ayant la forme suivante:

$$U(I_i, S_i) \& K(I_i, S_i) \ T \ U(I_i, S_i) \& K(I_i, S_i) \& U(I_i, L_i) \& K(I_i, L_i).$$

C'est donc la langue dont l'apprentissage comporte le passage d'une relation avec un système sémiotique non linguistique (marqué par "S_i") à une relation avec un système sémiotique linguistique.

Ce changement ne définit que l'apprentissage de la langue maternelle, l'apprentissage de toute autre langue ayant la forme (a) ou (b):

(a)　$U(I_i, L_i) \& K(I_i, L_i) \ T \ U(I_i, L_j) \& K(I_i, L_j)$;

(b)　$U(I_i, L_i) \& K(I_i, L_i) \ T \ U(I_i, L_i) \& K(I_i, L_i) \& U(I_i, L_j) \& K(I_i, L_j)$.

La forme (a) correspond au cas où la langue cible élimine la langue source de l'existence linguistique de l'individu, où, une fois qu'il a appris la langue cible l'individu cesse d'utiliser et même de connaître la langue source. La forme (b) correspond au cas où, une fois apprise, la langue cible coexiste avec la langue source dans l'existence linguistique de l'individu.

La langue maternelle n'est donc pas seulement la première langue acquise par l'individu mais aussi la seule dans l'apprentissage de laquelle le système source est un système sémiotique non-linguistique exclusivement.

Pour préciser le concept de langue maternelle il est nécessaire de définir la spécialisation sémiotique prélinguistique de l'individu.

L'utilisateur natif d'une langue L_i est l'individu dans l'existence linguistique duquel il y a passage direct de l'utilisation — connaissance d'un système sémiotique non-linguistique à l'utilisation — connaissance de L_i.

3.4.2. La langue maternelle de l'individu peut ne pas être la langue qu'il utilise couramment. L'individu peut abandonner, oublier sa langue maternelle. Nous nommerons *langue courante de l'individu* I_i la langue par rapport à laquelle se produit la stabilisation des changements auxquels est soumise la relation complexe $I_i - S$ (la relation de l'individu avec tous les systèmes de signes qu'il domine). La langue courante de l'individu est la langue par rapport à laquelle la vie linguistique de l'individu a la forme:

$$U \ T \ U \ \& \ \ K \ T \ K.$$

3.4.3. Nous nommerons *langue étrangère par rapport à un individu* la langue par rapport à laquelle la vie linguistique de l'individu a la forme suivante:

$$\sim U \quad T\sim U \quad \&\sim K \quad T\sim K.$$

3.5. Les structures I – S présentées sous 1. représentent des types de *spécialisation linguistique*.

Les transformation présentées sous 2. représentent des types de *biographie linguistique*.

Pour le spécialiste en analyse contrastive il est toujours utile de connaître la biographie linguistique qui soustend une spécialisation linguistique.

Supposons que, par rapport à une langue qui dispose d'une grammaire artificielle, la spécialisation linguistique d'un individu est la suivante:

$$K(I_i,\ G_i)\ \&\ K(I_iG'_i)\ldots$$

Par rapport à cette spécialisation, la biographie linguistique de l'individu peut avoir été:

(a) $K(I_i,\ G_i)\ \&\sim K(I_i,\ G'_i)\ T\ K(I_i,\ G_i)\ \&\ K(I_i,\ G'_i)$; ou

(b) $\sim K(I_i,\ G_i)\ \&\ K(I_i,\ G'_i)\ T\ K(I_i,\ G_i)\ \&\ K(I_i,\ G'_i)$.

Dans (a), l'individu a acquis d'abord la grammaire naturelle et ensuite la grammaire artificielle de la langue. Dans (b), l'individu a acquis d'abord la grammaire artificielle et ensuite la grammaire naturelle de la langue respective.

Une biographie linguistique du type (a) peut correspondre aussi bien à l'apprentissage de la langue maternelle qu'à l'apprentissage d'une langue étrangère. Une biographie linguistique du type (b) ne caractérisera jamais l'apprentissage de la langue maternelle.

Les actes locutoires en tant qu'entités ethnolinguistiques

0. L'objet de cet ouvrage est de multiplier les questions que tout ethnolinguiste se pose lorsqu'il essaie de se représenter le fonctionnement langagier d'une communauté. Nous avons eu recours pour ce faire à la théorie austinienne des actes de langage (plus précisément à son composant locutoire) et, en subsidiaire, à la théorie sémiotique partielle dédiée à la relation signe—personne ou *pragmatique*, ainsi qu'à la théorie générale de l'action ou *praxéologie*. Notre réflexion a été nourrie, et souvent aiguillonnée, par l'observation ethnolinguistique d'un village roumain. Ce village s'appelle Breb. Il est situé au nord de la Roumanie, dans le Maramures historique. Son caractère traditionnel a été établi, à la suite de recherches autres que la recherche ethnolinguistique, par des folkloristes, ethnologues, dialectologues, etc. Nous y avons fait des enquêtes entre 1971 et 1979.

Admettant que l'ethnolinguistique est une discipline descriptive de nature pragmatique, le problème se pose, tôt ou tard, pour le chercheur, de répondre à plusieurs types de questions:

(1) quelle est la théorie, l'ensemble de théories, l'interthéorie ou la transthéorie qui guide, voire qui soustend son projet descriptif?

(2) quels sont les points sur lesquels la description ethnolinguistique, au fur et à mesure qu'elle s'enrichit, apporte des confirmations, des infirmations, suggère des modifications à la théorie initiale?

(3) quelles sont les zones descriptives, dans l'aboutissement de sa recherche, qui ne résultent pas de et ne peuvent être assignées même rétrospectivement à aucune théorie utilisée consciemment ou même approximée, recréée de manière inconsciente dans son dialogue avec l'objet?

51

(4) quels sont les faits qui restent, pour lui, indescriptibles et pourquoi?

Il y a un certain optimisme positiviste dans les questions du type (1) et (2). Il y a, par contre, un certain malaise, une gêne à se découvrir entraîné, poussé par la description dans des directions qui ne sont pas (pas encore?) des disciplines, qui n'ont pas (pas encore?) de fondement théorique, qui vous isolent de ceux, heureux entre tous, dont les recherches cumulatives sur un point précis ne risquent jamais de se transformer, sinon en langage privé, au moins en parole privée. Et il y a un certain dépit à se sentir professionnellement muet par rapport à des faits dont on perçoit, intuitivement, l'importance et la fertilité.

1. La théorie des actes de parole proposée par J. L. Austin est (et a été d'ailleurs présentée comme telle par son auteur) une *théorie partielle de l'action* — une théorie praxéologique partielle.

Elle est, en même temps, ou plutôt peut devenir car Austin n'a fait qu'en esquisser les grandes lignes de départ, une *théorie linguistique globale*. Attardons-nous sur ce point.

Conformément à J.L. Austin (1962), le comportement linguistique des sujets parlants peut être appréhendé par le biais de trois types d'actes langagiers:

(a) les *actes locutoires*,
(b) les *actes illocutoires* et
(c) les *actes perlocutoires*.

Les actes locutoires sont les actes au niveau du dire sur l'analyse desquels nous nous pencherons dans ce qui suit. Les actes illocutoires — tels promettre, saluer, commander, féliciter, baptiser, questionner, etc. — sont des actes qui, instrumentés par les actes locutoires et fortement institutionnalisés, vont de pair avec les actes accomplis sans le truchement de la parole. Leur étude recoupe non seulement les domaines de la langue, de la parole et de l'action en général, mais aussi celui de la praxis journalière située dans le temps et des institutions socio-culturelles en vigueur. Les actes perlocutoires — tels convaincre, persuader, etc. — marquent pour Austin des actes définis en fonction des conséquences imprévisibles, individualisées, marginales qui s'ajoutent parfois aux résultats typiques des actes illocutoires.

Les actes locutoires sont répartis par l'auteur en trois sous-classes:

(1) les *actes phoniques* ou actes producteurs de sons — nous préciserions: de voyelles, de consonnes, de tons;

(2) les *actes phatiques* ou actes producteurs de séquences de mots, de phrases, etc., et

(3) les *actes rhétiques* ou actes producteurs de sens propositionnel, tels la prédication et la référence.

L'objet à la production duquel visent les actes locutoires correspond donc, respectivement, à l'objet de la phonologie (1), à l'objet de la grammaire, morphologie aussi bien que syntaxe, et de la lexicologie (2), à l'objet de la sémantique linguistique (3). Or, la linguistique orthodoxe — ou pure, ou précise, ou *hard core* — consiste, justement, en une juxtaposition, voire interpénétration dans des modèles complexes (tel le modèle chomskien, par exemple) de la phonologie, de la morphosyntaxe et de la sémantique.

Mais, et ceci est important, cette intégration se poursuivant à un niveau actionnel, la portion locutoire de la théorie avancée par Austin *dépasse* l'objet de la théorie linguistique. Car, à côté du problème de l'intégration des objets d'actions que sont les sons, les mots, les phrases et les propositions, le composant locutoire de la théorie d'Austin soulève le problème de l'intégration successive des *actes* phoniques dans des *actes* phatiques et des *actes* phatiques dans des *actes* rhétiques. C'est, dans sa simplicité et sa précision, un problème inattendu même pour ceux qui s'occupent de linguistique fonctionnelle, de l'apprentissage du langage, d'épistémologie génétique, d'aphasiologie ou d'analyse contrastive.

Cernons de plus près ce problème du dépassement de l'objet strictement linguistique dans la théorie des actes locutoires.

Lorsque nous parlons de linguistique en général, sans spécifier une école linguistique précise, nous tendons à l'identifier

(a) à une discipline dont l'objet est représenté par des *états linguistiques*.

Or, il y a au moins trois autres possibilités de découpage, dans la réalité, d'un objet d'étude linguistique. Car, en effet, nous pouvons tout aussi bien concevoir:

(b) une linguistique dont l'objet est représenté par des *changements linguistiques*;

(c) une linguistique dont l'objet est représenté par des *actes, activités, actions, réactions, interactions linguistiques*; et

(d) une linguistique dont l'objet est représenté par des *normes, habitudes, coutumes linguistiques*.

En fait, des théories linguistiques partielles et de nombreuses descriptions linguistiques ayant pour objet les changements linguistiques et même les actions et les normes linguistiques ont été déjà élaborées. Ce qui n'a cependant pas été réalisé pour aucune des possibilités (b)-(d) que nous avons mentionnées ci-dessus c'est une *théorie globale intégrée* au niveau du changement langagier, de l'action langagière, de la norme langagière conçus, respectivement, comme seuls objets s'offrant à la réflexion du linguiste.

Il y a peut-être une raison à ceci car:

(1) l'état langagier est, logiquement, premier par rapport aux changements, actions, normes langagières;

(2) il favorise un isolement maximum de l'objet linguistique par rapport à la réalité non-langagière offrant un cadre minimum de référence à la réflexion spécialisée du linguiste;

(3) il permet d'isoler nettement la démarche linguistique par rapport aux démarches des autres sciences sociales.

Le problème se pose cependant de façon tout à fait différente dans le cas de l'ethnolinguistique. Car, tandis que la linguistique, en tant que théorie du langage, se définit par une poussée *divergente* par rapport aux autres sciences sociales, qu'elle doit maintenir à tout prix, l'ethnolinguistique, en tant qu'ensemble de théories, interthéorie ou, idéalement, en tant que transthéorie se définit, au contraire, par une poussée *convergente* (voire *englobante*) par rapport aux autres sciences sociales. L'ethnolinguistique aura donc intérêt à s'orienter vers des théories linguistiques globales qui ne sont pas intégrées au niveau des états langagiers.

Le composant locutoire de la théorie austinienne des actes de langage nous semble offrir les éléments d'une *théorie linguistique globale intégrée au niveau de l'action langagière*.

Or, procéder au niveau de l'action a ses avantages en ethnolinguistique. Car, si *ethno-* dans *ethnolinguistique* vise à signaler un élargissement du cadre de référence par rapport auquel est appréhendé le langage, l'action — nous l'avons montré ailleurs — présente des avantages observationnels et théoriques nets. Elle est, disions-nous[1]:

(a) "de dimension convenable", anthropocentrique et partiellement observable (au moins au niveau des actes, activités, réactions, interactions) et

[1] Le lecteur trouvera le détail de cette discussion dans Golopentia (1979a) qui est repris sous le titre "Pour une typologie des informateurs" dans le présent volume.

(b) elle peut représenter une unité observable ou théorique commune à toutes les sciences sociales.

C'est dire que, parmi les quatre types de théories linguistiques possibles que nous avons distingués ci-dessus c'est la théorie linguistique intégrée au niveau de l'action langagière qui est, d'après nous, le choix optimum en ethnolinguistique.

2. Une théorie linguistique intégrée au niveau actionnel ne peut plus faire abstraction de l'usager de la langue. Elle est, par excellence, une théorie *pragmatique*.

La distinction syntactique/sémantique/pragmatique a été introduite dans la métathéorie sémiotique par Charles Morris en 1935 (cf. Morris, 1971, pp. 301-303).

Dans la conception de Morris, la pragmatique vise à l'étude des rapports entre signes, objets et utilisateurs des signes; la sémantique vise à l'étude des rapports entre signes et objets et la syntactique vise à l'étude des rapports entre signes. Ceci donne l'image suivante:

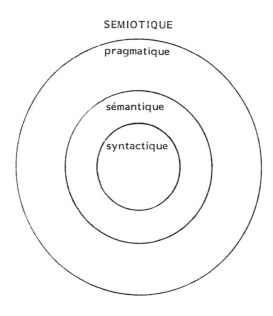

Figure 1

L'examen de cette figure rend évidents quelques aspects implicites de la conception morrisienne. Ceux-ci sont les suivants:

(a) la syntactique est incluse dans la pragmatique;

(b) la pragmatique est incluse dans la sémiotique et la sémiotique, dans laquelle Morris inclut uniquement la syntactique, la sémantique et la pragmatique, est à son tour incluse dans la pragmatique. Ce qui fait que, pratiquement, la pragmatique équivaut à l'ensemble de la sémiotique, qu'elle représente la forme maximum de la sémiotique.

Si, dans la pensée de Morris, la distinction syntactique/sémantique/pragmatique est fondée sur la considération des rapports possibles entre des éléments ou des ensembles d'éléments appartenant à (inclus dans) l'un des trois ensembles mentionnés ci-dessus — l'ensemble des signes, l'ensemble des objets et l'ensemble des utilisateurs des signes — alors il nous semble que certains rapports, également possibles et également importants, ont été négligés par l'auteur. C'est le cas pour:

– les rapports entre objets;
– les rapports entre utilisateurs des signes;
– les rapports entre signes et utilisateurs de signes;
– les rapports entre objets et utilisateurs de signes.

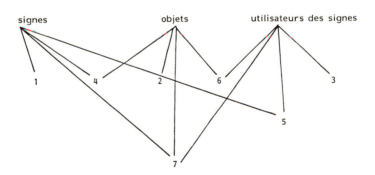

Figure 2

Nous pouvons représenter ces rapports par la figure 2. Dans cette figure, (1) marque les rapports entre signes, (2) marque les rapports entre objets, (3) marque les rapports entre utilisateurs des signes, (4) marque les rapports entre signes et objets, (5) marque les rapports entre signes et utilisateurs des signes, (6) marque les rapports entre objets et utilisateurs des signes et (7) marque les rapports entre signes, objets et utilisateurs des signes. (1), (4) et (7) correspondent donc aux domaines d'étude respectifs de la syntactique, de la sémantique et de la pragmatique morrisiennes.

Les démarches pouvant viser des rapports du type (2), (3), (5) et (6) n'ont pas de positions assignées dans la métathéorie sémiotique et pas de noms. Pratiquement, les sémioticiens incluent d'une manière tacite des études dédiées à des problèmes des types (3), (5) ou (6) sous l'étiquette *pragmatique* et rejettent en dehors du domaine de la sémiotique l'étude des rapports du type (2).

En ce qui nous concerne, nous considérons que la sémiotique doit aborder tous les types de rapports distingués ci-dessus, quitte à remplacer la trichotomie syntactique/sémantique/pragmatique par une opposition à plusieurs termes que nous signalerions par l'insertion d'un "etc." korzybskien: syntatique/sémantique/pragmatique/etc.

Nous incluons dans (2) ci-dessus l'étude des taxonomies populaires ou scientifiques, implicites ou explicites, intégrales ou partielles, motivées ou immotivées. Nous entendons par *taxonomie implicite* une taxonomie qui, quoique n'émergeant jamais en tant que telle *dans* le discours, peut être révélée par un examen plus poussé des présupposés de celui-ci. Nous entendons par *taxonomie populaire motivée* une taxonomie à laquelle s'associe un système de légendes, de mythes, etc. Il serait intéressant d'étudier la manière dont se réalise cette association. Admettons que nous représentons la taxonomie par un graphe (figure 3).

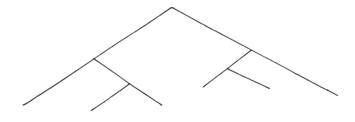

Figure 3

On pourrait alors se poser des questions du type:

(a) est-ce que la motivation par les mythes et légendes a plutôt trait à la ramification en tant que telle, justifie plutôt les résultats de la classification ou plutôt les étapes opérationnelles de celle-ci?

(b) quels sont les noeuds qu'on sent le besoin de commenter, de motiver par le mythe? par la légende? Quels sont les noeuds par rapport auxquels mythes et légendes n'offrent pas de commentaire et pourquoi?

(c) quelles sont les ramifications prises en charge par les mythes? par les légendes? Quelles sont les ramifications par rapport auxquelles mythes et légendes se taisent et pourquoi?

Nous incluons dans (3) ci-dessus l'établissement d'une typologie des utilisateurs des signes, l'établissement d'une typologie des utilisateurs des signes linguistiques aux niveaux locutoire, illocutoire et perlocutoire, l'établissement d'une typologie des agents sémiotiques, l'établissement d'une typologie des agents linguistiques par rapport à la production des signes, à la destruction des signes, etc. Nous avons examiné ailleurs[2] quelques distinctions qui nous semblent utiles à ce niveau: Créateur/Exécutant, Commentateur/Témoin, Sujet parlant/Sujet écoutant/Auditeur, Initiateur/Interlocuteur/Témoin et Insider/Outsider. Une fois établie, une telle typologie rendrait impossibles, ou du moins difficiles à justifier, des accidents de la recherche de terrain (folklorique, dialectologique, ethnolinguistique) tels par exemple le fait qu'on a tendance à observer (ou à interviewer) des individus correspondant presque en exclusivité au type de l'Exécutant, du Témoin, du Sujet parlant, de l'Initiateur, de l'Insider et qu'on néglige le Créateur, le Commentateur, les rôles de Sujet écoutant, d'Auditeur, d'Interlocuteur, les conséquences du statut (intérieur ou extérieur) d'Outsider, etc., qui ne sont pas moins révélateurs pour la vie folklorique ou linguistique de la communauté. Elle permettrait en même temps d'adapter avec un peu plus de finesse les instruments de recherche (questionnaires, etc.) à la diversité et à la complexité des informateurs visés.

Nous incluons dans (5) ci-dessus l'étude non seulement de l'apprentissage, de la création et de l'utilisation des signes et des systèmes de

---

[2] Voir, dans le présent volume, les articles "Pour un typologie des informateurs" et "Insiders et Outsiders" qui reprennent respectivement Golopentia (1979a et 1979b).

signes, mais aussi celle, trop rarement pratiquée par les ethnolinguistes, les folkloristes, les dialectologues, les anthropologues, etc., de la suppression, de l'annulation, de l'oubli des signes ou des systèmes de signes.

Nous incluons dans (6) ci-dessus l'étude des situations extrasémiotiques dans lesquelles s'insèrent des situations sémiotiques (linguistiques).

La linguistique au sens strict se réduit à l'étude des rapports syntactiques (dans l'acception morrisienne du terme) entre signes langagiers. La linguistique praxéologique et, avec elle, l'ethnolinguistique ne pourront cependant se constituer qu'à partir de l'intégration des types (1), (3), (5), (6) et (7) ci-dessus.

3.0. Le composant locutoire de la théorie austinienne peut être raffiné à deux niveaux:

(1) au niveau praxéologique et

(2) au niveau sémiotique.

Pour ce qui est du niveau praxéologique, nous renvoyons le lecteur à l'article "Actes de langage et théorie de l'action" figurant dans ce volume. Le réseau conceptuel proposé dans cet article nous permettra de signaler quelques prolongements possibles de la théorie des actes locutoires qui sont, à ce qu'il nous semble, de nature à intéresser l'ethnolinguiste.

3.1. La théorie austinienne des actes locutoires a en vue uniquement des actes et les examine uniquement dans la perspective de l'Agent. Or, il est clair:

(1) que les actes phoniques, phatiques et rhétiques peuvent être examinés également dans la perspective de l'Anti-Agent ou du Spectateur et

(2) qu'on peut parler également, sinon d'actes de base (qui, à d'autres niveaux que le niveau phonique, et par rapport à d'autres rôles que le rôle d'Agent sont plus problématiques), au moins d'activités, d'action, de réaction, d'abstentions, d'interactions ou de scénarios phoniques, phatiques ou rhétiques.

Ceci donne en tant que point de départ pour une réflexion dédiée aux actes phoniques, phatiques ou rhétiques le tableau dans la figure 4.

rôle	acte phonique, phatique, ou rhétique											
	action						réaction					
	exécution			abstention			exécution			abstention		
	acte de base	acte	activité	acte de base	acte	activité	acte de base	acte	activité	acte de base	acte	activité
A	1	2	3	4	5	6	7	10	13	16	19	22
AA							8	11	14	17	20	23
S							9	12	15	18	21	24

Figure 4

Nous pensons que, dans une utopie ethnolinguistique, chacune des cases de ce tableau peut représenter, au niveau phonique, phatique ou rhétique respectivement, l'objet de la réflexion du chercheur. Est-ce que, dans la communauté étudiée, il y a des faits spécifiques par rapport à la langue commune (ou standardisée, ou littéraire, ou populaire en général, choisir le terme de référence est, en soi, un problème) au niveau de la case X? Si oui, comment s'expliquent-ils? A quoi se relient-ils? Y a-t-il d'autres phénomènes sémiotiques ou simplement praxéologiques qui pourraient être rangés dans la même case par un sémioticien ou un praxéologue, et auxquels les phénomènes linguistiques peuvent être reliés? Si oui, comment s'explique cette prédilection plus générale? etc. La tâche est immense.

Nous donnerons deux exemples où, à ce qu'il nous semble, l'analyse ethnolinguistique peut être approfondie par l'insertion des faits dans un cadre conceptuel ayant le format esquissé ci-dessus.

Un premier exemple concerne l'analyse de l'observation qu'il y a, dans la communauté de Breb:

(1) une grande prédilection pour les diminutifs

(2) qui peuvent s'attacher non seulement aux noms et adjectifs dont le sens se prête à la diminutivation (donc noms d'objets de dimension variable, ou par rapport auxquels on peut ressentir de l'affection, adjectifs se reliant à des noms de ce type, adjectifs ayant trait à une qualité que l'objet possède d'une manière approximative, adjectifs ayant trait à une qualité que l'on évalue positivement, etc.) mais aussi, et avec une fréquence sensiblement plus élevée que dans le roumain littéraire ou populaire en général, à des noms et adjectifs dont le sens ne se prête pas à la diminutivation, à des adverbes, à des pronoms, etc.

(3) qui peuvent s'attacher à plusieurs au même mot, dans ce sens qu'il n'y a pas un thème (radical) + un diminutif mais, souvent un thème + deux ou trois suffixes diminutifs (par exemple: *amuietucuţa, dumătălucă*).

Cette prédilection pour les diminutifs n'apparaît pas chez les femmes uniquement, les hommes semblent la partager. Elle ne caractérise pas uniquement les instances où l'on vise un Sujet écoutant ou un Auditeur enfant.

Nous rangeons ce cas sous la rubrique *acte phatique*. La diminutivation concerne, en effet, "la production des mots".

Si nous concevons la diminutivation en tant que mode possible de la production des mots, plusieurs faits s'imposent à la réflexion:

(a) diminutiver un mot équivaut à en compliquer la production, à accomplir un acte phatique plus difficile, à proposer aux autres une image de soi-même en tant qu'Agent phatique virtuose;

(b) diminutiver un mot équivaut à en accroître sensiblement la longueur ou, dans les termes de notre exposé, à produire en tant que résultat de l'acte, un objet spécial, de dimensions plus importantes que d'habitude, un objet ayant plus de valeur, phatiquement plus coûteux, un objet festif, mémorable;

(c) diminutiver un mot, en tant qu'acte phatique rapporté au mode de l'action, donc en tant qu'acte phatique solitaire, indépendant, s'oppose à diminutiver un mot rapporté au mode de la réaction, donc représentant un acte phatique interactionnel, relatif; et ceci soulève la question si, dans la communauté étudiée, l'acte de la diminutivation des mots est également exécuté dans le monologue, la parole du rêve, la parole intérieure ou s'il est réservé à la parole adressée, à l'interaction langagière. Question difficile à laquelle nous ne saurions répondre pour le moment;

(d) diminutiver un mot, en tant qu'exécution d'un acte phatique, suppose la possibilité d'une abstention par rapport au même acte. Et ceci soulève de nouvelles questions: est-ce qu'il y a des cas où l'on s'abstient de diminutiver les mots (dans la parole journalière, dans la parole cérémonielle) et si oui, quelle est la motivation explicite (*overt*) ou implicite (*covert*) d'une telle abstention et qui la pratique, dans quelles situations et avec quelle fréquence?

Le point (a) ci-dessus met en contraste l'acte de diminutiver un mot avec un autre acte phatique spécifique pour le parler de Breb, notamment le raccourcissement par apocope des noms propres, noms communs et verbes aussi bien dans le discours parlé que, et surtout, dans l'appel ou l'interaction criée, lorsqu'une distance considérable sépare les participants à la conversation.

Les points (a) et (b) ensemble, c'est-à-dire "accomplissement d'un acte plus difficile + production d'un objet ayant plus de valeur, plus coûteux que son homologue strictement utilitaire" nous évoquent, au niveau praxéologique en général, les actes de décoration, d'embellissement, d'ornementation d'un objet utilitaire (d'un vêtement, d'un outil, d'un logement) et, au niveau de l'action sémiotique, les actes de décoration, d'ornementation d'un *signe utilitaire* (l'embellissement des graphèmes, des mots écrits dans une lettre, de la lettre dans son ensemble par des dessins; l'embellissement d'une signature, d'une croix dans le cimetière, d'une narration par la répétition symétrique de certaines de ses parties, d'un poème épique par le parallélisme syntaxique et sémantique, etc.).

C'est dans un ensemble de ce type, par l'interanimation et l'illumination réciproque des éléments que nous venons d'énumérer et de beaucoup d'autres que la compréhension du phénomène de la diminutivation excessive dans le parler de Breb peut devenir une expérience enrichissante pour la pensée de l'ethnolinguiste.

Un deuxième exemple est représenté par un fait pour lequel nous ne disposons pas de nom ni en linguistique, ni en ethnolinguistique.

Il y a, à Breb, un homme qu'on appelle officiellement ("qui s'écrit" — roum. *se scrie* disent les habitants du village) Vasile Petran et qu'on connaît dans le village sous le sobriquet ("auquel on dit" — roum. *îi zice*) *Vasalie de peste punte* (c'est-à-dire "Vasalie au-delà du pont") car il habite une maison à laquelle on accède par un petit pont suspendu. Vasalie est l'initiateur d'un type de conversation unique en son genre et qu'il est le seul à pratiquer activement dans le village. Solitaire, jamais marié, sans enfants, il répond sans sourire aux questions habituelles "Qu'y a-t-il de nouveau?", "Qu'as-tu fait ces derniers temps?" par des descriptions et des narrations détaillées, souvent palpitantes, se maintenant cependant toujours dans les limites du vraisemblable. Les descriptions et narrations concernent ses "trois fils" qu'il désigne par des noms, pas toujours les mêmes et jamais employés à Breb pour baptiser des enfants (des *noms impossibles* tels *Arvintea, Tomoioagă, Pantilimon*, etc.), leurs espiègleries, faits et méfaits (car l'âge des fils ainsi que leurs caractéristiques individuelles varient brutalement d'un épisode conversationnel à l'autre, jamais cependant dans le cadre de la même conversation), sa femme (tantôt très jeune, tantôt trop vieille, tantôt banalement engagée dans les occupations journalières, tantôt accouchant inopinément à l'hôpital de la ville voisine et ayant besoin d'attentions et de soins particuliers de la part de Vasalie) ou des petits-fils qui surgissent par miracle d'un entretien à l'autre.

L'apparition de *Vasalie de peste punte* dans une assemblée, dans la rue du village, sont l'occasion, pour tout un chacun, d'entretiens dont la normalité parfaite pour le non-initié, pour l'Outsider, contraste avec leur caractère profondément saugrenu pour les Insider-s Breb-ois. On discourt et on s'enquiert longuement et sérieusement, voire banalement, d'individus qui n'existent pas, dont on sait qu'ils n'existent pas, qui disparaîssent d'un entretien à l'autre, remplacés par d'autres inexistants, sans se fatiguer et sans jamais imiter *Vasalie de peste punte* en proposant soi-même d'autres individus de fiction.

Nous proposons de rendre compte de ce fait en le qualifiant de *faire semblant par rapport à un acte rhétique*, encadré dans une activité interactionnelle. Il s'agit d'un acte rhétique car, en fait, ce que *Vasalie de peste punte* exploite de façon systématique c'est l'acte de se référer à quelqu'un (d'opérer une référence). C'est un faire semblant car la condition essentielle de l'acte de se référer à quelqu'un (notamment l'existence continue du référent dans le monde réel ou dans un monde possible) est enfreinte à bon escient par Vasalie et est perçue comme enfreinte par tous les autres participants aux conversations bizarres que nous venons d'évoquer.

Encadrée dans une activité interactionnelle, cette référence viciée en mine le caractère sérieux, la convertit en *parodie conversationnelle*, en *conversation ludique*.

Par le biais du faire semblant, la *référence feinte* pratiquée par *Vasalie de peste punte* rejoint d'autres cas de faire-semblant au niveau de l'action en général ou de l'action sémiotique en particulier dont nous concevons en ce moment plutôt vaguement le système. Il s'agirait, en effet, des séquences parodiques que l'on retrouve à Breb dans les cadres les plus variés: cérémonie de noces, exécution des cantiques de Noël, spectacle populaire dit du *Viflaim* (= *Bethléem*), etc.

Le rapport entre faire-semblant actionnel (langagier ou non-langagier, sémiotique ou non-sémiotique) et actes de purification, de catharsis, entre faire-semblant actionnel et jeu reste à étudier; son examen ouvrirait de nouvelles perspectives à l'analyse du rapport entre les actes langagiers que l'on feint et les actes langagiers par lesquels on feint, que l'ethnolinguistique ne saurait éviter.

Avant de clôre cette brève discussion, nous aimerions commenter rapidement un autre aspect praxéologique de la théorie des actes locutoires.

La manière dont Austin (1962) présente les actes locutoires montre que, implicitement, il les range parmi les actes que nous appellerions *résultatifs*. On accomplit un acte (une action), on s'engage dans une activité dont le résultat est représenté par l'apparition, le surgissement, l'émergence d'un objet: d'un son, d'un mot, d'une phraes, d'une proposition. (Oublions, pour le moment, qu'il s'agit, en fait, d'émergence + disparition physique + conservation dans la mémoire ou oubli; ceci compliquerait trop les choses).

Ce fait nous suggère deux précisions:

(1) Nous avons introduit la distinction entre actes (activités) dont l'origine remonte à un agent créateur (à un *auteur*, dans le sens large du terme) et actes (activités) dont l'origine ne peut être retracée, par rapport auxquels tous les agents sont des exécutants (cf., dans Golopentia-Eretescu, 1979a la distinction *inventeur/découvreur*).

Nous avons défini, au même endroit, comme *exécutant* par rapport à une action X l'agent qui effectue ou continue l'activité X mais ne l'initie pas d'une manière absolue, en tant que première occurrence du type actionnel respectif. En fonction de plusieurs paramètres, nous avons distingué entre exécutant autorisé, exécutant professionnel, exécutant confirmé et exécutant tout court.

Par rapport à un acte résultatif, l'agent créateur (dans le sens faible du terme, qui est celui qui nous intéresse au niveau du langage) est l'agent qui, ayant imaginé un objet langagier, parvient à l'assembler le premier. L'agent exécutant est l'agent qui, ayant rencontré l'objet au cours d'une expérience antérieure, arrive à le reproduire. L'agent créateur fournit à l'agent exécutant de nouveaux objets à reconstruire.

La linguistique nous semble représenter une démarche — notons que nous n'avons pas en vue, en ce moment, des structure sémiotiques spéciales telles les textes, les oeuvres, les monuments de la littérature, mais plutôt des objets langagiers tels que les sons, les mots, les phrases et les propositions — *centrée sur les agents langagiers en tant qu'agents exécutants*. C'est par le fait qu'ils reproduisent sans y manquer des sons que l'on peut regrouper sous un nombre réduit de phonèmes donnés dans la langue, par le fait qu'ils associent, conformément à des règles *données* par la grammaire des mots qu'on peut retrouver, à certaines altérations près, dans un vocabulaire *donné*, etc., que les sujets parlants sont des agents linguistiques.

Par rapport aux mêmes objets, nous pensons que le travail fourni par l'ethnolinguiste est à même de représenter un heureux complément à l'effort du linguiste dans la mesure où l'on aurait en vue, par exemple, des *agents langagiers du type créateur* et leur rayonnement dans la communauté langagière: de bons narrateurs, de bons communicateurs rituels, de bons conversationnalistes au niveau de la conversation naturelle, etc.

(2) Centrée sur les actes locutoires des agents du type exécutant, la théorie austinienne range des actes tels citer, mentionner, rapporter, imiter, répéter un mot, un son, une proposition, un propos, etc., sous la rubrique des *actes illocutoires expositifs.*

Or, ceux-ci sont, à notre avis, des actes dont la nature locutoire ressort clairement si nous tenons compte du fait que, dans leur cas, il s'agit d'agents exécutants qui reproduisent (reprennent, transmettent) le son, le mot, la phrase, la proposition attribuables à un agent langagier créateur.

Accepter une telle perspective équivaut à repenser le problème de la *transmission folklorique* (orale ou écrite) en termes de *réseau d'actes résultatifs locutoires distincts* dont on doit préciser la nature et les règles de fonctionnement. Quelle est la différence et quelles sont les similarités entre citer X, mentionner X, rapporter X, répéter X, singer X, etc.? Quelles sont les structures auxquelles ces actes participent? Quelle en est la densité dans une collectivité traditionnelle? Dans une collectivité moderne?

Nous donnerons un exemple. En faisant l'analyse d'une conversation naturelle à six participants (trois chercheurs et trois informateurs) qui s'est déroulée à Breb en 1972 et qui a duré 22 minutes, nous l'avons divisée en *interventions conversationnelles* distinctes, attribuables à des hypostases de Sujet parlant distinctes, conformément à plusieurs critères. Les plus importants étaient:

(1) il y a une nouvelle intervention chaque fois que le Sujet parlant change ou que le Groupe parlant se modifie;

(2) il y a une nouvelle intervention chaque fois que le Sujet écoutant change ou que la structure du Groupe écoutant se modifie;

(3) il y a une nouvelle intervention chaque fois que l'Auditeur change ou que la structure du Groupe auditeur se modifie;

(4) il y a une nouvelle intervention chaque fois que les conditions (1)–(3) jouent au niveau d'une conversation incluse dans la conversation analysée;

(5) il y a une nouvelle intervention chaque fois que le Sujet parlant rapporte un proverbe, un texte préexistant (une chanson, une parabole) qui est censé représenter la citation d'un texte qu'un Sujet parlant indéfini lui a adressé ou a produit devant lui à un moment antérieur à l'intervalle dans lequel se situe la conversation analysée.

Sur la base des critères (4) et (5) nous avons dû introduire en tant que *Sujets parlants indirects* (Sujets parlants cités ou mentionnés par les participants en chair et en os à la conversation), définis et indéfinis, un nombre de 98 auteurs d'interventions. Ce qui, rapporté à 22 minutes de conversation, n'est pas sans surprendre.

Le fait que, dans une conversation spontanée, naturelle, dont le but n'est pas la narration ou l'évocation, on cite des propos assignables à 98 Sujets parlants dont 71 sont des Sujets parlants définis et 28 sont des Sujets parlants indéfinis, jette une lumière inattendue sur la manière dont s'accomplit, au jour le jour, la transmission et, par elle, la "mise en cohésion" de la communauté langagière. Car, en effet, parmi les 71 Sujets parlants définis, 10 représentent des hypostases conversationnelles antérieures de l'un des participants à la conversation et 61 représentent des hypostases conversationnelles distinctes d'autres Sujets parlants entraînés dans des conversations antérieures, absents par rapport à la conversation en cours. Il y a donc, pour 22 minutes de conversations, 98 *points d'ancrage* par rapport à d'autres conversations, 98 moments où l'on se délimite et on se met en relation avec le flux conversationnel ininterrompu dont le *sharing* définit la communauté.

3.2. Au niveau sémiotique, le composant locutoire de la théorie austinienne pourrait être enrichi par:

(1) l'introduction d'un nouveau plan actionnel, notamment le niveau *pré-locutoire* et par

(2) la mise en relation du concept d'*activité locutoire* (phonique, phatique ou rhétique) avec le concept sémiotique de *texte*.

Commençons par le concept d'acte pré-locutoire.

Toute interaction langagière peut être conçue comme une structuration, par alternance ou par superposition, d'actes, d'activités, d'actions, de réactions et d'abstentions locutoires conformément à un *scénario* spontané (émergent) ou imposé, rituel (préexistant).

Le scénario d'une interaction est réglé de façon essentielle et primaire par deux types d'actes que nous proposons d'appeler *actes sémio-*

tiques pré-locutoires vu que, quoique pouvant être pris en charge par les sons, les mots, les phrases (donc, par la parole), ils peuvent néanmoins, être réalisés uniquement au niveau des gestes, de la mimique, du regard. Il s'agit des actes adresser un geste, un regard, un bruit, un son, un mot, une phrase, etc., à quelqu'un et accepter (par le regard, par un geste, par un bruit, par un son, par un mot, par une phrase, etc.) le signe qu'on vous a adressé. *Accepter*, dans l'emploi qui nous intéresse, se réfère donc à l'acte par l'intermédiaire duquel nous manifestons un état ou une transformation d'acceptation, d'ouverture intérieure, et non pas à l'acceptation intérieure conçue en tant que transformation psychique.

Le niveau pré-locutoire de l'action langagière peut être conçu en tant que niveau particulier, sémiotique-linguistique, distinct du niveau locutoire, précédant logiquement et chronologiquement celui-ci.

Quant à l'entrée en scène du texte, nous proposons de distinguer:

(a) entre des activités locutoires phoniques qui produisent des séquences sonores et des activités locutoires phoniques qui produisent une forme sonore, donc une *mélodie langagière*;

(b) entre des activités locutoires phatiques qui produisent des séquences grammaticales de mots et des activités locutoires phatiques qui produisent des séquences rythmées de mots, des figures de mots, donc des *structures textuelles superficielles* et

(c) entre des activités locutoires rhétiques qui produisent des séquences sémantiques et les activités locutoires rhétiques qui produisent une forme sémantique, donc des *structures textuelles profondes*.

A la suite de ces remaniements, on peut résumer la discussion et les figures qui précèdent par la figure 5. Celle-ci suggère des recherches et offre des repères qui pourraient guider une réflexion ethnolinguistique ayant comme point de départ le concept d'acte locutoire.

actes, activités pré-locutoires	actes, activités locutoires
à insérer la Figure n° 4 en numérotant les cases de la même manière	à insérer la Figure n° 4 en numérotant les cases homologues de 25 à 48

Figure 5

Pour une typologie des informateurs

1. Dans ce qui suit on définira le concept de collectivité comme un réseau d'*actions* et d'*interactions*.

Les actions visent à la modification des relations entre un individu ayant le rôle d'agent (ou un groupe d'individus agents) et le milieu naturel. Elles sont opposées à l'*inaction*. Les interactions visent à la modification des relations conventionnelles, sociales, cognitives, etc., entre deux ou plusieurs individus (deux groupes d'individus, un individu et un groupe, etc.) qui jouent alternativement le rôle d'agent et d'anti-agent. L'emploi du terme anti-agent permet de marquer explicitement la résistance qu'oppose chacun des individus participant à l'interaction à celui qui est momentanément agent et le caractère émergent, renégocié en permanence des interactions. Les interactions s'opposent à l'*isolement*.

L'action pourrait être conçue — et elle est souvent ainsi présentée en langage naturel — comme interaction entre un agent humain et un anti-agent naturel qui n'échangent pas leurs rôles; comme alternance de tentatives de la part du premier et de rejets (qu'on appelle erreurs de l'agent) ou d'abandons de la part du second. De telles interprétations n'entrent pas dans le cadre de notre discussion.

On pourrait caractériser, inter alia, la recherche de terrain que pratiquent des disciplines scientifiques comme la sociologie, l'anthropologie, la dialectologie, l'étude du folklore, etc., par la préférence qu'elle accorde à l'action ou à l'interaction. Ainsi, l'ethnographe semble étudier essentiellement des actions. Par contre, le sociologue, le folkloriste et le linguiste s'intéressent plutôt aux interactions.

Partant du nombre des individus qui composent un groupe donné et d'un inventaire restreint postulé des types essentiels d'actions et d'interactions qui le caractérisent, le chercheur de terrain peut tenter d'établir:

(a) le nombre maximum de types d'actions qui sont accessibles à chacun des individus du groupe;

(b) le nombre maximum des types d'interactions qui sont accessibles à chacun des individus membres du groupe (ce nombre sera forcément égal à celui des types interactionnels postulés);

(c) le nombre de types d'actions dans lesquelles est entraîné effectivement chaque individu;

(d) le nombre de types d'interactions dans lesquelles est entraîné effectivement chaque individu;

(e) le nombre des individus membres du groupe avec lesquels interagit normalement chacun des individus;

(f) le nombre des types d'actions possibles refusées par l'individu ou interdites à celui-ci; ce nombre sera égal à la différence entre (a) et (c) ci-dessus;

(g) le nombre des types d'interactions refusées par l'individu ou interdites, inaccessibles à celui-ci; ce nombre sera égal à la différence entre (b) et (d) ci-dessus, etc.

Par le biais de paramètres tels que les paramètres (a)–(g) on pourrait mesurer l'ouverture actionnelle et interactionnelle d'un groupe; le degré de vie collective auquel il se situe; le degré de cohésion d'un groupe; les perspectives actionnelles et interactionnelles qui se présentent à lui; le caractère traditionnel ou moderne de ses manifestations actionnelles, etc.

En s'affinant, une recherche qui serait conduite selon le modèle indiqué ci-dessus permettrait de considérer, en tant qu'agents ou anti-agents, à côté des individus, les familles, lignées, voisinages, les sous-groupes organisés ad hoc (bandes de garçons ou de jeunes filles, associations de femmes mariées, etc.), le groupe dans son ensemble. Elle aborderait, à côté des actions et interactions internes du groupe, celles qui sont extérieures à celui-ci (les actions qui se développent sur le territoire d'un autre groupe; les interactions avec des individus, des familles, etc., appartenant à d'autres groupes), etc.

De même, il serait possible de considérer, à côté de la modalité *accomplissement* à laquelle on s'est référé implicitement jusqu'ici, l'autre modalité des actions et des interactions, qui est l'*abstention*; à côté des actions et interactions dans leur ensemble, les *actes* (momentanés, ponctuels) et les *activités* (duratives) que celles-ci supposent.

2. Le chercheur peut observer des actions (interactions) qui se déroulent spontanément ou bien il peut provoquer des actions (interactions) pour les observer.

On réservera le terme de *sujet* à la désignation des individus amenés par le chercheur dans le rôle d'agent ou d'anti-agent des actions (interactions) provoquées. D'habitude le chercheur a la possibilité de mettre en position de sujet uniquement des individus. Les familles, lignées, voisinages, le groupe dans son ensemble ne peuvent être soumis à un traitement de ce type.

L'individu est mis en position de sujet par l'intermédiaire d'une interaction verbale ad hoc initiée par le chercheur. La réussite de cette interaction dépend de la capacité interactionnelle du chercheur. L'interaction consiste en une demande adressée par le chercheur à l'individu. L'objet de cette demande peut être d'exécuter, de mimer, de collaborer à, d'imaginer, de décrire, d'évaluer, de justifier, etc., une action ou une partie d'une action; de mimer, imaginer, décrire, évaluer, justifier, etc., une interaction ou une partie d'une interaction.

Dans l'étude des actions et interactions constitutives d'une collectivité, le chercheur doit joindre à l'observation des individus celle des sujets et aboutir à l'interprétation cohérente des faits obtenus par ces deux approches.

Dans le cas où la cohérence ne peut être réalisée qu'en sacrifiant une partie des informations recueillies, le chercheur retiendra en priorité les informations qui résultent de l'observation des individus. Ceci se justifie par le fait que le sujet, produit de l'interaction avec le chercheur, est un individu modifié.

3. On réservera le nom d'*informateur* pour le sujet qui est entraîné par le chercheur au moins dans une interaction verbale provoquée, différente de celle par laquelle il a été conduit à la position de sujet. Par exemple: le sujet qui accepte de décrire, d'évaluer, de justifier une action et la décrit, l'évalue, la justifie; le sujet qui accepte de mimer une interaction verbale et qui la mime; le sujet qui accepte de décrire, d'évaluer, de justifier une interaction et qui la décrit, l'évalue, la justifie. L'informateur est un sujet qui parle.

Le sujet ne sera pas nommé informateur quand, à la demande du chercheur, il exécute une action (par exemple: il fait une flûte de Pan) mime une action ou une composante actionnelle non verbale d'une interaction (par exemple: il fait un pas de danse) ou bien mime une interaction non verbale (par exemple il mime l'assaut — en tant qu'agent — ou la défense — en tant qu'anti-agent — dans une bataille).

Un individu amené par le chercheur à la position de sujet ou d'informateur n'arrête pas pour autant de se livrer à une série d'actions (de participer à une série d'interactions) de façon spontanée (comme individu). En l'observant, le chercheur devra distinguer les faits qui émanent de l'individu, ceux qui émanent du sujet et ceux qui émanent de l'informateur; il doit les examiner de façon critique, les comparer et aboutir à un assemblage cohérent de ceux-ci.

Quand les faits recueillis sont incompatibles, le chercheur accordera la priorité aux faits établis par l'observation des actions que l'individu effectue spontanément. Au deuxième rang des faits à retenir il situera ceux fournis par l'observation des actions provoquées chez le sujet. C'est au dernier rang seulement qu'il situera les données fournies par la participation provoquée de l'informateur à l'interaction verbale avec le chercheur. Cette hiérarchie tient compte de ce que

(a) le sujet et l'informateur sont, selon un mode croissant, un produit de l'interaction modificatrice avec le chercheur;

(b) dans son interaction avec le sujet ou l'informateur le chercheur lui-même (et donc ses observations) se modifie;

(c) au moins en l'état actuel de nos connaissances il n'est pas possible de compenser l'aliénation produite chez l'individu par l'interaction avec le chercheur et l'aliénation produite chez le chercheur par son interaction avec l'individu.

Parallèlement à la distinction *individu – sujet – informateur* on pourrait formuler une distinction entre:

(a) le chercheur qui se définit — de manière essentielle — par l'observation ou l'interaction avec des individus; nous le marquerons par chercheur$_{ind}$;

(b) le chercheur qui se définit — de manière essentielle — par l'observation ou l'interaction avec des sujets; nous le marquerons par chercheur$_s$;

(c) le chercheur qui se définit — de manière essentielle — par l'observation ou l'interaction avec des informateurs; nous le marquerons par chercheur$_{inf}$.

4. L'observation des individus ne peut s'effectuer (a) que dans leur propre espace. L'observation des sujets et des informateurs peut s'opérer (b) dans leur espace propre ou bien (c) dans celui du chercheur. Dans les cas (a) et (b) on a affaire à une recherche de terrain, dans le cas (c) il s'agit d'une recherche de laboratoire.

Dans l'opposition (a), (b)/(c) le critère essentiel n'est pas représenté par l'espace physique où se trouvent le chercheur et l'individu (le sujet, l'informateur). Bien que les chercheurs se soient déplacés à l'endroit où vit le groupe étudié pour remplir formulaires et questionnaires, pour avoir des entretiens de type sociologique, etc., il peut bien arriver qu'en transportant les sujets (informateurs) dans un espace conceptuel qui leur est peu familier, dans un domaine d'activité inconnu d'eux, ces chercheurs poursuivent en fait une recherche de laboratoire. A l'inverse, il arrive que certains sujets ou informateurs bien qu'ils se soient rendus dans un endroit (laboratoire, institut de recherches) différent de celui dans lequel réside le groupe qu'ils représentent, s'assimilent à cet endroit comme si c'était un espace personnel, se comportant avec un naturel et une spontanéité qui peuvent créer, pour le chercheur, les conditions d'une recherche de terrain.

Ce qui différencie de façon décisive recherche de terrain et recherche de laboratoire c'est que, dans le premier cas, la tendance dominante est, pour le chercheur, à l'assimilation aux individus (sujets, informateurs) et à la collectivité qu'ils constituent; dans le deuxième au contraire, la tendance est à l'assimilation des sujets (informateurs) à la collectivité des chercheurs.

5. Supposons que le chercheur soit intéressé par l'étude d'une action X et que c'est par rapport à celle-ci qu'il organise ses rencontres avec les individus, sujets et informateurs. Nous pouvons distinguer entre:

(1) un individu qui est partie prenante (A) comme *créateur* ou (B) comme *exécutant* dans l'effectuation possible ou réelle de l'action X et

(2) un individu extérieur à l'action X (qu'il n'a pas assumée) qu'il incorpore dans son expérience (C) comme *témoin* ou (D) comme *commentateur*.

L'individu créateur est, par rapport à une action, celui qui initie l'action respective. Ses qualités définitoires sont l'esprit inventif, l'originalité, le "génie", etc. L'individu exécutant par rapport à une action est celui qui effectue, poursuit, accomplit, affine cette action, qu'il n'a cependant pas initiée. Il sera défini par son talent, le respect qu'il montre pour la norme consacrée, la justesse de ses mouvements. L'individu témoin est celui qui est en mesure de donner des précisions relatives au déroulement de l'action X, de la décrire. Il se caractérise par son esprit d'observation, sa rigueur, la précision et la complétude de son discours. L'individu commentateur est celui qui évalue, critique, glorifie, explique, approuve l'action X, qui en dégage les normes et les structures sous-jacentes. Ses qualités principales sont la lucidité, la capacité à prendre du recul, les facultés d'empathie, la réflexivité.

6. *Créateur, exécutant, témoin* et *commentateur* sont des *termes vagues*.

(a) Il y a des cas où l'on ne peut dire avec certitude si l'un ou l'autre de ces termes (à l'exception, peut-être, du terme commentateur) est applicable ou non.

Prenons l'exemple d'un conteur. Suivons avec attention: (a) sa mimique et (b) les gestes dont il accompagne sa narration; (c) la façon dont il articule les mots et l'intonation qu'il imprime aux énoncés; (d) les choix lexicaux et grammaticaux dont résultent ses phrases; (e) la référence et la prédication qu'il met en oeuvre pour créer des structures sémantiques complexes; (f) son esprit d'invention relatif à la description des actants, à la multiplication et complication des fonctions, etc.; (g) la symétrie de ses arrangements narratifs, etc. Supposons que le conteur innove dans l'une ou l'autre des dimensions (a)-(g). Nous nous empressons de souligner que le terme *innover* est lui-même un terme vague. Il pourrait désigner l'invention d'une nouvelle manière de prononcer, d'un mot qui n'existe pas dans le vocabulaire du groupe, d'une nouvelle tournure grammaticale. Nous l'emploierons pour renvoyer à toute utilisation positivement remarquable (inhabituelle) d'un mot, d'une construction grammaticale, d'un schéma intonationnel, d'une structure actantielle, etc., sans cependant jamais impliquer la nouveauté absolue des éléments respectifs. Si le conteur innove exclusivement dans une des dimensions (a)-(g) énumérées ci-dessus dirons-nous que c'est un créateur (dans son hypostase de mime, d'acteur, de locuteur, de narrateur, etc.)? A partir de quel moment, de quelle combinaison des éléments pris sous (a)-(g) peut-on en plus, parler d'un *conteur créateur*? S'agit-il, surtout, des dimensions (f) et (g), voire (e)-(g)? Faut-il exiger d'un conteur créateur qu'il innove également par rapport aux dimensions (a)-(d)?

La même chose se passe avec le terme exécutant. Peut-on affirmer qu'un individu qui a raconté une seule fois un seul conte sans aucune originalité mais parfaitement est un conteur exécutant? Ou bien nommera-t-on exécutant seulement celui qui a conté un nombre donné de fois (qu'on établira et dont on dira qu'il représente un seuil critique) un nombre donné de contes (qu'on établira également et dont on dira aussi qu'il représente un seuil)? Est-ce que celui qui a raconté une seule fois et de façon médiocre peut être nommé exécutant?

Le terme de témoin est lui aussi équivoque. Réservera-t-on ce terme à celui qui décrit le déroulement de l'action X dans ses grandes lignes ou bien à celui qui sera au contraire capable d'en donner une description détaillée? L'individu qui donne une description erronée de l'action X est-il un témoin? Le témoin est-il celui à qui l'on a décrit (de façon précise) l'action X et qui reproduit dans le cadre du groupe ce qu'il a entendu ou bien réservera-t-on le terme pour celui qui a été un témoin oculaire du déroulement de l'action X et qui la décrit dans le cadre du groupe?

b. Il est des cas où le chercheur hésite entre deux des termes ci-dessus seulement. Ceci est dû au fait que, tout comme les mots vagues du langage naturel (pensons à *jeune/vieux, sain/malade, beau/laid*) les termes qui nous occupent se disposent en paires: *créateur/exécutant, commentateur/témoin*. Chacune de ces paires correspond aux pôles d'une opposition scalaire. A moins d'être confronté à des situations extrêmes, on ne sait pas exactement quand opter pour le premier ou le deuxième terme de telles paires. Du reste, on rencontre souvent des individus qu'il est plus justifié de caractériser par des termes composés tels que *créateur-et-exécutant, exécutant-et-créateur, créateur-exécutant, commentateur-et-témoin, témoin-et-commentateur, commentateur-témoin*. Nous avons conçu les notations ci-dessus de manière à marquer la prédominance de la qualité mentionnée en premier dans les composés avec *et* et de suggérer l'impossibilité de hiérarchiser les qualités respectives dans les composés sans *et*. De cette manière, *créateur-et-exécutant* (qui correspond à un informateur dont les qualités de créateur prévalent sur celles d'exécutant) et *exécutant-et-créateur* (qui signale un informateur dont les qualités d'exécutant sont plus évidentes que celles de témoin) s'opposent également à *créateur-exécutant* (où c'est le mélange des qualités de créateur et d'exécutant, sans prédominance accusée de l'une ou de l'autre, que le composé met en évidence).

Dans le cas du conteur, par exemple, est-ce que l'individu qui innove dans les dimensions (a)–(d) mais non dans les dimensions (f)–(g) est un conteur créateur ou un conteur exécutant? Ou bien peut-être un *exécutant-et-créateur*? Celui qui, ayant assisté au récit d'un conte peut le reproduire exactement est-il un témoin ou un exécutant? Quand un individu énonce le schéma d'une action de type X qui a eu lieu (et non d'une action possible) est-il un témoin ou un commentateur de cette action? L'individu qui formule les normes sous-jacentes à l'action X est-il un commentateur ou un créateur, un commentateur-et-créateur, un créateur-et-commentateur, un commentateur-créateur?

c. Pour chacun des termes indiqués ci-dessus, il est possible de distinguer entre un sens fort et un sens faible. Dans son sens fort le terme créateur peut signifier "inventeur" (dans ce cas on a affaire à une création absolue); dans son sens faible, il peut au contraire signifier "découvreur" (dans ce cas on aura affaire à une création relative). Les termes de créateur, exécutant, témoin et commentateur, pris dans leur sens fort, peuvent être utilisés pour qualifier l'individu en rapport avec l'action X dans son ensemble (actes, activités, composition de celles-ci, résultat); dans leur sens faible ils peuvent qualifier l'individu seulement en rapport avec un aspect de l'action X.

Le fait d'introduire des termes vagues dans notre discussion ne doit pas surprendre car:

(a) les concepts que nous proposons d'illuminer par leur intermédiaire (individu, sujet, informateur, etc.) sont vagues eux aussi. Les définir par des termes précis serait contravenir aux principes d'une bonne définition. Dans le cas de celle-ci, le *definiens* doit non seulement être synonyme du *definiendum* mais également *être* vague d'une manière qui s'accorde ("matches in vagueness", pour reprendre l'heureuse expression de Alston, 1967) *avec la manière d'être vague du definiendum*,

(b) dans les sciences sociales peut-être plus que dans tout autre domaine, "il n'est pas possible de formuler des assertions très précises sans aller bien au-delà de l'évidence" (Alston, 1967, p. 219; our translation),

(c) grâce à la prise de conscience progressive des circonstances qui font des termes que nous proposons des termes vagues, il sera possible aux chercheurs de s'armer pour d'autres éventualités du même type, en précisant ceux-ci graduellement.

7. Les types A–D correspondent à des profils idéaux. On ne les trouve pas à l'état "pur". Dans la majorité des cas les individus ne tendent même pas à un type unique mais sont la synthèse plus ou moins inattendue de traits relatifs à plusieurs types. Quels sont les principes de telles synthèses? Sont-elles fondées sur la dominance d'un type ou sur la juxtaposition de plusieurs types qui se manifestent de façon égale? Voilà des questions pour lesquelles il serait intéressant de chercher des réponses, sur le terrain comme sur le papier.

En introduisant la distinction entre types A–D de 1er degré, types A–D de 2ème degré, types A–D de degré n, on peut imaginer la construction d'individus de plus en plus complexes et partant, de plus en plus proches des individus réels. Au lieu d'avoir à l'esprit le créateur, l'exécutant, le témoin et le commentateur dans leur rapport à une seule et même action, on peut imaginer un créateur α qui initie une action X, un commentateur β qui commente l'action d'initier X menée à bien par α, un témoin γ qui rapporte le commentaire de β et ainsi de suite. On peut concevoir l'éventualité selon laquelle α, β et γ seraient des individus différents, mais aussi la possibilité que α, β et γ soient les hypostases différentes d'un seul et même individu qui approfondit ses actions dans un mouvement réflexif d'auto-consommation.

8. Les recherches sur le folklore sont relativement bien armées pour aborder les modalités sous lesquelles se manifeste le type B. Par contre les types C et D n'ont pas été abordés jusqu'à aujourd'hui autrement qu'incidemment et sur le mode intuitif. Quant au type A il a fait l'objet de très nombreuses discussions théoriques.

Dans ce qui suit on va tenter:

(a) de présenter quelques-unes des modalités sous lesquelles se manifeste le type B;

(b) d'esquisser les points qui mériteraient de devenir des objets spécifiques d'investigation pour accéder à une meilleure connaissance des manifestations qui caractérisent les types C et D;

(c) d'énumérer quelques-uns des points auxquels il faudrait penser pour déconstruire les mythes théoriques consacrés au type A.

a. L'individu exécutant a été défini par sa capacité à effectuer une action dont il n'est pas l'initiateur. En fonction du fondement de son action, on distinguera entre *exécutant autorisé, exécutant professionnel, exécutant confirmé* (ou *consacré*) et *exécutant*; on distinguera également entre l'exécution qui correspond à une initiative propre et celle qui fait suite à une demande ad hoc.

L'exécutant autorisé est celui qui a été investi en ce sens par la communauté (par exemple le parrain, la sage-femme, la sorcière, etc.)

L'exécutant professionnel est celui qui vit de l'exécution d'actions données. C'est le cas des ménétriers, des différents artisans du village, etc. Il n'y a pas un exécutant professionnel pour chacune des actions effectuées dans le cadre d'une communauté. Pour la majorité des actions verbales (raconter, héler, crier des vers satiriques), la danse, une série d'activité domestiques assumées respectivement par les femmes ou les hommes, des exécutants professionnels ont peu de chances (et peu de raisons) d'émerger de la masse amorphe des exécutants.

Le caractère traditionnel de la vie d'une communauté pourrait donc être mesuré par le rapport entre la somme des actions et activités dont se montrent également capables tous les membres du groupe et le nombre des actions et activités pour lesquelles le même groupe dispose d'au moins un exécutant professionnel.

L'exécutant confirmé est celui à qui le groupe dont il fait partie reconnaît des qualités d'exécution superlative d'une action (activité) donnée. Remarquons que, dans ce cas, le groupe assume par rapport à l'exécutant qu'il confirme le rôle de commentateur. Soulignons aussi que, tandis que l'exécutant confirmé doit fournir une version optimum de l'action par rapport à laquelle le groupe lui reconnaît une compétence spéciale, l'exécutant professionnel est uniquement obligé à fournir une version normale satisfaisante de l'activité pour laquelle les membres du groupe auront recours à ses services.

Celui qui assume une action de sa propre initiative est celui qui se livre fréquemment et "par plaisir" à l'activité en question ou bien parce qu'il en est le meilleur exécutant ou pour d'autres raisons. Dans le cas d'activités verbales et musicales (qui ne sont pas professionnalisées) ou de danse, cet exécutant sera appelé *transmetteur de folklore*.

L'exécutant sur demande ne s'engage pas fréquemment et de sa propre initiative dans une activité donnée; il est cependant parfaitement capable de la mener à bien si on le lui demande. On peut dire que l'exécutant sur demande n'agit que si le contexte rend son action explicitement nécessaire, alors que l'exécutant qui exécute une action de sa propre initiative agit dans tous les cas où le contexte n'interdit pas l'action respective.

Il est possible de repérer les exécutants autorisés, professionnels et consacrés d'un groupe par le biais d'un questionnaire ad hoc. Ce n'est cependant que par l'*observation directe* que l'on peut dépister ceux qui exécutent une action de leur propre initiative et ceux qui le font sur demande.

Dans une série de cas, le chercheur ne va pas observer les actions de l'exécutant; il se contentera d'observer les résultats de telles actions. Cela vaut en particulier pour les actions compliquées qui nécessitent de nombreuses opérations et qui s'étendent sur une durée prolongée.

Prenons le cas d'une femme qui tisse. L'ethnographe examinera les toiles, les tapis, les tissages muraux produits par cette femme, il va l'observer au travail, mais il ne pourra jamais surveiller intégralement le tissage d'un tapis. Ce fait, il ne le regrettera pas car pour lui il n'importe pas (ou il n'importe pas toujours) que pendant qu'elle tissait le tapis, la femme se soit dépêchée, ait travaillé avec une extrême lenteur, se soit trompée, ait défait des portions du tapis, se soit ravisée et ait changé de modèle à plusieurs reprises, ait renoncé à certains motifs. L'objet fini masque les erreurs, les omissions, les tentatives, les hésitations et les choix intervenus tout au long de l'activité par laquelle il a été produit. Le chercheur connaît l'individu agent par l'intermédiaire de l'objet fini; celui-ci lui indique les normes d'exécution intériorisées par l'individu, les préférences de celui-ci, ses capacités de structurer un ensemble cohérent, etc.

Tout autre est l'observation d'un exécutant dans le cadre d'actes et d'activités (encadrés ou non par des interactions) verbales, musicales, chorégraphiques. Le chercheur ne peut connaître un conte, un chant, une danse donnés que par l'action de conter, chanter et danser dont ceux-ci résultent. Dans de tels actes ou activités il n'y a pas de séparation possible entre les opérations et leur résultat, entre l'individu agent et l'objet. Le conte, le chant, la danse font avec l'individu actif un tout indéfectible. Brailoiu (1959) écrivait:

"L'oeuvre" orale n'existe dans la mémoire de qui l'adopte et ne surgit dans le concret que par sa volonté: leurs vies se confondent. Aucune graphie n'en stabilisant, une fois pour toutes, la rédaction, cette oeuvre n'est pas "une chose faite", mais une chose "que l'on fait" et refait perpétuellement. C'est dire que toutes les réalisations individuelles d'un patron mélodique sont également vraies et pèsent du même poids dans la balance du jugement. (p. 88)

Le chercheur qui observe un conteur approche un objet qui surgit, prend forme et s'épanouit en fonction de l'expression verbale, mimique et gestuelle de l'individu et disparaît au moment où le conteur se tait. Dans le cas cité précédemment, celui du tapis, on se souvient que l'objet apparaît seulement lorsque l'individu cesse son activité.

Il est crucial, dans le cas de l'exécutant verbal, gestuel, mimique, etc., de savoir si, lorsqu'il raconte, chante ou danse, il fait des erreurs, s'il contredit une partie de ce qu'il aurait déjà conté, chanté ou dansé, s'il s'interrompt, s'il passe à un autre type de conte, de mélodie ou de danse, s'il simplifie, etc. Toute erreur, toute déviation qui touche à l'activité de l'individu est une détérioration ou une amélioration de l'objet qui est en train de se faire.

En fonction de la qualité de l'exécution, on distinguera entre *exécutant optimal, exécutant moyen* (normal), *exécutant médiocre* et *exécutant très médiocre*.

Tous les exécutants optimaux ne sont pas des exécutants confirmés. De même, il n'est pas nécessaire que tous les exécutants confirmés soient des exécutants optimaux.

De nombreux folkloristes font exclusivement appel aux exécutants optimaux dans leurs recherches de terrain. Cette méthode, utile pour l'assemblage de collections, de corpus de folklore, ne permet pas de se frayer un passage jusqu'à "la vie folklorique" de la zone étudiée. Pour cette raison, et alors qu'il étudiait "la vie musicale d'un village", Constantin Brailoiu a fait également appel à des informateurs sans talent, de moyenne envergure. Dans certaines enquêtes, l'exécutant médiocre et très médiocre acquièrent une position centrale. Il suffit de penser aux recherches consacrées à l'oubli d'une langue, à la disparition d'un répertoire actionnel, à l'abandon de certaines cérémonies, etc.

En fonction de la fidélité qui sera mise à reproduire toute l'action telle qu'elle fut développée par son créateur, on distinguera entre un exécutant *laxiste*, ou *amateur* et un exécutant *strict* ou *spécialiste*. L'exécutant dit laxiste semble plutôt approximer un modèle, réinventant en cours de route les actes et activités qu'il ne connaît pas pour atteindre un résultat ou un type de résultat dont il sait qu'il a été atteint par un autre exécutant; en fait, c'est un *exécutant-et-créateur*. L'exécutant strict répète avec précision des actes et activités mémorisés attentivement afin d'aboutir, exactement dans les mêmes conditions, au résultat atteint par le créateur de l'action donnée. Comme exemples d'exécutant laxiste on a l'artisan, l'improvisatrice d'un chant funèbre, la femme qui tisse et brode un habit traditionnel, etc.; l'exécutant strict typique est, par contre, l'agent rituel ou magique qui reproduit rigidement des actes et activités censés atteindre dans des conditions postulées identiques le résultat qu'un créateur ancestral postulé aurait atteint.

b. Le témoin et le commentateur sont, dans le fond, des exécutants d'activités verbales encadrées par des interactions. Il serait intéressant de voir si on peut les aborder fertilement par le biais des distinctions entre différents types d'exécutants que nous avons présentées ci-dessus. Peut-on parler de témoin ou de commentateur autorisé, professionnel, consacré; de témoin (commentateur) spontané ou sur demande, de témoin (commentateur) optimal, moyen, médiocre, très médiocre?

Les linguistes pourront préciser selon quel mode le témoin ou le commentateur parlent des actions. Notons, tout simplement, pour le moment, que le témoin décrit les actions en termes physiques; il dénomme les actes et activités, il indique, nomme ou décrit les agents qui les ont effectuées, etc. Par contre, on pourrait affirmer que le commentateur interprète les actions en termes théoriques: il se réfère au but, à la raison, à la cause des actions, à leurs antécédents et leurs conséquences, etc. Le témoin considère les actions effectives, les actions qu'un agent déterminé a réellement accomplies; le commentateur peut considérer également les actions possibles, les actions qui seraient à envisager dans certains contextes et certaines stratégies actionnelles, les actions caractéristiques ou récurrentes par rapport à un individu ou à un groupe, etc. Il ne sera cependant possible de constituer une typologie des témoins et commentateurs qu'après avoir relevé en détail les actes de langage effectués par les individus que nous serions tentés de qualifier de témoin et commentateur.

c. Selon toute apparence le type du créateur s'est détaché du type de l'exécutant. Le créateur est un exécutant initial qui a été remarqué. La création est une première exécution; et, à un moment donné, dans la conscience actionnelle des communautés, créateur et création ont été distingués d'exécutant et d'exécution.

Cette distinction n'a pas été faite partout et simultanément; elle caractérise plutôt la culture occidentale que les cultures asiatiques. Même dans les cultures de type occidental plusieurs domaines d'actions matérielles et spirituelles ne connaissent pas encore l'opposition créateur/exécutant. On distingue entre le créateur et l'exécutant (le fabricant, le producteur) d'une locomotive, d'un microscope, d'une symphonie, d'une poésie, etc., mais on ne distingue pas, ou rarement, entre le créateur et l'exécutant d'une pièce d'ameublement, d'un type de vêtement, d'un mets, d'un slogan, etc. Pour d'autres domaines au contraire cette séparation s'est accentuée, favorisant la distinction non seulement entre *créateur* (celui qui fait le plan, la maquette d'un édifice, d'une sculpture, d'un spectacle, d'un concert, etc.) et l'*exécutant initial* (celui qui "met au monde" l'édifice, la sculpture, le spectacle, le concert en question), mais aussi la distinction entre *créateur principal* (celui qui imagine, dans ses grandes lignes, une structure compliquée, un satellite artificiel, une pièce de théâtre, etc.) et des *créateurs secondaires* (qui font le plan, la maquette du satellite après qu'aient été résolus tous les problèmes liés à la matérialisation de l'idée du créateur principal; qui vont résoudre les problèmes d'éclairage, de scénographie, de musique et de bruitage, de maquillage, de costumes, etc., afin de rendre possible le spectacle imaginé par l'auteur et le metteur en scène).

La culture populaire (matérielle aussi bien que spirituelle) est un domaine dans lequel la distinction entre exécutant et créateur commence juste à apparaître. Quels types d'actions favorisent le développement de cette distinction, quels sont ceux pour lesquels la distinction ne s'est pas encore produite, pourquoi; telles sont les questions auxquelles il serait important que le folkloriste et l'ethnographe commencent à chercher des réponses.

C'est ainsi que pourrait débuter non pas la résolution de certains problèmes qui hantent depuis toujours les folkloristes mais plutôt leur dissolution; ainsi du caractère anonyme du folklore, du rapport entre création et interprétation, etc. Ceci supposerait l'élargissement de la perspective dans laquelle sont situés habituellement de tels problèmes. On pourrait, en effet, suivre la façon dont s'est effectué et s'effectue de nos jours le passage d'une responsabilité collective indivise à une responsabilité personnelle assumée et attribuée selon des critères communément acceptés. Notons que ce passage semble s'effectuer plus rapidement pour les actions négatives, sanctionnables—c'est le cas du meurtre, de certaines formes de combat—que pour les actions positives non-marquées. Notons aussi que le problème de la "responsabilisation" progressive par rapport à un éventail d'actions de plus en plus large touche de près le problème de l'apparition de la propriété privée. A première vue, la culture populaire se présente, dans plusieurs de ses hypostases traditionnelles, comme une réserve où les actions perdent rapidement leurs auteurs, où persiste la responsabilité collective, où les individus prennent plaisir à consommer en commun les biens spirituels de la communauté et où ils commencent juste à entrevoir—ou à mimer—la main-mise de la propriété privée sur ceux-ci et sur les actions qui les produisent. Relatant sa tentative pour découvrir l'auteur d'un chant, Constantin Brailoiu (1959) écrivait:

> Tout se passait comme si l'oeuvre, sitôt apparue, avait eu hâte de se réfugier dans l'anonymat et de reculer dans l'intemporel. Par l'une ou l'autre de ses propriétés, elle se ramenait d'ailleurs, si neuve qu'elle fût, à l'impersonnel et au déjà vu. (p. 90)

Les groupes étudiés par le folkloriste et l'ethnographe sont composés le plus souvent de créateurs au sens faible du terme (découvreurs, mais non inventeurs; relativement à l'un des aspects d'une action et non pas à l'action dans son ensemble).

Ce n'est que rarement, et dans une faible mesure que le créateur populaire est un créateur conscient. Brailoiu (1959) écrivait:

...à l'opposé du "compositeur", conscient de la portée des moindres traits de sa plume, l'inculte n'a conscience d'aucune "méthode" (le mot est de Rameau) et ne peut rendre compte d'aucun procédé technique, ni d'aucun procédé théorique. Son domaine est l'empirisme intégral (p. 89).

Des enquêtes ad-hoc pourraient approfondir et, par endroits, nuancer cette affirmation.

9. En fonction du type d'action verbale dans lequel ils sont engagés en relation avec les contes des *Mille et Une Nuits*, Mia J. Gerhardt (1969) a distingué entre:

– *agents créateurs*, qui initient le processus de transmission orale, racontant le conte pour la première fois;

– *agents narrateurs*, qui donnent une nouvelle version des contes, les changeant en fonction de leur manière personnelle d'imaginer et de narrer;

– *agents transmetteurs*, qui répètent le conte dans la forme sous laquelle ils l'ont entendu;

– *agents rédacteurs*, qui rédigent les contes par écrit, sans créer une nouvelle variante;

– *agents adaptateurs*, qui se livrent à des travaux d'aménagement sur le conte, en y insérant des éléments de localisation, de modernisation, ou des explications;

– *agents compilateurs* qui recueillent les contes et

– *agents traducteurs* qui les traduisent.

Rapportés à nos propres catégories, les agents créateurs correspondent au sujet créateur, les agents narrateurs et adaptateurs appartiennent au type mixte de l'exécutant-et-créateur, les agents transmetteurs appartiennent au type de l'exécutant, les agents rédacteurs peuvent correspondre au type du sujet narrateur ou au chercheur, les agents compilateurs appartiennent au type du chercheur et les agents traducteurs représentent le type agentif qui fait suite au chercheur de terrain dans l'exploitation des données-contes.

Mia J. Gerhardt n'a pas envisagé les agents qui commentent les contes; qui les évaluent positivement ou négativement; qui les organisent selon une hiérarchie plus ou moins précise; qui les expliquent, les justifient, les acclament, les condamnent, etc.

10. Les relations entre les types A–D et les paramètres utilisés d'habitude dans les discussions qui ont trait à la typologie des informateurs (âge, talent, adhérence à la tradition, mémoire, répertoire, hérédité, etc.) ou au folklore en général, pourraient constituer un thème intéressant de réflexion et de recherche. Nous indiquerons brièvement dans ce qui suit quelques-uns des éléments et des hypothèses qui seraient à envisager dans une telle perspective.

Le *vieillard* tend à jouer le rôle de témoin, de commentateur; l'*enfant* est exclu de ces deux hypostases agentives.

Le *talent* est relié plus souvent à la qualité d'exécutant qu'à celle de créateur (cf. ce qui est dit au paragraphe 5); par contre, le talent n'est pas pertinent pour la définition des témoins ou commentateurs.

Une forte adhérence à la tradition donne un bon exécutant, un bon témoin. Une faible adhérence à la tradition peut donner (mais n'en est pas la condition obligatoire) un bon créateur, un bon commentateur. Les qualités d'exécutant et de témoin sont de celles qui, dans une collectivité traditionnelle, devraient être attachées l'une ou l'autre à chacun des membres du groupe. Les qualités de créateur et commentateur dépendent plutôt de la dotation inhérente à un individu que de l'ampleur et la profondeur de son immersion dans la tradition. L'exécutant et le témoin remplissent une fonction de ralliement, ils sont le liant du groupe; en eux s'incarne le mouvement centripète qui anime celui-ci. Le commentateur et le créateur remplissent par contre des fonctions cognitives, éducatives, esthétiques, ils sont les antennes exploratoires du groupe, par eux se réalise le mouvement centrifuge de celui-ci.

La *mémoire* est définitoire pour l'exécutant et le témoin; elle ne nous intéresse pas directement dans une discussion sur le créateur ou le commentateur. Le terme de mémoire n'est pourtant pas employé dans la même acception selon que l'on se réfère à l'exécutant ou au témoin.

Parler de la mémoire de l'exécutant c'est parler d'abord de la *mémoire inconsciente* de celui-ci, dans laquelle se sont imprimées et revivent en série, une fois déclenchées, les relations entre des actes-carrefour et des blocs actionnels non-analysés. Parler de la mémoire du témoin c'est parler de la *mémoire consciente* de celui-ci, qui conserve délibérément, sans altération, et fait revivre à volonté sans dépendre des occasions, les détails, les éléments composants, les aspects particuliers des actions et interactions. Constantin Brailoiu (1960) se référait à la mémoire inconsciente de l'exécutant lorsqu'il parlait de la singularité du mécanisme de la mémoire populaire qui est seulement mise en éveil lorsque les impératifs absolus d'un rite ou un état d'esprit exceptionnel l'y contraignent. Le fait que la mémoire caractérise en premier lieu l'exécutant et le témoin nous paraît également confirmé par l'observation que ceux-ci sont les seuls types agentifs en liaison avec lesquels se pose le problème de l'oubli. Rarement abordé au sujet de l'exécutant et jamais à notre connaissance, à propos du témoin, l'oubli peut être *total* ou *partiel*. Dans le cas de l'oubli total, l'individu oublie non seulement ce qu'il savait ou connaissait, mais même le fait qu'il savait ou connaissait la chose en question. Dans le cas de l'oubli partiel, l'individu oublie ce qu'il savait, mais n'oublie pas qu'il savait la chose en question. Pour le folkloriste, la façon dont le créateur et le commentateur oublient est cependant, elle aussi, significative. Le créateur se doit d'oublier l'ancienne création au moment où il crée lui-même. Le commentateur ne saurait garder à la mémoire dans son intégrité l'action qu'il commente.

Le concept de *répertoire* est utilisable en rapport avec l'exécutant mais n'est pas pertinent en rapport avec un créateur, un témoin, un commentateur.

Les qualités d'exécutant, celles de créateur se transmettent parfois dans le cadre de certaines familles. Il n'est pas possible, en tout cas de parler d'hérédité en rapport avec les qualités de témoin et de commentateur.

Le problème de la *circulation* du folklore pourrait être mieux cerné si, tenant compte du fait que celui qui la rend possible est l'exécutant et que celui qui la consigne est par contre le témoin, l'analyse se concentrait sur les individus qui manifestent ces types agentifs. Le créateur et le commentateur ne sont pas pertinents pour son élucidation.

11. Jusqu'à présent on a seulement abordé le cas où, dirigé par quelque informateur ou du fait du pur hasard, le chercheur observe des individus qui manifestent un des types A–D. Des désavantages inhérents à ce type d'observation, on mentionnera:

(a) le fait qu'échappent au chercheur les individus dont les qualités de créateur, d'exécutant, etc., ne sont pas évidentes pour les membres du groupe étudié;

(b) le fait qu'échappent au chercheur les aspects de la personnalité du créateur, de l'exécutant, etc., que la situation observée ne sollicite pas.

Restent à examiner les problèmes spécifiques qui apparaissent

(a) quand le chercheur collabore avec des sujets ou des informateurs en vue de détecter (comme but en soi ou comme préparation à l'enquête) les types A–D auxquels ceux-ci appartiennent, ou bien

(b) lorsque le chercheur collabore avec des informateurs en vue de repérer la distribution des types A–D dans le groupe étudié.

Dans sa collaboration avec des sujets, le chercheur peut appréhender exclusivement l'hypostase de créateur ou d'exécutant de la personnalité des individus respectifs.

La connaissance du sujet en tant que créateur est, à son tour, indirecte. Sauf en des circonstances tout à fait exceptionnelles, le chercheur ne peut demander à un sujet d'initier une activité absolument nouvelle (de créer, au sens fort du terme) justement au moment où il interagit avec lui. Ou bien, et plutôt, c'est justement si le chercheur le lui demande et si le sujet l'accepte que ce dernier illustrera par là seulement en partie ses qualités de créateur (car il sera en fait un créateur second, à qui il est dit de créer, et non pas un créateur proprement dit qui décide en toute liberté, relativement à l'acte créateur). De tels cas de création dirigée sont à interpréter plutôt comme des tests de créativité auxquels le sujet est soumis que comme des circonstances dans lesquelles celui-ci agit comme créateur.

De par sa collaboration avec des informateurs, le chercheur arrive à connaître chacun des aspects A–D des personnalités de *locuteur* de ceux-ci. De ce fait il connaîtra des *créateurs oraux* (ou aussi oraux dans le cas des manifestations syncrétiques), des exécutants oraux (ou *aussi* oraux), des témoins et commentateurs oraux.

L'individu créateur (le conteur créateur, celui qui improvise une complainte, celui qui improvise un chant funèbre, etc.) exemplifie un type spécial de créativité qu'on appellera, dans ce qui suit, *créativité linguistique*.

La créativité linguistique présuppose:

(a) l'intériorisation d'un système, des règles du jeu;

(b) l'engagement dans le jeu, avec le respect des règles mais aussi avec les innovations que permettent "l'espace" entre les règles, les "interstices" du système; ces dernières sont typiquement perceptibles à ceux qui sont engagés dans le même jeu, qui partagent le même système;

(c) le non-dépassement et le non-abandon absolus du système.

La créativité linguistique rend possible une création au sens faible du terme. Il n'y a pas de créateur au sens fort d'un système aussi complexe — un jeu comprenant tous les jeux — que l'est une langue naturelle.

Par contre, la créativité linguistique est universelle: chaque individu l'atteste à sa manière, construisant des énoncés qui n'ont jamais existé et qui n'existeront jamais plus. Chacun parle sa langue de façon unique. Cette universalité d'un type marginal de créativité, dépendant d'un système et encore proche de celui-ci, C. Brailoiu (1959) la percevait dans la culture populaire:

> ...les systèmes n'ont point d'auteur et ne peuvent en avoir. Mais ils ne fournissent que les matériaux d'une création (p. 91)

et, plus loin:

> ...plus ces possibilités se multiplient, plus se cristallisent des répertoires de lieux communs, locutions courantes, formules passe-partout, où l'on pourrait voir une amorce de création, n'était qu'elles dérivent presque inéluctablement du système lui-même (p. 91).

Au moyen d'interactions verbales avec des informateurs témoins ou commentateurs, le chercheur peut arriver:

(a) à détecter dans le groupe étudié les individus représentatifs des groupes A–D et

(b) à surprendre et approfondir les aspects de la personnalité de ces informateurs qui sont représentatifs pour leur qualité éventuelle de créateurs ou d'exécutants.

Dans ce dernier cas, les informateurs fonctionnent comme *auto-témoins* (effectuant des actes de langage qui se rapprochent des confessions) ou *auto-commentateurs*.

Les linguistes qui se consacrent à l'étude de la pragmatique, des actes de langage, auront à élaborer des questionnaires spécialisés permettant:

(a) de départager les informateurs conformément aux types A–D et

(b) d'approfondir la compétence spécialisée de créateur, d'exécutant, de commentateur et de témoin.

12. Pour finir: un bilan, des hypothèses et quelques propositions.

Cette étude introduit dans la discussion relative aux informateurs les distinctions:

- individu/sujet/informateur;
- chercheur$_{ind}$/chercheur$_s$/chercheur$_{inf}$;
- créateur/exécutant;
- témoin/commentateur.

Ces distinctions ont été faites en tenant compte des recherches folk-loriques et de la destination de celles-ci. Elles pourront être également utilisées dans d'autres sciences sociales.

Par une exploration systématique de la grille que définissent les concepts praxéologiques et pragmatiques, il est possible d'accroître le nombre de ces distinctions. Une partie des connaissances acquises par ce moyen bénéficierait à son tour à la praxéologie et à la pragmatique.

Il est utile que les sciences sociales choisissent le *cadre des actions* comme cadre moyen de référence:

(a) Les situations sociales, les changements sont trop nombreux, disparates, diffus, mouvants, de "dimensions trop réduites" et trop "distants" de l'homme pour pouvoir être pris de façon profitable comme unités d'observation et de manipulation théorique. Les normes, les rites, les coutumes sont trop compliqués, prennent racine dans un passé trop peu connu et sont de "trop grandes dimensions" pour pouvoir être choisis comme unités de manipulation théorique. De plus, ils ne sont pas observables (car ce que l'on observe dans le cas des rites et des coutumes ce sont des actes et activités qui se déroulent à l'occasion des rites et des coutumes ou que ceux-ci provoquent). Comme unité d'observation et de théorisation, l'action est "de dimension convenable", anthropocentrique et observable partiellement.

(b) L'action peut représenter une unité (observable ou théorique) commune à toutes les sciences sociales.

(c) Les recherches effectuées au niveau des actions peuvent contribuer à la progression des sciences sociales dans leur ensemble vers l'étude du niveau plus complexe de la norme.

On n'a pas encore précisé suffisamment le rapport entre *actions* et *interactions*. La mauvaise compréhension de ce rapport rejaillit sur les sciences sociales en général et les recherches folkloriques en particulier.

L'élaboration de la présente étude nous a conduits à modifier nos idées (présentées au paragraphe 1, points (a)–(g)) relatives à la façon dont il faudrait mener l'*enquête sur les actions d'un groupe social*.

Si l'on présuppose que, dans la conscience de plus en plus alerte de ses membres, le groupe social, amorphe, s'est scindé graduellement en lignées, familles, individus; que parmi les exécutants sont apparus des créateurs; qu'à partir d'actions gigantesques, non analysées, se soient fractionnées graduellement des actions mieux articulées, plus limitées, plus facilement et consciemment contrôlables, alors il est possible que le chercheur (en l'espèce le folkloriste) trouve plus utile — et en tout cas plus aisé — d'agir selon une stratégie inverse par rapport aux points (a)-(g) énumérés au début de notre étude en établissant:

(a′) les actions et interactions de grande ampleur (rituelles, cérémonielles, etc.) qui sollicitent comme agent ou anti-agent l'ensemble du groupe;

(b′) les actions et interactions qui sollicitent comme agent ou anti-agent les groupes de voisinage et le groupe entier;

(c′) les actions et interactions qui sollicitent comme agent ou anti-agent les groupes d'âge et le groupe entier; les groupes de voisinage et le groupe entier, etc.

et en s'arrêtant au moment où il rejoint les actions individuelles.

Nous considérons que l'enquête folklorique, quel que soit le problème qu'elle aborde, ne peut être considérée comme complète tant que le chercheur n'a pas observé (interviewé) des individus, sujets et informateurs appartenant aux quatre types A–D, de même que des individus, sujets et informateurs qui ne correspondent à aucun des quatre types. Les recherches folkloriques classiques se sont intéressées de préférence à la tradition et, partant, aux individus, sujets et informateurs correspondant au type de l'exécutant (et dans le cadre de ce type, aux sous-types de l'exécutant confirmé et de l'exécutant professionnel, qui en sont la manifestation la plus frappante). On a vu que le témoin est tout aussi important que l'exécutant pour comprendre les aspects traditionnels de la vie d'une collectivité. Il serait donc utile d'accorder plus d'attention à celui-ci. Quant à des enquêtes plus novatrices ayant en vue les perspectives folkloriques d'une collectivité, elles devraient porter une attention spéciale aux individus, sujets et informateurs appartenant aux types du créateur et du commentateur.

Pour rencontrer les types A–D, le chercheur doit s'armer d'instruments qui permettent la détection de ceux-ci. Parmi ces instruments, suggérons:

(a) la description des quatre types; c'est ce que nous nous sommes proposé dans la présente étude;

(b) l'élaboration de *questionnaires différenciés en fonction des quatre types d'informateurs*, pour les principaux problèmes abordés.

Les descriptions mentionnées en (a) permettraient au chercheur de repérer les individus qui illustrent les types A–D. Les questionnaires mentionnés en (b) faciliteraient et rendraient plus intéressante l'interaction entre le chercheur et ses informateurs.

Insiders et outsiders

0. Nous désignons par le terme *agent sémiotique* les individus impliqués en tant qu'Individus irremplaçables (et non pas en tant qu'Objets, Instruments, Relais, etc.) dans une interaction sémiotique.

1.0 Nous avons proposé en tant que centrale pour une typologie des agents sémiotiques la trichotomie:

(1) Agent/Anti-Agent/Spectateur[1].

Nous marquerone par majuscule l'emploi en tant que terme d'un mot de la langue commune. En tant que mot appartenant à la langue commune, *agent* peut être traduit dans le métalangage sémiotique que nous imaginons par l'expression "Agent et/ou Anti-Agent et/ou Spectateur".

1.1 Les linguistes opèrent couramment avec des trichotomies (dichotomies) qui représentent des variantes de la trichotomie Agent/Anti-Agent/Spectateur. Telles sont, par exemple:

(1a) la trichotomie *Speaker/Listener/Hearer*; le français ne dispose pas de noms simples pour les trois aspects agentifs de cette trichotomie.

(1b) la dichotomie *Adressant/Adressé* (ou, avec un sens légèrement différent, *Locuteur/Allocutaire*)

(1c) la dichotomie *Emetteur/Récepteur*, etc.

Notons que:

---

[1] Pour une discussion plus ample de cette trichotomie, voir Golopentia (1977b) qui a été repris dans le présent volume.

90

(a) Dans les dichotomies (1b) et (1c), le second terme (*Adressé, Récepteur*) est ambigu, pouvant désigner ou bien celui qui effectue les actions[2] caractéristiques pour l'Anti-Agent, ou bien celui qui effectue les actions caractéristiques pour le Spectateur.

(b) (1c) est une variante métaphorique, inspirée du langage technique, de (1a). Remarquons cependant que (1c) modifie (1a) avec des gains en généralité et des pertes en précision qui ne nous préoccupent pas dans ce contexte.

Il serait intéressant d'étudier les processus métaphoriques où des oppositions à *n* termes sont rendues métaphoriquement par des oppositions à *m* termes. On distinguerait entre trois possibilités: (1) *n* = *m*, c'est la métaphore optimum du point de vue de la précision; (2) *n* < *m*; c'est la métaphore heuristique qui dévoile des distinctions nouvelles par rapport à l'opposition source; (3) *n* > *m*; c'est la métaphore généralisante, qui bloque des distinctions existantes dans l'opposition source. On pourrait ensuite se poser les questions suivantes: (A) est-ce la métaphore précise (du type 1) ou la métaphore qui n'est pas précise (du type 2 ou 3) qui sert le mieux la pensée scientifique?; (B) est-ce la métaphore précise ou la métaphore qui n'est pas précise qui donne un plaisir esthétique plus grand?

(c) (1a) et (1c) désignent l'Agent, l'Anti-Agent et le Spectateur par l'intermédiaire de la *désignation subordonnée* d'actes et de réactions locutoires considérés essentiels.

Nous entendons par désignation subordonnée la désignation qui a pour signifiant une partie du mot (un morphème, un groupe de morphèmes) et pour signifié un signifié différent du signifié du mot. Par exemple, dans le mot anglais *Speaker*, *speak-* est le signifiant d'un signifié "action de parler" qui est différent du signifié de *Speaker* ("celui qui accomplit l'action de parler")[3].

L'action de parler a été, de tout temps, au centre de l'attention du linguiste. Ce n'est que J.L. Austin cependant qui en a dissocié certaines des composantes essentielles en distinguant entre des aspects *phoniques* (production de sons), *phatiques* (production d'énoncés conformément à une grammaire et à un dictionnaire) et *rhétiques* (production de sens propositionnel). Les réactions d'*écoute* ou d'*audition* sont encore presque inexplorées (surtout si l'on tient compte du fait que

---

[2] Il s'agit, en fait, aussi bien dans le cas de l'Anti-Agent que dans le cas du Spectateur, de réactions.

[3] Parler est, en fait, une activité.

l'on pourrait également y distinguer des aspects, ou des niveaux, phonique, phatique et rhétique).

(d) (1b) désigne l'Agent et "l'Anti-Agent ou Spectateur" par la désignation subordonnée d'actions et de réactions qui ne sont pas toujours locutoires. Nous avons montré ailleurs[4] que l'acte d'adresser et la réaction d'accepter, de refuser ou d'éluder un message peuvent consister non seulement en un dire ou une écoute, mais aussi en actes d'*orientation* (gestes, regards, etc.) qui n'ont pas été pris en charge par le schéma austinien et qui auraient un caractère *pré-phonique*, ou en productions de *répliques*[5] plus amples et par ce plus proches de la réalité complexe de l'échange verbal que les énoncés, ayant donc, par rapport aux actes locutoires austiniens un caractère *post-rhétique*.

Pour ce qui est de ces derniers, nous avons même proposé la trichotomie:

(1d) *Initiateur/Interlocuteur/Témoin* où l'Initiateur est l'agent par rapport à l'acte de production d'une intervention conversationnelle, l'Interlocuteur est l'Anti-Agent par rapport à la réaction à une intervention conversationnelle et le Témoin est le Spectateur par rapport à la réaction à une intervention[6].

(e) Aucune parmi les trichotomies (dichotomies) courantes ayant trait aux agents linguistiques ne désigne l'Agent, l'Anti-Agent et le Spectateur par rapport à des actes illocutoires[7].

1.2. Les aspects agentifs distingués par l'intermédiaire de la trichotomie Agent/Anti-Agent/Spectateur sont des aspects du type *rôle*. Nous parlerons donc du rôle d'Agent, du rôle d'Anti-Agent, du rôle de Spectateur.

Parler de rôles suppose que l'on utilise un métalangage édifié sur le *langage de l'action*. Nous avons décrit brièvement la grammaire de ce langage, les prédicateurs et les transformations qui le caractérisent dans Golopentia (1977a, b).

[4] Par exemple, dans Golopentia (1977b).
[5] Dans le sens d'interventions, d'unités dialogiques. Notons que, pour nous, tout texte est un dialogue elliptique.
[6] Nous avons décrit ces rôles, dans le contexte d'une analyse contrastive de la stratégie conversationnelle en roumain et en anglais, dans Golopentia (1974).
[7] Nous avons abordé ce problème à plusieurs reprises, lors de l'analyse de la théorie austinienne aussi bien qu'à l'occasion de la description concrète de l'interaction conversationnelle.

2.0. Nous proposons, dans ce qui suit, la dichotomie *Insider/Outsider*.

2.0.1. Dans le *The Random House Dictionary of the English Language* on donne les sens suivants pour les mots *insider* et *outsider* (nous marquerons les sens de *insider* par I1, I2 et les sens de *outsider* par O1, O2, etc.):

I1:   "a member of a certain society, circle of friends, etc." et

I2: "a person who has some special advantage, knowledge, or influence";

O1: "a person or thing not within an enclosure, boundary, etc.";

O2: "a person not belonging to a particular group, set, party, etc.";

O3: "a person unconnected or unacquainted with the matter in question" et

O4: "a race horse, sports team, etc., not classified among the best or among those expected to win".

Notons que:

(a) A l'exception de O1, les sens énumérés sont des sens figurés.

(b) Pour comprendre le travail sémantique sous-jacent à l'emploi actuel des mots anglais *insider* et *outsider* il faut donc prendre comme point de départ le sens O1.

(c) C'est d'un travail sémantique sur le sens de base O1 que résultent les sens figurés O2 et O3. On peut supposer que ce travail s'accomplit par l'extension métaphorique de O1 pour suggérer l'isolat O2 et par l'extension métonymique de O2 pour suggérer l'isolat O3. Ceci suppose comme forme de pensée: (phase 1) la non-appartenance d'un individu à un groupe peut être présentée métaphoriquement comme existence de l'individu *à l'extérieur d'un enclos*, où l'enclos est la métaphore pour le groupe social et le fait d'être à l'intérieur d'un enclos est la métaphore pour l'appartenance à un groupe social; (phase 2) le manque de savoir, d'influence, etc., d'un individu peut être conçu comme se ratachant à sa non-appartenance à un groupe social.

(d) O4 est une spécialisation [– Humain] de O3 par l'introduction dans le contexte spécial du turf. Notons que, à l'exception de O1, tous les sens examinés excluent le trait [– Animé] (sont donc des spécialisations [+ Animé] de O1) et que, à l'exception de O4, tous les sens examinés excluent le trait [– Humain][8].

---

[8] [+ Animé, – Humain] correspond à "Animal" dans cette notation.

(e) Il y a une opposition sémantique *boîteuse* entre le sens repéré O1 et un sens non-repéré (présupposé par le "not within" de O1) que nous marquerons par:

*I3: "a person or thing *within* an enclosure, boundary, etc."[9].

Soulignons que les cas sont nombreux où c'est plutôt le manque d'une qualité qu'on perçoit comme notable, plutôt le cas non marqué qu'on distingue comme un sens à part. C'est souvent dans un deuxième mouvement, méta-sémantique de régularisation, que l'on confère le statut de sens à part au cas marqué en construisant ainsi, à partir d'une opposition sémantique boîteuse entre un sens perçu comme un isolat sémantique et un sens opposé présupposé qui n'a pas encore émergé dans la conscience linguistique des sujets parlants, une opposition sémantique *ingambe* entre deux sens également pris en charge par la conscience linguistique des locuteurs, entre deux isolats sémantiques.

(f) On peut expliquer I1 et I2 de deux manières: (1) par une régularisation méta-sémantique à partir de O2 et O3 dont on isole respectivement les opposés sémantiques ou (2) par la régularisation méta-sémantique qui aboutit, à partir de O1, à *I3, suivie d'un travail sémantique indépendant, parallèle à celui présenté sous (c), qui procède de *I3 à I1 et de I1 à I2.

(g) Quelle qu'en soit la provenance, I1 et I2 sont l'opposé de O2 et O3 respectivement.

(h) Quelle qu'en soit la provenance, l'opposition I2/O3 est dérivée par rapport à l'opposition I1/O2.

(i) Les sens O1 et O4 sont des sens par la définition desquels l'emploi des mots *outsider* (O1) et *outsider* (O4) est clairement réglé. Tel n'est pas le cas pour les sens I1, I2, O2 et O3, dont les définitions n'éclaircissent que partiellement l'emploi des mots *insider* (I1), *insider* (I2), *outsider* (O2) et *outsider* (O3). Nous dirons que *insider* (I1), *insider* (I2), *outsider* (O2) et *outsider* (O3) sont des *mots vagues* en anglais.

(j) I2 a une connotation positive qui se déverse sur la structure sémantique en entier. O3 a une connotation négative qui se déverse sur la structure sémantique O en entier.

(k) La connotation positive de I2 et la connotation négative de O3 pourraient être ratachées à des connotations similaires pour les sens subordonnés de *in-*, respectivement de *out-*. Notons cependant qu'en

---

[9] L'astérisque signale le fait que, conformément au dictionnaire consulté le sens I3 n'a pas été repéré en anglais.

français le sens subordonné de *hors* est caractérisé par une connotation positive (*hors-* étant assimilé à *au-dessus de*) dans des constructions telles *hors-ligne* (exceptionnel, *talent hors-ligne*), *hors-concours* (celui qui ne peut concourir à cause d'une supériorité écrasante sur ses concurrents), *hors (de) pair* (au-dessus de ses égaux, exceptionnel), etc. La même remarque vaut pour l'adjectif *outstanding* en anglais.

Nous pouvons représenter sémantiquement la relation entre les mots *insider* et *outsider* par la figure 1.

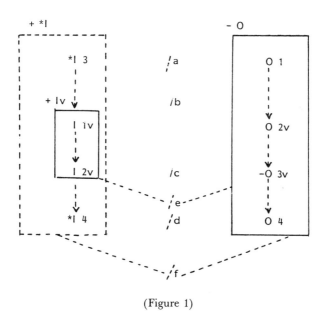

(Figure 1)

Dans la figure 1, "/" et "⁄" marquent l'opposition, "↓" et "⫶" marquent la filiation des sens, le contraste pointillé / ligne pleine permet de séparer notre interprétation sémantique de la description sémantique donnée par *The Random House Dictionary*; I marque la structure sémantique totale *I3→I1→I2→I4 et O marque la structure sémantique totale O1→O2→O3→O4; *v* marque le caractère vague du mot qui correspond au sens dont il suit le symbole; " + " et " – " marquent respectivement la connotation positive ou négative des sens qu'ils précèdent.

On pourrait contester les pointillés entre O1, O2, O3, O4 et entre I1, I2; si, dans le dictionnaire, la succession des sens est, implicitement, le signe de la filiation dans la direction sens précédent→sens suivant, alors, nous aurions dû avoir recours à la représentation O1→O2→O3→O4 et I1→I2.

Les rectangles I et O correspondent aux structures sémantiques données pour *insider* et *outsider* par *The Random House Dictionary*. L'opposition globale I/O (que nous avons marquée par *c* dans la figure ci-dessus) est une opposition dont nous avons exprimé le caractère partiel et désordonné par la métaphore *opposition boîteuse*.

Le rectangle *I correspond à la structure sémantique que nous imaginons pour *insider*. L'opposition entre *I et I est donc l'opposition entre une structure sémantique idéale et une structure sémantique repérée. *I inclut I, il l'explique et le prolonge, il permet d'imaginer une opposition globale *I/O dont nous avons exprimé l'harmonie et la régularité par la métaphore *opposition ingambe* ci-dessus.

2.0.2. Nous nommerons *opposition lexicale* le signifiant d'une opposition sémantique. Nous dirons donc que l'opposition lexicale angl. *insider/outsider* est le signifiant de l'opposition sémantique I/O dans le *The Random House Dictionary* et le signifiant de l'opposition sémantique *I/O dans notre pensée.

Nous réserverons le nom d'*antonymes* aux signifiants des termes d'une opposition sémantique ingambe. Dans les acceptions I respectivement O, *insider* et *outsider* ne sont pas, pour nous, des antonymes. Ils le sont, en échange, dans les acceptions *I et O.

2.0.3. A lire *Le Petit Robert*, on apprend que le français a emprunté de l'anglais le mot *outsider*. Les sens du fr. *outsider* sont les suivants:

O′1 = O4 et
O′2.

Le sens O′2 n'est pas détaillé. Il est suggéré par la mention "Figuré" et l'exemple *Pour ce fauteuil à l'Académie, dans cette élection, Z fait figure d'outsider.* Ce que cet exemple nous permet de supposer c'est, en fait, que O′2 est, en français, une extension métaphorique de O′1, qui rejoint, par certains côtés, le continuum "O2 et O4" sans, pour autant, avoir une position et une histoire sémantique similaires.

Le français a donc introduit dans son inventaire lexical un mot dont le signifiant a été pris à l'anglais et dans son inventaire sémantique un seul (O4) parmi les sens qui composaient la structure sémantique anglaise correspondant à ce signifiant. La définition du *Petit Robert* atteste l'amorce d'un travail sémantique prenant comme point de départ O4 et aboutissant, pour le moment, à O′2 (et à une structure sémantique globale que nous marquerons par O′). En français, la structure sémantique O′ ne s'oppose pas à une structure sémantique *I′.

On peut se demander si ce n'est pas le fait que I/O est, en anglais, une opposition sémantique boîteuse qui explique le caractère partiel et limité de l'emprunt (tant lexical que sémantique) français. Eussent *insider* et *outsider* représenté des antonymes, on aurait peut-être emprunté les deux mots à la fois et intégré, dès le début, les structures sémantiques *I et O, le sentiment de leur histoire (O1–O2–O3–O4; *I3–I1–I2–*I4) et l'intuition des oppositions partielles qui les fondent (*I3/O1, I1/O2, I2/O3,*I4/O4).

2.1.0. Pour signaler que ce n'est pas en tant que mots anglais mais en tant que termes du métalangage sémiotique que nous employons *insider* et *outsider*, nous les écrirons dans ce qui suit avec majuscules: Insider, Outsider.

2.1.1. Nous pouvons, en principe, construire les termes Insider, Outsider à partir de:

(1) *insider* dans l'acception I et *outsider* dans l'acception O

(2) *insider* dans l'acception *I et *outsider* dans l'acception O;

(3) l'un (ou quelques-uns) des sens de *insider* (pris dans la structure sémantique I ou dans la structure sémantique *I) et l'un ou quelques-uns des sens qui s'y opposent de *outsider* (pris dans la structure sémantique O).

Le choix (1) est cependant exclu par l'analyse sémantique que nous avons entreprise dans 2.0. Une opposition théorique doit présenter des caractères de régularité qui rendent impossible sa prise en charge par une opposition sémantique boîteuse.

Le choix (2) permet de construire Insider et Outsider en tant que termes dans une sémiotique naturelle (une sémiotique dont le métalangage est représenté par le langage naturel).

Le choix (3) permet de construire Insider et Outsider en tant que termes dans une sémiotique artificielle (une sémiotique dont le métalangage est représenté par un langage artificiel).

2.1.2. Les aspects agentifs que nous permet de saisir la dichotomie Insider/Outsider sont des aspects du type *statut*. Nous parlerons donc dans ce qui suit du statut d'Insider ou du statut d'Outsider d'un individu.

Parlant de statut, nous emploierons un métalangage sémiotique édifié sur le *langage de l'état*. Nous avons exploré la grammaire de ce langage (prédicateurs et transformations) dans Golopentia (1978a).

2.1.3.0. Supposant que notre option est constituée par le choix (2) ci-dessus, l'incorporation dans le langage sémiotique de l'opposition

Insider/Outsider nous semble de nature à enrichir et nuancer la pensée du sémioticien. Il est vrai cependant que cet enrichissement est surtout valable pour une phase préliminaire à la recherche sémiotique, celle dans laquelle on essaie de mieux découper l'objet de son étude, de mieux choisir les isolats de la discipline. Une fois l'étape heuristique dépassée, le chercheur se doit de faire pendant à cet enrichissement par des soucis de précision du dire que l'emploi, révélateur mais flou, de Insider et Outsider dans l'acception *I respectivement O ne saurait satisfaire.

C'est dire que, à la différence de *insider* et *outsider* en anglais qui sont des mots vagues seulement dans l'acception I1, I2, O2 et O3, Insider (*I) et Outsider (O) dans le langage sémiotique naturel sont toujours des termes vagues et, en tant que tels, doivent être abandonnés dans l'étape interprétative finale de l'étude sémiotique.

C'est dire aussi que l'opposition Insider/Outsider est une *opposition vague*, qui aide la compréhension mais ne peut en constituer que le point de départ.

2.1.3.1. Il y a plusieurs transformations sémantiques qui se produisent dans le sens (la structure sémantique) d'un mot lorsque celui-ci commence à être employé en tant que terme naturel[10] dans une théorie.

(a) Les liens qui unissent les sens dans la structure sémantique du mot sont souvent relâchés dans la structure sémantique du terme homonyme.

C'est le cas pour les liens de filiation I1→I2 et O2→O3 dans les structures sémantiques correspondant respectivement à Insider et Outsider.

La conséquence de ce fait est ou bien un hiatus sémantique entre I1 et I2 ou entre O2 et O3, ou bien l'acceptation implicite, à côté de l'explication de I2 à partir de I1 (de O3 à partir de O2) de l'explication de I1 à partir de I2 (de O2 à partir de O3), l'acceptation donc de la forme de pensée: c'est en tant qu'un individu dispose/ne dispose pas d'un savoir spécial, d'une capacité spéciale, etc., qu'il sera inclus dans (ou exclus d') une société, d'un cercle, d'un groupe donné.

Nous marquerons ce fait en remplaçant, entre I1 et I2 (entre O2 et O3) la flèche par une barre: I1−I2; O2−O3.

(b) Les connotations évaluatives (positives et négatives) de la structure sémantique globale évoquée par le mot disparaissent dans la structure sémantique globale évoquée par le terme.

---

[10] Nous entendons par terme naturel un terme intégré dans un métalangage pris en charge par le langage naturel.

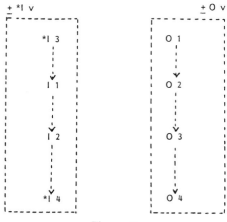

Figure 2

On peut représenter les structures sémantiques globales évoquées par les termes vagues Insider et Outsider par la figure 2.

Nous avons marqué par ± la connotation positive et/ou négative de chacune des structures sémantiques *Iv et Ov.

Soulignons l'opposition graphique entre + *I/ – O pour l'opposition sémantique correspondant en anglais, dans notre interprétation, à l'opposition lexicale *insider/outsider* et ± *Iv/ ± Ov correspondant dans un métalangage sémiotique naturel indépendant de la langue qui le prend en charge, à l'opposition terminologique Insider/Outsider.

2.1.3.2. Nous illustrerons brièvement l'emploi de Insider et Outsider en tant que termes vagues et de l'opposition Insider/Outsider en tant qu'opposition vague dans la sémiotique naturelle.

(a) On peut parler d'une psychologie individuelle d'Insider ou d'Outsider, d'Insiders ou d'Outsiders par vocation. Tel individu, qui se sent toujours un Insider, sera arrogant, *pushy, self-assertive*. Tel autre, qui se sent toujours un Outsider, sera timide, susceptible, *touchy, suspicious, reluctant, bashful, retiring* (notons que la dernière métaphore exploite le sens "extériorité" évoqué par *out-, outsider*).

D'habitude, ne croyant pas qu'il connaît le langage, les normes, etc., le Outsider par vocation n'aura pas l'initiative d'une interaction sémiotique. Il aura cependant l'initiative des interactions métasémiotiques et ceci est naturel car tout acte méta-x (où x = linguistique, sémiotique, etc.) est, virtuellement, le préliminaire d'un acte x.

Pour obtenir le sentiment de sécurité sémiotique qui dérive de la qualité d'Insider, ceux qui n'en ont pas la vocation (ou qui sont, par vocation, des Outsiders) se verront faire, tel le peintre Julian Levi, des documentations énormes, concernant la vie des pêcheurs, la mer en général, etc., avant de peindre des marines, non pas parce que c'est indispensable à leur peinture en tant que telle, mais pour se sentir, comme le dit l'artiste lui-même: "more closely related to what I have chosen to paint"; notons que *closely* est une métaphore qui rejoint par beaucoup de côtés la métaphore de l'enclos que nous avons discutée sous 2.0.

On peut se sentir un Insider (un Outsider) dans sa propre journée de travail, dans sa propre vie, dans sa propre culture, dans la culture universelle.

(b) Il y a des groupes d'âge, de sexe, professionnels, sociaux qui semblent voués à l'Insider-at (à l'Outsider-at). L'enfant, par rapport à la société des adultes, la femme, par rapport à la société des hommes, le bouffon, par rapport à la cour, l'anthropologue, le folkloriste, le dialectologue par rapport à la collectivité qu'ils étudient, le parodiste par rapport à l'auteur qu'il parodie, le sorcier, le bourreau[11], etc., par rapport aux collectivités qu'ils servent sont plutôt qualifiables comme des Outsiders. Les sujets parlant en tant que langue maternelle une langue internationale sont, souvent non seulement d'un point de vue linguistique mais aussi d'un point de vue culturel, qualifiables plutôt comme des Insiders. L'auteur par rapport à ses lecteurs, le professeur par rapport à ses élèves sont, de même, généralement conçus comme des Insiders.

Lorsque nous essayons cependant de surprendre sur le vif le fonctionnement sémiotique des individus qui composent les classes (les groupes) sus-mentionnés, des généralisations comme celles que nous avons énumérées ci-dessus perdent, en partie, leur portée.

Prenons comme exemple le cas de celui qui donne une conférence devant un public. A première vue, on est tenté de dire que le conférencier est qualifiable comme Insider et le public est qualifiable comme Outsider par rapport à la situation sémiotique globale représentée par la conférence. Cependant, l'analyse la plus simple démontre que celui qui donne une conférence peut être (a) un Insider par rapport à un public d'Insiders (exemple: le spécialiste qui parle devant ses collègues); (b) un Insider par rapport à un public d'Outsiders (le professeur qui parle devant ses étudiants); (c) un Outsider par rapport à un public d'Insiders (le pseudo-spécialiste qui parle devant des spécialistes); (d) un Outsider par rapport à un public d'Outsiders (certains personnages dans le théâtre de Ionesco). Le schéma (c) est un

---

[11] *Enfant, femme, ... bourreau* ci-dessus désignent la classe.

schéma agressif en puissance. Celui qui donne une conférence devrait être *plus* Insider que son public par rapport à un aspect donné de la situation sémiotique.

Prenons un deuxième exemple. Par rapport à un conte fantastique, c'est l'enfant qui, malgré ce qu'on a dit ci-dessus, est un interprète du type Insider, c'est l'adulte, le spécialiste, etc., qui sont des interprètes du type Outsider. Ou, plutôt, si l'on continue l'analyse, l'enfant est un Insider par rapport à la structure superficielle du conte (à l'histoire qui est narrée) et un Outsider par rapport à la structure profonde du conte (au schéma qui y est manifesté) tandis que le spécialiste est un Outsider par rapport à l'histoire et un Insider par rapport au schéma du conte.

Marquons les présupposés de nos commentaires. Le fait que l'analyse permet de dénombrer plusieurs possibilités, entre lesquelles l'interprétation courante des faits n'occupe pas, logiquement, une place spéciale, tend à suggérer qu'une culture donnée consiste, entre autres, à favoriser, d'une manière plus ou moins arbitraire, l'une de ces possibilités en lui donnant, par rapport aux autres, un caractère *marqué, normal, coutumier.* Telle est la possibilité: "conférencier Insider face à public Outsider" dans le cas d'un événement social du type conférence.

D'autre part, le fait que l'analyse permet d'isoler des aspects sémiotiques par rapport auxquels un individu est un Insider et des aspects sémiotiques par rapport auxquels le même individu est un Outsider (tel est le cas de l'enfant et du spécialiste dans notre deuxième exemple) et que, néanmoins dans notre imaginaire sémiotique courant nous rangeons chaque individu sous une seule qualité dominante tend a suggérer que, dans la pratique sémiotique, nous procédons par simplifications qui sont, elles aussi, un fait caractéristique pour chaque culture (groupe de cultures).

Ces simplifications sont rendues possibles par le fait qu'il y a un *niveau moyen d'interprétation et de production sémiotique,* variant avec chaque culture, par rapport auquel on attribue la qualité globale d'Insider ou d'Outsider à un agent sémiotique.

Il y a, enfin, dans le deuxième exemple, des présupposés tels: "Insider se rattache à Participation plus non-Compréhension", "Outsider se rattache à non-Participation plus Compréhension" (c'est d'un tel point de vue qu'on peut affirmer que le spécialiste est un Outsider par rapport à l'histoire du conte).

(c) Il y a des cultures dans le fonctionnement desquelles on peut déceler la valorisation positive extrême de la qualité d'Insider (non seulement par opposition à la qualité d'Outsider, mais aussi par contraste avec d'autres qualités). Telle est, par exemple, dans la culture traditionnelle, la valorisation extrême de la qualité d'Insider, dans certaines formes de la culture moderne, la valorisation extrême de la qualité d'Outsider par rapport á la culture locale et d'Insider par rapport à des cultures étrangères (c'est souvent le snobisme culturel des cultures en cours de développement ou de celles qui régressent). Les sociétés basées sur des systèmes de castes sont des sociétés où l'opposition Insider/Outsider est non seulement centrale mais aussi un objet d'héritage.

(d) Il y a des modes culturelles qui favorisent l'Insider et des modes culturelles qui favorisent l'Outsider. Tel est, par exemple, le cas où n'importe qui peut devenir auteur (dans l'écriture automatique, le frottage, le collage — personne n'est Insider, pas même l'auteur); il atteste, entre autres, la préférence moderne pour des interactions sémiotiques entre Outsiders.

(e) La *biographie sémiotique* de l'individu (du groupe) consiste en un nombre plus ou moins grand de *transitions Outsider > Insider*.

La transition Outsider > Insider se produit:

(1) à l'intérieur d'un acte sémiotique, par *transmission* (qui est l'un des effets perlocutoires immanquables d'une énonciation) ou

(2) à l'intérieur d'un acte méta-sémiotique *d'enseignement, d'initiation*[12].

(f) Il y a une transition inverse, la transition Insider > Outsider (*l'oubli sémiotique*) dont on devrait aborder dans des études à part la théorie et la description. Théoriquement, la question se pose de décider si un oubli sémiotique total est possible; pratiquement, on devrait pouvoir établir des degrés d'oubli sémiotique caractérisant les individus ou les groupes par rapport à leur langue maternelle, à une langue étrangère, à leur culture maternelle, à une culture étrangère, etc.

En ce qui concerne la question théorique, notre réponse serait plutôt négative. Même s'il oublie le faire, un Insider ne peut oublier les résultats obtenus par ce faire (la forme de ces résultats); même s'il oublie l'objet de sa connaissance, il n'en est pas moins capable de le reconnaître lorsqu'il le rencontre à nouveau. Un Insider ne redevient donc jamais un Outsider.

---

[12] Des exemples d'actes méta-sémiotiques d'initiation sont: les présentations, les définitions, etc. Nous avons discuté ces types d'actes dans Golopentia (1973a, 1974). Voir aussi ce qui est dit plus loin.

(g) La qualité d'Insider (d'Outsider) peut être attribuée (a) par un individu (un groupe) à un autre individu (groupe) ou (b) par un individu (groupe) à soi-même.

On ne saurait trop souligner l'importance de l'auto-attribution. Celui qui se croit un Insider a des chances pour le devenir. Celui qui se définit comme Outsider a des chances de le rester.

(h) La situation (1) d'un Insider plongé dans un groupe d'Outsiders, aussi bien que (2) celle d'un Outsider plongé dans un groupe d'Insiders pourraient constituer l'objet d'études sémiotiques ad-hoc.

Nous sommes tentés de dire qu'une situation du type (1) prédispose le groupe à l'agressivité envers l'Insider. L'agressivité du groupe d'Outsiders s'explique par l'impossibilité reconnue de l'assimilation d'un Insider (de la transition Insider > Outsider).

Le cas d'un Outsider plongé dans un groupe d'Insiders est celui du chercheur (anthropologue, folkloriste, linguiste) dans son dialogue avec les informateurs, le cas de l'enfant qui apprend sa langue maternelle; le cas de l'étranger qui apprend une langue qui n'est pas sa langue maternelle. L'assimilation joue dans la direction Outsider > Insider. Elle est cependant rarement complète.

L'assimilation d'un Outsider s'effectue tacitement ou par des *rites d'initiation*.

Les rites d'initiation comportent deux aspects distincts:

(1) l'attribution de la qualité d'Outsider à X par la collectivité W se transforme en attribution de la qualité d'Insider à X par la collectivité W;

(2) l'attribution de la qualité d'Outsider par X à soi-même se transforme en attribution de la qualité d'Insider par X à soi-même. Nous avons discuté ces aspects par rapport au rite d'initiation que représentent les présentations.

(i) Les agents sémiotiques naturels ne sauraient être uniquement des Insiders ou uniquement des Outsiders. Tout agent sémiotique cumule les deux qualités. Ce qui varie c'est, à chaque fois, la proportion entre celles-ci et les domaines par rapport auxquels elles se déterminent. Prenons, par exemple, le cas d'un sujet parlant de la langue X. C'est un Insider par rapport à certains dialectes, jargons, argots, systèmes secondaires écrits, littéraires ou scientifiques édifiés sur X. C'est, forcément, un Outsider par rapport à certains autres argots, jargons, dialectes ou systèmes secondaires.

D'une manière similaire, tout objet sémiotique s'offre, il est vrai que sous des angles différents, à la fois au regard des Insiders et à celui des Outsiders. Il suffit de penser à la plupart des textes littéraires ou scientifiques: on y distingue une partie que l'auteur adresse aux Outsiders (et qui comprend les explications, les chapitres introductifs, les notes, citations, bibliographies, etc., et une partie que l'auteur adresse aux Insiders (le texte moins les notes, citations, explications, bibliographies).

(j) Les qualités positives prévalent sur les qualités négatives dans le portrait robot de l'Insider. Les qualités négatives prévalent sur les qualités positives dans le portrait robot de l'Outsider.

Le portrait robot de l'Insider est le suivant: il est habile, connaisseur des lois, us et coutumes, des règles du jeu, de l'étiquette, des tabous; il a des intuitions sémiotiques; il est doué de dynamisme communicatif, d'assurance, d'initiative.

Le portrait robot de l'Outsider est le suivant: il parle mal à propos, produisant des lapalissades et tautologies, il ignore les tabous, fait des gaffes, manque d'intuition et de créativité dans le maniement du code, du canal, de la situation, etc., il est dénué de dynamisme communicatif, il manque de sécurité sémiotique.

Une analyse plus poussée révèle cependant la complémentarité des deux qualités. Celui auquel nous attribuons la qualité d'Insider perçoit plutôt les faits institutionnels que les faits bruts. Celui auquel nous attribuons la qualité d'Outsider perçoit plutôt les faits bruts que les faits institutionnels.

Ceci n'est pas sans certains avantages pour le Outsider. Comme la mise en relation des faits bruts (d'observation) avec les faits institutionnels (d'interprétation) est toujours imprégnée d'un certain passéisme (on tend à ranger des faits nouveaux dans des institutions anciennes), c'est le Outsider, mis dans la position de se créer par lui-même une interprétation, qui est à même de renouveler les interprétations courantes. D'autre part, ce renouvellement est lui aussi sujet au doute car il provient souvent de la tendance à superposer (ou à se baser sur) des faits institutionnels appartenant à la culture par rapport à laquelle notre Outsider détient une position d'Insider.

Dans ce sens, la vocation de chercheur de terrain serait de se détruire toute qualité d'Insider par rapport à toute culture (sa culture maternelle incluse), d'être un Outsider absolu. Notons que ceci représente plutôt un choix stylistique car on pourrait dire en fait la même chose en affirmant que le chercheur/observateur se doit d'être un Insider absolu. Dans un cas comme dans l'autre, c'est l'opposition interne Insider par rapport aux cultures A, B, C, .../ Outsider par rapport aux cultures P, Q, R, ... que le chercheur/observateur essaie d'affaiblir, voire d'abolir.

Dans une langue, dans une culture, etc., ce qui est *covert* pour les Insiders peut être *overt* pour les Outsiders, en vertu d'un autre savoir. La rigidité sémiotique de l'Insider s'oppose au mimétisme sémiotique de l'Outsider.

2.1.4.0. Supposant que nous optons pour (3) ci-dessus (cf. 2.1.1) nous pouvons, par exemple, donner à Insider le sens I2 et à Outsider le sens O3.

Nous emploierons dans ce cas l'opposition Insider (I2)/Outsider (O3) dans l'acception d'une opposition scalaire où Insider et Outsider délimitent en tant que pôles positif (respectivement négatif) un continuum de degrés perçus dans la compétence des agents sémiotiques.

Insider et Outsider ne sont pas des termes vagues dans cette acception.

Pour distinguer les termes artificiels Insider (+ I2) et Outsider (– O3) des termes naturels Insider ($\pm$ *Iv*) et Outsider ($\pm$ O*v*), nous les marquerons par INSIDER (= Insider (+ I2)) et OUTSIDER (= Outsider (– O3)).

2.1.4.1. Nous pouvons définir la compétence sémiotique d'un individu:

(1) par rapport à l'interprétation des rôles sémiotiques;
(2) par rapport à l'intériorisation du code sémiotique;
(3) par rapport à la manipulation du canal sémiotique;
(4) par rapport à la manipulation de la situation sémiotique en entier.

Notons que la compétence par rapport à la mise en message ne peut être distinguée de la compétence par rapport à l'intériorisation du code, le code servant également à la mise en pensée du message et à la mise en message de la pensée.

Nous marquerons dans ce qui suit la compétence par rapport aux rôles par *compétence R*, la compétence par rapport au code par *compétence Co*, la compétence par rapport au canal par *compétence Ca* et la compétence par rapport à la situation sémiotique globale par *compétence*.

Types d'agents sémiotiques	A	AA	S
1	I	I	I
2	O	I	I
3	I	O	I
4	I	I	O
5	O	O	I
6	O	I	O
7	I	O	O
8	O	O	O

Figure 3

2.1.4.2. On peut définir un individu par la compétence maximum (d'INSIDER) ou minimum (d'OUTSIDER) par rapport à chacun des rôles d'Agent (A), d'Anti-Agent (AA), et de Spectateur (S). On aura, de ce point de vue, les types d'agents sémiotiques dans la figure 3.

Dans le tableau ci-dessus, le type 1 correspond à la compétence R maximum; l'individu qui le manifeste est un INSIDER par rapport à tous les rôles sémiotiques entre lesquels nous distinguons. Nous nommerons l'individu ayant cette compétence un INSIDER R absolu, Le type 8 correspond à la compétence R minimum et renvoie à un OUTSIDER R absolu, qui ne peut assumer aucun rôle sémiotique. Les types 2-4 et 6, 7 sont des types de INSIDER-OUTSIDER R correspondant à des agents sémiotiques qui n'ont pas développé harmonieusement leurs compétences d'Agent, d'Anti-Agent et de Spectateur. Le type 5 correspond au statut de n'importe quel individu par rapport à une langue étrangère associée à une culture qui ne diffère pas trop de la sienne; dans ce cas, l'individu, incapable de remplir les rôles d'Agent ou d'Anti-Agent, est cependant caractérisé par une certaine compétence R (voire même une compétence R maximum) par rapport au rôle de Spectateur.

L'attention plus grande portée dans la culture occidentale aux rôles d'Agent par rapport aux rôles AA et S, aux rôles d'Anti-Agent par rapport au rôle de Spectateur et, par ce, à l'étude des premiers, favoriserait l'impression qu'on peut définir globalement en tant qu'INSIDER R tout individu qui exemplifie les types 1, 3, 4, 7 et en tant qu'OUT-

SIDER R tout individu qui exemplifie les types 2, 5, 6, 8. Nous ne souscrivons pas à une telle simplification.

2.1.4.3. La compétence Co ou compétence par rapport au code peut être conçue en tant que *connaissance forte* (*knowledge*) ou connaissance *faible* (*acquaintance with*) par rapport à un code conçu en tant que *collection* ou en tant que *système d'états* ou par rapport à un code perçu en tant que collection ou en tant que *système de normes*. Il s'ensuit que nous distinguons au moins entre les types suivants d'INSIDER Co et d'OUTSIDER Co (figure 4).

	connaissance forte				connaissance faible			
Types de	collection		système		collection		système	
I, O	états	normes	états	normes	états	normes	états	normes
1	I, O							
2		I, O						
3			I, O					
4				I, O				
5					I, O			
6						I, O		
7							I, O	
8								I, O

Figure 4

Notons que, par rapport à un code *y* conçu en tant que collection, un individu peut être INSIDER Co par rapport à la sous-collection *x* et OUTSIDER Co par rapport à la sous-collection *y–x*, tandis que, par rapport à un code conçu en tant que système, un individu ne peut être qu'ou bien INSIDER Co, ou bien OUTSIDER Co.

2.1.4.4. La compétence Ca ou compétence par rapport au canal sémiotique correspond aux préférences de l'individu pour l'action par l'intermédiaire de stimulus visuels, auditifs, etc. Si nous nous limitons aux canaux visuel et auditif, nous pouvons imaginer des individus dont le statut d'INSIDER Ca respectivement d'OUTSIDER Ca correspond à l'un des types dans la figure 5.

Types d'agents sémiotiques	Canal	
	Auditif	Visuel
1	I	I
2	I	O
3	O	I
4	O	O

Figure 5

2.1.4.5. C'est à la compétence par rapport à la situation sémiotique globale que nous nous référons par les termes INSIDER et OUTSIDER dans ce qui suit.

2.1.4.6. Si nous tenons compte de la qualité d'INSIDER ou d'OUTSIDER des participants à une interaction, nous pouvons distinguer entre les types d'*interactions sémiotiques* dans la figure 6.

Types d'interactions sémiotiques	A	AA	S
1	I	I	I
2	O	I	I
3	I	O	I
4	I	I	O
5	O	O	I
6	O	I	O
7	I	O	O
8	O	O	O

Figure 6

Le type 1 correspond à une interaction sémiotique *optimum*, dans laquelle tous les individus ont ou s'attribuent la qualité d'INSIDER.

Le type 8 correspond à l'interaction sémiotique *pessimum*, dans laquelle tous les individus ont ou s'attribuent la qualité d'OUTSIDER.

Le type 4 correspond à une interaction sémiotique *publique*, dans laquelle le Spectateur, qui a ou s'attribue la qualité d'OUTSIDER est en retrait par rapport à l'Agent et à l'Anti-Agent.

Les types 2 et 3, dans lesquels l'Agent (2) ou l'Anti-Agent (3) sont des OUTSIDERS par rapport aux couples Anti-Agent et Spectateur ou Agent et Spectateur, sont des types d'interactions sémiotiques *déséquilibrées* par une contiguité trop marquée entre l'un des partenaires essentiels de l'interaction et le Spectateur. Tel n'est pas le cas pour les types, autrement similaires, où le Spectateur est un OUTSIDER.

Le type 5 et le type 8 sont paradoxaux. Nous pensons que, dans certaines des pièces de théâtre de Ionesco, la singularité du dialogue provient du fait que celui-ci entraîne en tant qu'Agent, Anti-Agent et Spectateur intérieur au texte des personnages qui ont ou s'attribuent la qualité d'OUTSIDER.

A ceci s'ajoute, dans le type 5, la possibilité d'un Spectateur INSIDER par rapport à un Agent et à un Anti-Agent OUTSIDERS.

A bien y penser, la position de Spectateur de l'anthropologue par rapport aux Agents, Anti-Agents et Spectateurs des interactions *sémiotiques objet* qu'il étudie est à ranger enter deux extrêmes représentés par les types 5, d'un côté, et 4 de l'autre.

La parole quotidienne, le discours traditionnel se déroulent souvent d'INSIDER à INSIDER.

L'écriture, l'enseignement d'une langue, d'un code sont des cas de méta-parole, méta-discours dans la mesure où elles débutent dans la formule INSIDER-OUTSIDER et tendent vers la formule INSIDER-INSIDER.

On peut dire qu'il y a *interaction sémiotique* seulement dans le cas INSIDER–INSIDER (au moins pour ce qui est de l'Agent et de l'Anti-Agent); qu'il y a *interaction méta-sémiotique* ou *interaction sémiotique manquée* dans les cas INSIDER–OUTSIDER; qu'il y a *pseudo-interaction sémiotique* dans les cas OUTSIDER–OUTSIDER.

L'énigme de la rythmique enfantine

Dans son étude intitulée "La rythmique enfantine. Notions liminaires"[1], Constantin Brailoiu définit un système rythmique autonome, ne se manifestant que "par le truchement de la parole" (p. 6) et ayant comme utilisateurs spontanés surtout les enfants.

Ce système comporte des séries composées de durées (syllabes) liées, le plus souvent, deux par deux. Les séries, ainsi que les couples ou triolets de syllabes qui les composent "prennent leur départ sur un 'frappé', qui, dans les langues germaniques, coïncide avec un accent du langage, les licences concernant la substitution de l'accent métrique à l'accent 'tonique' demeurant en vigueur dans les langues romanes" (p. 8). La durée globale des séries, "qui importe avant tout", est de quatre, six ou huit croches (la durée de la croche étant égale à celle de la syllabe brève normale). Egales ou inégales du point de vue de leur durée (*isochrones* ou *hétérochrones*), de constitution interne similaire ou différente (*isomorphes* ou *hétéromorphes*), les séries s'ordonnent dans des strophes rythmiques. Les séries peuvent être précédées par des anacrouses dont la durée est prélevée sur celle de la série, sauf pour le "début d'une pièce" où il est admis que l'anacrouse "ajoute une durée surnuméraire à la série initiale; à cet endroit, elle semble prise sur le silence antérieur" (p. 9).

Malgré le fait qu'il s'édifie sur la langue (qu'il ne se manifeste que dans des structures ayant une composante de parole), le système ci-dessus est attesté, sans modifications, dans une aire géographique très large, comprenant des langues tout à fait différentes:

---

[1] Cf. le tiré à part de l'article "Le rythme enfantin" publié dans *Les Colloques de Wégimont*, Paris & Bruxelles: Elsevier, pp. 5-37. Voir aussi Brailoiu (1973), pp. 265-299 et Brailoiu (1984), pp. 206-238.

110

Le plus surprenant, c'est que, malgré la diversité des langues, desquelles il ne se détache jamais, le rythme enfantin est répandu sur une surface considérable de la terre, de la Baie d'Hudson au Japon (dans l'état présent de nos connaissances). Les documents font voir qu'il demeure strictement identique à lui-même dans l'Europe entière (Espagne, Portugal, France, Iles britanniques, Pays-Bas, Flandre, Wallonie, Suisse française et alémanique, Italie, Allemagne, Autriche, Hongrie, Roumanie, Grèce, Yougoslavie, Russie, Norvège, Turquie) et de plus, à tout le moins, chez les Kabyles, les Touareg, les Noirs du Sénégal, du Dahomey et du Soudan, les indigènes de Formose.

Le fait paraît d'autant plus remarquable qu'à l'intérieur des constructions rythmiques enfantines, l'emplacement des accents est immuable (le hongrois s'appesantissant sur la première syllabe des mots, le turc sur la dernière, etc.) C'est dire que l'accommodement de chacune de ces langues à l'invariable schéma qu'elles épousent ne saurait être compris et défini que par quantité de linguistes experts; un seul homme ne saurait se mesurer à pareille tâche. (p.7)

Même si les linguistes parvenaient à décrire l'accommodement des langues les plus diverses à ce système, il y a deux questions qui "ne recevront peut-être jamais de réponse satisfaisante" conclut Constantin Brailoiu:

comment il se fait que toutes ces langues semblent l'avoir, en quelque sorte, *subi* et comment s'explique son aire de répartition immense (p. 37).

Dans ce qui suit, nous allons démontrer que la première question n'en est pas une, essayer de répondre à la deuxième question et récupérer pour la pragmatique linguistique le problème soulevé par Constantin Brailoiu.

La question *comment il se fait que des langues différentes ont subi le système rythmique enfantin* (nous marquerons celui-ci, dans ce qui suit par RE) n'en est pas une parce que sa présupposition (= *des langues différentes ont subi le RE*) est fausse.

Pour le démontrer, nous reprendrons trois des affirmations de C. Brailoiu, notamment:

(a) *Tous* les enfants de l'aire présentée sont, dans certaines situations, des utilisateurs actifs du RE; ils scandent en parlant, ils récitent sur un seul ton, etc., conformément aux principes de celui-ci.

(b) Quoiqu'ayant abandonné RE dans leurs interactions linguistiques sérieuses[2] adulte — adulte, *tous* les adultes de l'aire présentée sont

---

[2] Et non pas métalinguistiques, ludiques, etc.

des utilisateurs en puissance du système rythmique enfantin. Non seulement ils ne sont pas surpris par les manifestations parlées du RE, mais ils peuvent produire des exemples de RE, si on le leur demande, dans des interactions métalinguistiques adulte — adulte, et ils peuvent recourir à RE dans les interactions ludiques adulte — enfant. Pour ce qui est du premier fait, C. Brailoiu l'affirme explicitement au sujet des adultes européens et l'implique (en n'en notant pas l'opposé) pour les autres:

> Il (= le rythme enfantin) vit, au surplus, dans notre subconscient d'Européens occidentaux, seul vestige d'un héritage millénaire: incapables de composer la moindre phrase mélodique de style populaire vrai, nous ne pourrions nous tromper s'il nous fallait improviser une période correcte en rythme enfantin. (p. 6)

(c) Tel n'est pas le cas pour les adultes par rapport au système mélodique populaire: ils n'en sont pas tous des utilisateurs actifs ou en puissance (voir la dernière partie de la citation en (b) ci-dessus).

Les points (a)-(c) nous conduisent à des conclusions différentes de celles de C. Brailoiu sous plusieurs aspects.

Si *tous* les enfants et *tous* les adultes d'une aire linguistique[3] sont des utilisateurs actifs respectivement en puissance du RE, si donc la diffusion du RE n'est pas limitée au milieu populaire (rural, traditionnel), si RE est également vivace dans des milieux citadins, intellectuels, modernes, si, par rapport au RE tous les individus normaux peuvent fonctionner en tant qu'agents spécialisés, il s'ensuit que le rapport pragmatique RE — utilisateur actif du RE est un rapport du type *langue — utilisateur actif d'une langue* et non pas un rapport du type *forme d'art — utilisateur actif d'une forme d'art* (où, comme l'auteur lui-même le souligne dans le fragment cité sous (b), le nombre des agents spécialisés est de beaucoup inférieur au nombre total des individus normaux du milieu traditionnel).

Le fait que le système rythmique enfantin ne se manifeste que dans la parole plaide dans le même sens.

Le système rythmique enfantin serait donc un système de la langue (un sous-système de la langue, si nous considérons la langue comme un système).

Disons plutôt, à ce moment, que RE n'est pas un système rythmique artistique *superposé* à une langue donnée, mais un système rythmique langagier, inclus dans la langue respective.

---

[3] Nous définissons une aire linguistique comme l'aire dans laquelle on utilise (les dialectes, les styles, les jargons manifestant) la même langue.

Cependant, C. Brailoiu se réfère à tous les utilisateurs, non pas d'une aire linguistique, mais d'une aire géographique qui inclut *un grand nombre d'aires linguistiques* génétiquement et typologiquement distantes l'une de l'autre.

Les utilisateurs des langues incluses dans l'aire géographique du RE ont recours à celui-ci plutôt dans la phase d'apprentissage de chacune de ces langues que dans la phase d'emploi ferme des langues respectives. RE est donc un sous-système, inclus dans des systèmes distincts, que tous les utilisateurs normaux (= adultes) de tous ces systèmes renvoient vers une zone marginale de leur compétence par rapport aux systèmes respectifs.

L'oubli partiel systématique du système rythmique enfantin dans l'aire linguistiquement hétérogène esquissée par C. Brailoiu ne peut s'expliquer que si RE est un sous-système général du langage, mis en action par l'enfant au cours de l'apprentissage de la langue au milieu des utilisateurs de laquelle il construit graduellement sa compétence linguistique.

Si tel est le cas, RE n'est pas *subi* par chacune des langues incluses dans l'aire géographique de celui-ci. Car "X subit Y" suppose: (a) que X est *distinct* de Y et (b) que X *existait antérieurement* à la rencontre avec, au choc qu'il subit de la part de Y. Tandis que le système rythmique enfantin (= Y) n'est pas distinct des et ultérieur aux systèmes linguistiques L_1, L_2, ... L_n (= X) mais sous-jacent par rapport à chacun d'entre eux. La présupposition de la première question de C. Brailoiu est fausse et la question se dissout.

On pourrait même dire que c'est le système rythmique enfantin qui subit l'imposition de la langue L_1 dans le point 1, de la langue L_2 dans le point 2, ... de la langue L_n dans le point *n*.

La tâche descriptive du linguiste ne consiste pas dans l'étude des transitions langue $L_1 > (L_1 + RE)$, langue $L_2 > (L_2 + RE)$, ... langue $L_n > (L_n + RE)$ mais plutôt dans l'étude des transitions $RE > L_1$, $RE > L_2$, ... $RE > L_n$.

Ce qu'on devrait expliquer serait donc: *comment il se fait que l'enfant arrive à dépasser RE dans son cheminement linguistique vers L_1, L_2, ... L_n?* Cette question est l'une des questions que peut se poser le linguiste désireux de répondre à la question générale: *comment il se fait que l'enfant arrive à dépasser, abandonner, reléguer dans la mémoire passive, etc., certains faits de langage dans sa progression linguistique irrésistible vers une langue donnée.*

La deuxième question: *comment s'explique l'immense aire de répartition du système rythmique enfantin* est moins dramatique si l'on accepte ce qui a été dit ci-dessus.

La définition implicite que sous-tend l'emploi du syntagme *fait de langage*, est la suivante: "un fait de langage est (logiquement, chronologiquement) le germe d'un fait de langue". Si un fait de langage a des aboutissants dans toutes les langues imaginables (passées ou présentes, connues ou signalées, etc.), nous parlons d'un fait de langage *universel*; si un fait de langage a des aboutissants dans un nombre *m* < *n* de langues (où *n* correspond au nombre total des langues connues), nous parlons d'un fait de langage *général*. Autrement dit, (a) le domaine d'un fait de langage dépasse nécessairement le domaine d'un fait de langue; (b) le domaine d'un fait de langage universel dépasse nécessairement le domaine d'un fait de langage général; (c) le domaine d'un fait de langage universel est nécessairement le domaine maximum envisagé par la linguistique.

Le fait que *l'aire caractéristique du système rythmique enfantin est plus grande* qu'une aire linguistique donnée est étayé par (a) ci-dessus. A examiner les exemples donnés par C. Brailoiu, on remarque le fait que, du point de vue de leur structure linguistique, ils peuvent être rangés sous les types (1)–(7) ci-dessous:

(1) des énoncés ou des syntagmes:

Main Ø/mor- te/frappe à la por- te (2 + 2 + 4).

Ah, Ø/j'ai per- du mon pa- ge (2 + 6).

Mon- te,/ mon- te//l'é- cha- let- te (2 + 2 + [4]).

Pleur', Ø/ pleur', Ø/ra- mo- neur Ø (2 + 2 + 4).

(Pa-) ter nos-/ ter, des/pomm's de terr' Ø (anacrouse suivie par 2 + 2 + 4).

Sa che- mi- se/ de Ve- ni- se (4 + 4).

All' mand/ bon- net blanc Ø (11 + 4).

(Un) I, un/ L, pé- ro-/ ni, pé- ro-/ nell Ø (anacrouse suivie par 2 + 2 + 2 + 2).

(2) des suites de mots ne composant pas des énoncés ou des syntagmes:

Un, Ø/ deux, Ø/ trois, Ø/ quat' Ø (2 + 2 + 2 + 2).

(3) des suites de mots et de fragments sonores (qui ne sont pas toujours des morphèmes) prélevés sur les mots respectifs:

Cou- cou- ri- *cou*, j'ai/ mal au *cou* Ø (4 + 4).

Ris, Ø/ *ris*, pe-/ tit' sou- *ris* Ø (2 + 2 + 4).

Fré- de- *ric*, Ø/ *ric*, Ø/ *ric* Ø (4 + 2 + 2).

roum. *A- la*,/ ba- *la*, /por- to- ca- *la* (2 + 2 + 4).

(4) un groupe de mots ou un mot unique répétés à plusieurs reprises:

(Qui)/ mon- te, qui/ mon- te, qui/ mon- te, qui/ mon- te (2 + 2 + 2 + 2).

(Mon) â- ne, mon/ â- ne

Vi- re,/ vi- re,/ vi- re,/ vi- re (2 + 2 + 2 + 2).

roum. U- na,/ u- na,/ u- na,/ u- na (2 + 2 + 2 + 2).

(5) des suites de mots et de *non-mots*. Nous entendons par non-mot une chaîne sonore pluri-syllabique qui est conforme à la structure morphophonologique de la langue dans les performances de laquelle on l'atteste, non repérée dans les dictionnaires, et dénuée de sens (globalement ou partiellement, aussi bien le mot en entier que les chaînes sonores dans lesquelles on pourrait le décomposer) pour l'utilisateur normal de la langue respective. Dans les exemples qui suivent nous avons souligné les non-mots:

Bou- /di, Bou- / det, veux-/ tu du/lait? (*Bou-*) *qui, Bou-/ quard*, veux-/ tu du lard?

roum. *Tin- di/ min- di*// lu- pi/ ţu- pi

(6) des suites de non-mots:

roum. Ec- ta,/pec- ta,//tu- chel me Ø (2 + 2 + [4]).

roum. E- di- ţi,/ pe- di- ţi// ra- pi- ţi/ pa- pi- ţi ((2 + 2) + (2 + 2)).

roum. Cin- ga,/ lin- ga,// ro- to- ca,/ bo- to- ca ((2 + 2) + (2 + 2)).

roum. Cin- ca hi-/ rin- ca,// so- co- ta,/ bo- co- ta ((2 + 2) + (2 + 2)).

roum. E- ghe- ra,/ be- ghe- ra,// ţu- ţum- be Ø ((2 + 2) + [4]).

roum. A- er, / fa- er// hup, Ø/ tup Ø ((2 + 2) + (2 + 2)).

roum. Bi- gor,/ bi- gor,// bon-gos (2 + 2 + [II]).

(7) des suites de syllabes:

Flin, Ø/ flan Ø/ flon Ø (2 + 2 + II).

(Pata-) / pon, pa- ta-/ pon, pa-ta-/ pon Ø (2 + 2 + II).

roum. Lu- lu,/ lu- lu/ lu- lu// lea Ø (2 + 2 + 2 + [2]).

Remarquons qu'il n'est pas du tout sûr que *lupi* ou *ţupi* dans l'exemple roumain donné sous le type (5) aient—dans la pensée de l'utilisateur—quelque chose en commun avec les mots roumains *lup* "loup", *ţup* (interjection). Nous pouvons trouver aisément d'autres exemples du même type dans lesquels l'interprétation en tant que "mot pour l'utilisateur" ou "non-mot pour l'utilisateur" semble également possible:

roum. U- ni- li- ca,/ şu- ti- li- ca (4 + 4).

roum. In- ti/ min- ti/ tin- ti// var (2 + 2 + 2 + [2]).

De même, dans les exemples donnés pour le type (6), il n'est pas toujours clair s'il s'agit de non-mots ou bien de mots dans des versions phonétiques propres à l'enfant (au groupe d'enfants) utilisateur. Ainsi, par exemple, *rapiţi, papiţi, socota* pourraient suggérer au lecteur des rapprochements avec les mots roumains *rapiţă, papă (păpiţă)*, *socoti (socoată)* respectivement.

Les types (1)–(7) nous semblent manifester certaines des hypothèses linguistiques opérées par l'enfant qui acquiert progressivement la capacité de construire des chaînes parlées de plus en plus complexes, voire des textes, dans sa langue maternelle.

Exprimées dans un métalangage linguistique, ces hypothèses — qui gardent pour l'enfant un caractère implicite — auraient la forme suivante:

(H1) Les chaînes parlées des adultes sont obtenues par la répétition d'une syllabe donnée;

(H2) Les chaînes parlées des adultes sont des chaînes de syllabes.

(H3) Les chaînes parlées des adultes sont obtenues par la répétition d'une structure pluri-syllabique fixe.

(H4) Les chaînes parlées des adultes sont des chaînes de structures pluri-syllabiques fixes.

Ces hypothèses ne sont pas vécues par l'enfant dans un ordre strict. Leurs applications se recoupent, l'enfant produisant des chaînes sonores tantôt à partir d'une syllabe, tantôt à partir de plusieurs syllabes (qui, à leur tour, sont tantôt prononcées isolément, tantôt regroupées sous un accent unique).

Au fur et à mesure que l'enfant perçoit, dans les chaînes parlées des adultes, l'existence du mot, des mots rompront, accidentellement au début, puis de plus en plus souvent, les chaînes pluri-syllabiques jusqu'au moment où l'enfant commence à appliquer l'hypothèse:

(H5) Les chaînes parlées des adultes sont des combinaisons de mots pris au hasard.

D'ici à l'hypothèse:

(H6) Les chaînes parlées des adultes sont des combinaisons de mots qui respectent des règles strictes et, finalement:

(H7) Les chaînes parlées des adultes sont des combinaisons de mots qui respectent des règles laxes.

il y aura encore, pour l'enfant, plusieurs étapes à franchir.

Les hypothèses (H1)-(H4) sont des hypothèses se reliant à la découverte de la syllabe; les hypothèses (H5)-(H7) sont des hypothèses se reliant à la découverte du mot.

Si nous rapportons les types (1)-(7) aux hypothèses (H1)-(H7) et si nous marquons le fait qu'un type X semble évoquer l'hypothèse Y par "X < Y", nous aurons: (1) < (H7); (2) < (H5); (3) < (H3) ou (H4); (4) < (H3); (5) < (H3); (6) < (H3); (7) < (H2).

La plupart des types sous lesquels se rangent les exemples données par C. Brailoiu évoquent donc des hypothèses syllabiques concernant la chaîne parlée.

Ceci est de nature à suggérer que le rythme enfantin pratiqué par des enfants qui ont dépassé l'âge auquel on opère avec les hypothèses (H1)–(H7) est un *jeu linguistique* ayant trait au langage humain en général et à leur langue maternelle en particulier, qui conserve le souvenir de la découverte de la syllabe; que le rythme enfantin manifeste un *jeu locutoire de syllabation*.

Et nous pourrions ainsi, revenant à la deuxième question de C. Brailoiu, répondre: l'aire caractéristique de la rythmique enfantine en tant que jeu de syllabation est *immense* parce que la syllabe et la syllabation sont des faits de langue universels.

Des recherches *ad-hoc* pourraient même accroître l'aire du rythme enfantin.

Ce que le linguiste devrait plutôt expliquer c'est *pourquoi, dans une aire linguistique donnée, le rythme enfantin n'est pas attesté.*

Les hypothèses (H1)–(H7) proposées ci-dessus peuvent appartenir non seulement à l'enfant par rapport aux chaînes parlées des adultes, mais aussi au sujet parlant non sophistiqué par rapport à la création des textes versifiés.

D'autre part, le rythme enfantin apparaît non seulement dans la parole sérieuse des enfants ou dans la parole non-sérieuse des adultes s'adressant à des enfants. C. Brailoiu mentionnait, à côté d'une berceuse "imitative" recueillie chez les Weddas de Ceylan, un chant de travail indien du Brésil, ainsi que des pièces narratives rituelles et magiques "qui ne concernent, en aucune mesure, les enfants" (p. 6) mait font usage du RE.

On rencontre également ce rythme, pour ce qui est du roumain, dans les milieux populaires, lorsqu'on demande à l'informateur de réciter, dicter un texte lyrique ou épique versifié qu'il a appris en chantant.

Ce que C. Brailoiu a nommé rythmique enfantine serait donc un système rythmique primitif universel dont la définition pragmatique (utilisateurs, contextes d'emploi, etc.) doit et peut être approfondie car il ne se limite pas aux enfants en tant qu'agents linguistiques et à leurs formulettes en tant que manifestations verbales.

La lettre de Marie

Breb

Cu cuvîntu cel frumos laudesăi isus
cristos Pe o crenguţă de malin tot-de
auna în Veci amin dute carte cat de
iute la sora Sate sărute căsi ieu team
sărutat cand in Poştă team băgat
dute carte prin trifoi şi Iară vină înă-
poi cu răspuns de pela voi Hei tu
dragă păsărea ieatu asta cărticea şi
O du la sora mea şi o pune pe
fereastă iea Frumos săo citească
lacrămile săi pornească Pe cum mia
pornit şi mie cand am început Ascrie
hei tu soră draga mea de cand de
Acasăi plecat casa pustie arămas pe
mime Naud horind nici glasuri legă-
nand vei şti Dragă soră ană căci 2
flori sunt cu pupi Ceie din gră dinuţă
de la todoră din crăceşti Şi una din
lădiţă ceie din grădinuţă văa Fi roşie
ceie din lădiţă nuştiu cum a fi ţi Voi
scrie după cea în flori şi a venit mărie
Lui o nisim de la bucureşti şi mia
Dat 4 bătiste şi un bot mare de fitău
in toată forma şi un ghemuţi de bun-
bac şi Violile sunt toate in florite şi
abe nu avem Nici una numai albas-
tre şi am 20 de sire De maieran şi la

Breb

Avec la belle parole que Jésus Christ
soit loué sur une brindille de merisier toujours à tout jamais amen va-
t'en lettre au plus vite chez ma soeur
qu'elle t'embrasse car je t'ai embrassée aussi lorsque je t'ai mise à la poste
va-t'en lettre à travers le trèfle et
reviens de nouveau avec une réponse
de chez vous hé toi cher oiselet
prends cette petite lettre et porte-la
à ma soeur et pose-la sur la fenêtre
qu'elle la lise gentiment que ses larmes commencent à couler comme les
miennes ont commencé à couler lorsque je me suis mise à écrire hé toi ma
soeur ma chérie depuis que tu t'en es
allée de chez nous la maison est restée déserte je n'entends personne
chanter ni bercer des mélodies tu
sauras ma chère soeur Anne que 2
fleurs ont des boutons celle du jardin de Todora de Cracesti et une
dans le petit baquet celle du jardin
sera rouge celle du petit baquet je ne
sais pas comment elle sera je te l'écrirai lorsqu'elle aura fleuri et la Marie
à Onisim est venue de Bucarest et

noi prunile cele albuţa sunt coapte cate una doauă şi să ştii Că după afine am fost pela camnic căpe Gutăi încă nusunt coapte frunză verde de Sănsiu măa pucai şi eu să scriu carte în Patru cornurele scrisă cu drag şi cu jele În to sară păn sărat mare dor mo apucat Mare jele macuprins şi mam apucat de Scris eu team scris carte la nor sora tea citi cu dor eu team scris carte la stele Sora tea citi cu jele şi ţam scriso tot plang Gand şila tine tot gndind canepa este Cum îţi place ţie sup ţire la pai aşa cum Nam avut de mult alte cele nam ce scrie Numai dor şi bucurie şi înapoi carte săm Vie îţi trimit soră prin carte voie bună Sănătate caci de tine sunt de partea

cum pără măr gle de barşon dei afla

Vişovan Mărie.

elle m'a donné 4 mouchoirs et un gros écheveau de coton à broder véritable et une pelote de coton et les violettes sont toutes en fleurs et de blanches on n'en a aucune seulement des bleues et j'ai 20 brins de marjolaine et chez nous les prunes les claires mûrissent l'une après l'autre et apprends que je suis allée à Cavnic cueillir des myrtilles car sur le Gutin elles ne sont pas encore mûres verte feuille d'oeillet je me suis mise à écrire moi aussi une lettre à quatre angles écrite avec tendresse et avec tristesse un soir à la tombée de la nuit une grande nostalgie m'a saisie une grande tristesse m'a envahie et je me suis mise à écrire je t'ai écrite lettre au nuage ma soeur te lira avec langueur je t'ai écrite lettre aux étoiles ma soeur te lira avec tristesse et je te l'ai écrite pleurant sans cesse et pensant à toi sans arrêt le chanvre est comme tu l'aimes fin de tige tel qu'on n'en a pas eu depuis longtemps autre chose n'ai à écrire que nostalgie et bonheur et que lettre en retour me vienne je t'envoie soeur par lettre bonheur santé car de toi je suis éloıgnée

achète des perles pour collier brodé si tu en trouves

Visovan Marie.

Nous avons trouvé la lettre ci-dessus en 1971 dans le village de Breb (situé dans le Maramures historique, au nord-ouest de la Roumanie) chez Anne Bud, née Visovan. Agée de 43 ans au moment de l'enquête, Anne conservait plus de 100 lettres similaires.

La lettre, non datée, a été écrite vers 1950 par la soeur de Anne, Marie Visovan, qui est morte depuis. La destinataire en était Anne, qui avait quitté temporairement Breb pour aller travailler durant les mois d'été quelque part dans le Banat, au sud-ouest du pays. A cette époque les deux soeurs étaient des jeunes filles à marier. Elles avaient suivi l'école primaire. Breb était, il l'est encore, un village traditionnel. Ecrite à l'encre des deux côtés d'un feuillet à carreaux, la lettre contient au recto 25 lignes courant d'une marge à l'autre du papier. Suivent, au verso, 15 lignes écrites de la même manière et un motif géométrique (losanges et triangles) de la largeur de 11 carreaux. A l'exception des lignes 21 et 25, tous les mots en début de ligne sont orthographiés avec majuscule. Influencée probablement par la mise en page des vers, la mise en page d'une lettre implique donc, dans la graphie de notre épistolière, l'attaque avec majuscule de chaque nouvelle ligne. Sur le motif géométrique Marie a superposé 2 demi-lignes en postscriptum (qui en occupent la moitié gauche) et une signature complète (nom et prénom) qui en traverse perpendiculairement la moitié droite. Le motif fait partie du post-scriptum en tant que déterminant du nom *barşon* "collier brodé". C'est le modèle du collier que désire broder Marie. Il contient les informations nécessaires pour guider l'achat: quantité de perles (suggérée par le nombre de lignes du modèle), opposition de couleurs (suggérée par le rapport entre le nombre de carreaux noirs et le nombre de carreaux blancs du modèle).

C'est la conception de cette lettre, d'une lettre populaire, d'une lettre en général qui nous intéressera de façon immédiate. Sur un plan plus large, notre analyse vise cependant à illustrer la thèse: l'unité minimale optimum pour l'étude du texte est l'acte de langage.

Nous précisons le concept d'acte de langage à deux points de vue:

(1) nous distinguons entre acte de langage considéré et acte de langage accompli par le locuteur; et

(2) nous distinguons entre acte de langage (que nous appellerons aussi *acte linguistique*) et acte textuel.

Nous appelons *acte de langage considéré* tout acte dont les aspects essentiels (le partenaire visé, le contenu approximatif) sont déjà déterminés par le locuteur sans pour autant qu'il en ait entrepris la réalisation langagière concrète. Nous entendons par *contenu approximatif* d'un acte de langage le thème, l'objet de l'acte respectif. L'acte de langage considéré est un acte de langage *intérieur*.

Nous entendons par *acte de langage accompli* tout acte qui résulte en un produit sonore, graphique, visuel quelconque. D'un point de vue linguistique on peut dire que l'acte de langage accompli a comme *trace* un ensemble d'expressions qui en manifestent la *valeur* (la *force*) associé à un ensemble d'expressions qui en représentent le *contenu propositionnel*. Du point de vue de l'analyse littéraire, qui est celui que nous adoptons dans le présent ouvrage, on peut dire que tout acte de langage accompli correspond à un fragment textuel déterminable. L'acte de langage est un acte *extérieur*.

Dans le discours ordinaire, le locuteur a rarement l'occasion de devenir pleinement conscient de ses options pragmatiques discrètes avant de commencer à parler. Ceci se produit plutôt dans les situations de communication concertée (les congrès, colloques, débats sur un thème donné d'avance) et dans celles qui s'accompagnent de tension, d'incompréhension de la part du destinataire ou de risques. D'habitude le locuteur opère ses choix pragmatiques au moment même où il parle, ce qui revient à dire que, dans son cas, et de son point de vue, l'acte de langage considéré ne saurait être détaché de l'acte de langage accompli. Il est vrai cependant que, dans l'interaction parlée avec un seul partenaire il y a au moins une décision pragmatique qui est explicitée dès le tout début: c'est le fait que le partenaire unique est le destinataire de droit et de fait du dire. De sorte qu'on pourrait affirmer que le caractère émergent, négocié de l'interaction conversationnelle ordinaire à deux partenaires est dû surtout au fait que l'objet, les thèmes des actes de langage n'étant pas donnés d'avance, les sujets parlants ont à rester sur le qui-vive et à ajuster en permanence ce qu'ils disent aux thèmes abordés ou abordables dans les limites changeantes de la situation de communication, autrement dit, qu'en conversant, ils *considèrent* et *reconsidèrent* tour à tour des actes de langage dont certains seulement aboutiront à l'accomplissement.

La communication épistolaire est une *communication concertée*. De par l'absence du destinataire, l'auteur de la lettre est toujours plus ou moins forcé de définir à l'avance et de manière solitaire les thèmes des actes de langage qu'il se propose d'accomplir. C'est la raison pour laquelle nous pensons qu'un ensemble flou d'actes considérés précède ou entoure de son halo protecteur la lettre qui s'ébauche. Il est non moins vrai cependant qu'au fur et à mesure que la lettre cristallise, la conversation intérieure entre la voix propre à l'auteur et la voix qui, dans sa pensée, reprend, mime et devance la voix du destinataire se fortifie, tant et si bien que les actes de langage considérés en viennent à être quasi-négociés avec son partenaire fantomatique, en tout cas déviés, voire même remplacés, et ne sauraient se retrouver tels quels parmi les actes de langage accomplis que la lettre achevée exhibe.

Nous spécifierons un acte de langage considéré de la manière suivante:

a X, Y: c.

Dans cette notation,

a = la force illocutoire de l'acte respectif;
X = l'émetteur, l'auteur de l'acte;
Y = le récepteur visé, l'adressé, le destinataire de l'acte et
c = le contenu provisoire, le thème de l'acte en question.

Nous spécifierons un acte de langage accompli en donnant la traduction française des énoncés qui le manifestent ou en reproduisant les signes non-linguistiques qui en sont la trace. Comme la lettre contient beaucoup de passages versifiés, nous ajouterons, pour les fragments en vers, les mots roumains en rime. Ainsi qu'on peut le déduire de ce qui a été dit auparavant, les mots en rime n'apparaissent pas nécessairement à la fin des lignes. Ils peuvent tout aussi bien figurer au début ou au milieu de celles-ci, car Marie utilise une notation "sauvage", dans laquelle la ligne débutant immanquablement par une majuscule et le vers (qui est, chez elle, un phénomène purement phonique, sans manifestation graphique imaginable) ne se superposent jamais.

La lecture d'un texte peut consister à découper celui-ci en fragments textuels témoignant chacun d'un acte de langage distinct, à déchiffrer, dans le texte, les actes de langage qui le fondent. Une fois accomplie cette opération, on peut cependant adopter deux approches assez différentes. La première consisterait à examiner, en partant des actes de langage considérés qu'on a su retrouver en amont du texte, l'ensemble des actes, l'inventaire, les paradigmes actionnels que l'auteur du texte a mis en oeuvre pour l'obtention de celui-ci. La deuxième consisterait à examiner, en partant des fragments textuels qu'on a isolés, la manière dont ils ont été mis en succession, assemblés, fondus dans un écrit plus ou moins cohérent. La première approche aboutיrait à un *vocabulaire* des actes de langage considérés par l'auteur. La deuxième consisterait en une *syntaxe à deux niveaux* de l'agencement textuel opéré par l'auteur: à partir des actes de langage et des paradigmes actionnels considérés et/ou à partir des fragments qui correspondent aux actes de langage accomplis.

Nous appelons *acte textuel* tout acte de langage qui situe la relation communicative locuteur—allocutaire sous la dominance d'un code textuel préétabli. Dans le cas qui nous occupe, il s'agit des actes épistolaires que Marie perçoit comme allant de soi pour toute lettre bien écrite. On pourrait même dire qu'à Breb, où l'écriture et l'ornementation des lettres sont beaucoup pratiquées, il y a toute une typologie épistolaire et que les normes pragmatiques intériorisées par les membres du groupe opposent nettement la lettre pour soeur, frère, ami appartenant au même groupe d'âge à la lettre pour parents ou personnes plus âgées et à la lettre d'amour. Ce qui revient à affirmer qu'il y a, à Breb, trois ensembles plus ou moins discrets d'actes textuels épistolaires.

Tout comme pour les actes de langage, nous distinguerons entre actes textuels considérés et accomplis. Les principes de notation auxquels nous aurons recours dans leur cas sont les mêmes que ceux que nous avons présentés ci-dessus en parlant des actes de langage considérés ou accomplis.

D'un point de vue pragmatique, l'écriture d'une lettre suppose l'harmonisation, dans un produit final unique, de deux types de structuration que nous appellerons *mise en message* et *mise en lettre*.

La mise en message comprend les opérations suivantes:

a. le choix du partenaire visé et

b. le choix, parmi la multitude d'actes de langage considérés caractérisant l' "état d'âme" de l'auteur au moment de la conception de la lettre, de ceux qui sont relatifs à ou pertinents pour le destinataire.

Les opérations qui définissent la mise en lettre sont les suivantes:

a. le choix d'un code textuel et l'appréhension consciente de la stratégie discursive qu'il suppose et

b. le choix, parmi les actes textuels dont la prise de conscience définit la culture de l'auteur, des actes textuels qui sont indiqués dans les circonstances respectives.

Dans le cas de la lettre que nous examinons, Marie a choisi Anne en tant que destinataire et a mobilisé dans sa mémoire les normes qui soustendent toute performance épistolaire heureuse du type lettre pour soeur dans la communauté de Breb.

Pour dégager les actes de langage et les actes textuels, nous avons effectué *l'analyse pragmatique* du texte ci-dessus, c'est-à-dire nous l'avons découpé en fragments (signes, mots, énoncés ou groupes d'énoncés) pouvant être mis en correspondance avec des actes distincts. Nous avons ensuite regroupé sous des paradigmes pragmatiques les actes de langage qui manifestent en tant que *tokens* le même *type* actionnel, même si les fragments textuels qui les prennent en charge sont discontinus.

A la suite de ces opérations, nous pouvons dire que les actes de langage que Marie a considérés et menés à bien dans sa lettre sont les suivants:

- AL_1^1 (déclaration Marie, Anne: solitude) "hé toi ma soeur ma chérie depuis que tu t'en es allée de chez nous la maison est restée déserte je n'entends personne chanter ni bercer des mélodies" (...plecat/ ...aramas/ ...horind/ ...leganand);

- AL_1^2 (déclaration Marie, Anne: pleurs) "et je te l'ai écrite pleurant sans cesse et pensant à toi sans arrêt" (...plang Gand/ ...gndind);

- AL_2^1 (renseignement Marie, Anne: les deux fleurs) "tu sauras ma chère soeur Anne que 2 fleurs ont des boutons celle du jardin de Todora de Cracesti et une dans le petit baquel celle du jardin sera rouge celle du petit baquet je ne sais pas comment elle sera je te l'écrirai lorsqu'elle aura fleuri";

- AL_2^2 (reseignement Marie, Anne: la Marie à Onisim) "et la Marie à Onisim est venue de Bucarest et elle m'a donné 4 mouchoirs et un gros écheveau à broder véritable et une pelote de coton";

- AL_2^3 (renseignement Marie, Anne: les violettes) "et les violettes sont toutes en fleurs et de blanches on n'en a aucune seulement des bleues";

- AL_2^4 (renseignement Marie, Anne: les marjolaines) "et j'ai 20 brins de marjolaine";

- AL_2^5 (renseignement Marie, Anne: les prunes) "et chez nous les prunes les claires mûrissent l'une après l'autre";

- AL_2^6 (renseignement Marie, Anne: les myrtilles) "et apprends que je suis allée à Cavnic cueillir des myrtilles car sur le Gutin elles ne sont pas encore mûres";

- AL_2^7 (renseignement Marie, Anne: le chanvre) "le chanvre est comme tu l'aimes fin de tige tel qu'on n'en a pas eu depuis longtemps";

- AL_3 (demande Marie, Anne: achat de perles) "achète des perles pour collier brodé si tu en trouves" (à ceci s'ajoute le schéma du motif à broder).

Comme on peut le voir, Marie a construit son message à partir de trois types d'actes de langage: la déclaration, le renseignement et la demande qui correspondent à un ensemble de 10 *tokens* distincts. L'acte de langage le mieux représenté (7 *tokens*) est celui de fournir des renseignements. La lettre de Marie se veut avant tout informative. Il est intéressant de constater que, mis à part A_2^2, toutes les autres informations que donne Marie sont des informations visant le monde végétal et, par lui, certaines occupations exclusivement féminines à Breb, telles la culture des fleurs ou du chanvre et la cueillette des myrtilles. A_2^2 se réfère lui aussi à une activité typiquement féminine, celle de broder.

Le deuxième dans l'ordre décroissant du nombre d'unités textuelles qui le manifestent se trouve être l'acte de déclaration. Il y a deux actes de déclaration dans la lettre de Marie et tous les deux sont exprimés par des fragments en vers. Remarquons que les deux déclarations sont les seuls fragments en vers dans l'ensemble des expressions qui correspondent aux actes de langage mis en oeuvre par Marie. L'épistolière a puisé, pour se confesser, aux ressources du chant lyrique local.

Le troisième type d'acte de langage, la demande, apparaît en position post-finale. Il rouvre une dernière fois la communication avant la clôture définitive de la lettre opérée par le biais de la signature et du point final.

Les renseignements et la demande contribuent à configurer l'opposition entre le lieu d'où écrit Marie et le reste du monde, voire le lieu où vit Anne. C'est, en essence, l'opposition naturel/artisanal. Breb est pour Marie le lieu des fleurs, des violettes bleues, des brins de marjolaine avarement comptés, des myrtilles et du chanvre mais aussi, et malgré cette abondance, le lieu du manque: on n'y dispose pas de coton à broder véritable (que l'on fait venir de Bucarest) ou de perles pour collier brodé (qu'Anne saura peut-être trouver dans l'ailleurs mythique où elle s'est installée).

Tous les actes de langage ont les mêmes partenaires: Marie (en tant qu'auteur) et Anne (en tant que destinataire). Tous sont des actes de langage *directs*.

Les actes textuels épistolaires que Marie a combinés avec les actes de langage ci-dessus sont les suivants:

– AT_1 (salutation X, Y: formules plus ou moins fixes); nous avons marqué par X et Y l'auteur et le destinataire indéfini) "Avec la belle parole que Jésus Christ soit loué sur une brindille de merisier toujours à tout jamais amen" (...frumos/ ...cristos/ ...malin/ ...amin);

– AT_2^1 (exhortation Marie*, lettre: voyage) "va-t'en lettre au plus vite chez ma soeur qu'elle t'embrasse car je t'ai embrassée aussi lorsque je t'ai mise à la poste va-t'en lettre à travers le trèfle et reviens de nouveau avec une réponse de chez vous" (dute ...iute/ ...sarute/ ...sarutat/ ...bagat/ ...trifoi/ ...inapoi/ ...voi); nous avons marqué par Marie* le masque discursif, conventionnel, de Marie en tant qu'auteur de la lettre;

– AT_2^2 (exhortation Marie, oiselet: transport de la lettre) "hé toi cher oiselet prends cette petite lettre et porte-la à ma soeur et pose-la sur la fenêtre" (...pasarea/ ...carticea/ ...sora mea/ ...fereasta);

– AT_2^3 (exhortation Marie, oiselet – Anne*: lecture de la lettre) "qu'elle la lise gentiment que ses larmes commencent à couler comme les miennes ont commencé à couler lorsque je me suis mise à écrire" (...citeasca/ ...porneasca/ ...si mie/ ...Ascrie); nous avons marqué par oiselet – Anne* le fait que l'oiselet est le destinataire relatif, médiateur et que c'est l'hypostase conventionnelle de Anne récepteur qui est, en fait, le destinataire de l'exhortation;

– AT_3^1 (avertissement Marie*, Y: début de lettre) "verte feuille d'oeillet je me suis mise à écrire moi aussi une lettre à quatre angles écrite avec tendresse et avec tristesse un soir à la tombée de la nuit une grande langueur m'a saisie une grande tristesse m'a envahie et je me suis mise à écrire" (...Sansiu/ ...sa scriu/ ...cornurele/ ...jele/ ...pan sarat/ ...apucat/ ...macuprins/ ...Scris);

– AT_3^2 (avertissement Marie*, Y: avant-fin de lettre) "autre chose n'ai à écrire que langueur et bonheur et que lettre en retour me vienne" (...scrie/ ...bucurie/ ...vie);

– AT_3^3 (avertissement Marie*, Y: fin de lettre); il s'agit d'un point final mis après la signature. C'est le seul signe de ponctuation utilisé par Marie dans l'ensemble de la lettre;

– AT_4 (récapitulation Marie*, lettre: conditions de l'envoi et de la réception de la lettre) "je t'ai écrite lettre au nuage ma soeur te lira avec nostalgie je t'ai écrite lettre aux étoiles ma soeur te lira avec tristesse" (...nor/ ...dor/ ...stele/ ...jele);

– AT_5 (souhait Marie*, Anne*: bonheur santé) "je t'envoie soeur par lettre bonheur santé car de toi je suis éloignée" (...carte/ ...Sanatate/ ...de partea);

– AT_6 (signature Marie, Y: nom et prénom) "Visovan Marie".

Comme on peut le voir, Marie a eu recours à 6 types d'actes textuels qui totalisent, tout comme les actes de langage, 10 occurrences distinctes. Ceci donne un texte dans lequel la moitié est représentée par le message proprement dit (par la communication) alors que l'autre moitié ne fait autre chose que le coder, le présenter comme lettre.

Il est intéressant de remarquer que les partenaires des actes de langage (Marie et Anne) ne coïncident pas avec ceux des actes textuels (Marie*, Anne*, X, Y, l'oiselet, la lettre). Cependant, AT_2 et AT_4 qui ont comme adressés respectifs l'oiselet et la lettre, pourraient être interprétés comme traces épistolaires d'un acte de langage sous-entendu par le biais duquel Marie demande une attention soutenue de la part de Anne. On pourrait le noter de la façon suivante: AI* (exhortation Marie, Anne: réception intense de la lettre).

A l'exception de AL_1^1, qui est quasi-versifié et de AL_1^2, qui est en vers, les fragments qui correspondent aux actes de langage sont en prose et s'opposent comme tels aux fragments qui manifestent les actes épistolaires et qui sont toujours en vers. Ceci est dû au fait que les premiers sont "produits" par Marie, tandis que les derniers sont "reproduits" ou tout au plus adaptés, remaniés par elle.

A la date de notre enquête, les jeunes filles et les jeunes hommes de Breb possédaient encore des cahiers de formulettes épistolaires en vers. Pour "composer" une belle lettre on fait couramment des emprunts aux chansons lyriques locales de langueur, de solitude ou d'amour et on y agglutine des formules toutes prêtes colportées par les cahiers. Il semble que le chant populaire plus ancien alimente surtout la composante communicative de la lettre (aux points difficiles que sont la déclaration des sentiments superlatifs qu'on nourrit pour le destinataire) alors que, à côté de celui-ci, les formulettes modernes, qu'on appelle *amintiri* "souvenirs" et qui circulent surtout parmi les écoliers, aussi bien dans les villages que dans les villes, renforcent plutôt sa composante stratégique, méta-épistolaire. Ce qui est propre à Marie c'est le fait qu'elle ait choisi des formules appartenant au seul style traditionnel, en s'abstenant de faire appel aux "souvenirs" et, surtout, le fait qu'elle n'a pas composé sa lettre exclusivement d'emprunts.

A la différence de tous les autres actes linguistiques et textuels, AT_1 correspond à un *échange* de formules. L'expression qui le manifeste englobe, à côté de la salutation initiale ("Avec la belle parole que Jésus Christ soit loué") la réaction d'un interlocuteur indéfini à celle-ci ("sur une brindille de merisier toujours à tout jamais amen"). La situation est même plus compliquée si nous remarquons que l'expression qui correspond à la salutation initiale peut être à son tour décomposée en formule textuelle initiale ("Avec la belle parole") suivie par une formule de salutation conversationnelle initiale employée couramment à Breb ("que Jésus Christ soit loué"). De même, l'expression qui correspond à la salutation induite se laisse décomposer à son tour en une formule textuelle initiale ("sur une brindille de merisier" — ce type de formules, dans lesquelles le groupe nominal n'est d'habitude pas précédé par une préposition, représente la formule d'attaque caractéristique au vers populaire roumain chanté) suivie par une formule de réaction à la salutation conversationnelle initiale, employée couramment à Breb ("toujours à tout jamais amen"). On a donc accord entre deux partenaires indéfinis X et Y dans le cadre de deux types de communication déterminés: la communication extraordinaire (textuelle, littéraire, artistique, épistolaire) et la communication ordinaire, courante. Nous représenterons cette situation par la figure 1.

locuteur	allocutaire	communication extraordinaire	communication ordinaire
X	Y	-- Avec la belle parole	-- que Jésus Christ soit loué
Y	X	-- sur une brindille de merisier	-- bonjour à tout jamais amen

Figure 1

Ce qui distingue cependant les deux échanges c'est que, dans le cas de l'échange textuel, les deux "interventions" sont, également, des interventions initiales (on répond à un texte par un autre texte) alors que, dans l'échange conversationnel, nous assistons à la mise en succession d'une intervention salutatoire initiale ("que Jésus Christ soit loué") et d'une intervention salutatoire induite qui représente la réaction, la réponse qu'on donne d'habitude à la première ("toujours à tout jamais amen"). Ainsi, le début de la lettre de Marie est emblématique. Il signale, et ceci à deux reprises, par deux échanges communicationnels situés à des niveaux sémiotiques différents, le fait que ce qui suit est partie prenante dans une structure dialogique double: dialogue ordinaire par la parole quotidienne et dialogue extraordinaire, par des textes épistolaires.

Si nous comparons le texte avec les unités textuelles dégagées ci-dessus, nous pouvons percevoir plus exactement la manière dont Marie a effectué l'assemblage de sa lettre. Nous avons représenté cet assemblage dans la figure 2.

La première colonne du tableau contient les 20 positions qui correspondent aux 20 unités (ou épisodes) dans lesquelles nous avons découpé la lettre. La deuxième colonne donne les coordonnées de l'acte de langage ou textuel fondateur. La troisième colonne indique la structure de l'acte respectif et, par ce, le sens, la valeur pragmatique de l'épisode qui lui correspond. La quatrième colonne permet de suivre l'oscillation textualité épistolaire conventionnelle — communication individualisée au niveau de la structure d'ensemble de la lettre. Nous

position	acte	structure de l'acte/de l'épisode	composante
1	AT_1^1	salutations X, Y : devise, emblème textuel	E
2	AT_2^1	exhortation Marie*, lettre : voyage	
3	AT_2^2	exhortation Marie*, oiselet : transport de la lettre	
4	AT_2^3	exhortation Marie*, oiselet -- Anne* : lecture de la lettre	
5	AL_1^1	déclaration Marie, Anne : solitude	C
6	AL_2^1	renseignement Marie, Anne : les deux fleurs	
7	AL_2^2	renseignement Marie, Anne : la Marie à Onisim	
8	AL_2^3	renseignement Marie, Anne : les violettes	
9	AL_2^4	renseignement Marie, Anne : les marjolaines	
10	AL_2^5	renseignement Marie, Anne : les prunes	
11	AL_2^6	renseignement Marie, Anne : les myrtilles	
12	AT_3^1	avertissement Marie*, Y : début de lettre	E
13	AT_4	récapitulation Marie*, lettre : conditions d'envoi et de réception	C
14	AL_1^2	déclaration Marie, Anne : pleurs	
15	AL_2^7	renseignement Marie, Anne : le chanvre	
16	AT_3^2	avertissement Marie*, Y : avant-fin de la lettre	E
17	AT_5	souhait Marie*, Anne* :bonheur santé	
18	AL_3	demande Marie, Anne : achat de perles	C
19	AT_6	signature Marie*, Y : nom et prénom	
20	AT_3^3	avertissement Marie*, Y : fin de la lettre	E

Figure 2

y avons marqué par E le résultat d'un acte épistolaire et par C le résultat d'un acte de langage.

En examinant la figure ci-dessus on s'aperçoit d'emblée que les unités textuelles qui correspondent aux actes épistolaires sont massées aux moments "difficiles" du début et de la fin de la lettre. Elles y occupent les positions 1-4 et 16-17, 19-20. En revanche, les unités textuelles fondées par des actes épistolaires n'occupent que deux positions médianes: les positions 12-13.

Nous avons discuté plus haut la valeur emblématique de AT_1, grâce auquel la lettre dans son entier est mise sous le signe d'un dialogue double, à la fois ordinaire et extraordinaire. AT_2^1, AT_2^2 et AT_2^3 exposent de plus près la logique du genre épistolaire. Marie prend le masque "auteur de lettre" et exhorte, tour à tour, la lettre à voyager diligemment et l'oiselet à la bien porter et à bien expliquer à une Anne de convention ce qui est requis de tout destinataire modèle d'une lettre. Une gestualité conventionnelle et quasi-mythique se développe petit à petit dans ce véritable "prologue épistolaire". L'écriture et la lecture de la lettre s'accompagnent de larmes abondantes versées silencieusement en toute loyauté. L'auteur de la lettre embrasse celle-ci avant de la remettre à la poste. Le récepteur aura à embrasser la lettre avant de la lire. La lettre fonctionne ainsi comme un substitut de la personne absente, elle permet de nier les distances en accomplissant les gestes de l'intimité heureuse. La missive chemine vaillamment à travers les champs de trèfle (couverts de rosée, dans d'autres lettres) et, en même temps, dans une sorte de cumul d'alternatives incompatibles qui est typique pour la poésie populaire, elle est transportée par l'oiselet médiateur qui doit la déposer exactement sur le rebord de la fenêtre du destinataire. Vu qu'il s'agit d'une lettre pour soeur, Marie n'a pas assumé les grands frais d'ornementation qui sont quasi-obligatoires dans le cas de la lettre d'amour. Dans le cadre somptueux offert par cette dernière tous les motifs que nous avons énumérés ont leur illustration rigoureusement codifiée.

La fin de la lettre est beaucoup plus abrupte. Une Marie de convention signale cependant au destinataire le tarissement de ses ressources communicatives, lui souhaite, comme faire se doit, bonheur et santé, récapitule sa langueur et son éloignement et proclame, dans la lettre qui s'écrit encore, l'attente impatiente de la réponse qu'elle se sait mériter. C'est, plus ou moins, le contenu des actes épistolaires "pleins" AT_3^2 et AT_5. Suivent la signature (AT_6) et le point final (AT_3^3).

Le lecteur pourra remarquer que Marie a utilisé la signature complète, non seulement sans les abréviations ou les diminutifs censés correspondre à la manière de signer une lettre pour soeur ou, en général, la lettre qu'on envoie à des proches parents, mais en spécifiant son nom de famille, ce qui est pour le moins inattendu dans le contexte respectif, vu que Anne portait le même nom et que, de son point de vue, la lettre était dûment "signée" par son contenu même. Cette absence des registres communicatifs peut être observée également à d'autres niveaux sémiotiques. La plupart des informateurs de Breb ne modifient pas spontanément leur discours ordinaire et ne renoncent pas à leur patois lorsqu'ils s'adressent au chercheur venu d'ailleurs et parlant la langue standard. Ils n'essaient pas et, souvent, ne se posent même pas la question de l'adaptation langagière à l'interlocuteur. Ceci est l'un des éléments caractéristiques pour ce que nous appelons une communauté linguistique traditionnelle. Marie accomplit le geste de signer ou de mettre un point final d'une manière intensément ritualisée. Ce sont pour elle des actes forts, à algorithme fixe, inébranlable, qu'on ne saurait infléchir sans manquer de respect au sérieux épistolaire.

Malgré son caractère plus brusque, la portion terminale de la lettre procède, elle aussi, par degrés successifs. On peut y déceler, en effet, une structure du type:

- postlude épistolaire: AT_3^2, AT_5;
- épilogue communicatif: le post-scriptum;
- fin absolue de la lettre: AT_6, AT_3^3.

L'épisode textuel le plus étrange est représenté cependant par l'apparition, au beau milieu de la lettre, de l'avertissement abstrait que Marie l'auteur adresse à tout lecteur possible de la missive, quant au fait que son activité d'épistolière ne fait que commencer. Que dire, en effet, lorsque, en position 12, Marie reprend une formule textuelle initiale emblématique du même type que celle que nous avions repérée dans AT_1 (c'est, ici, le "verte feuille d'oeillet") et recommence (positions 12–13), par ce qui peut apparaître au lecteur comme l'effet d'une amnésie plutôt bouleversante, à raconter la manière superlative dans laquelle elle a écrit sa lettre en ajoutant à l'ample protocole déjà présenté en position 2–4 le fait que la lettre s'écrit à la tombée de la nuit, sous les nuages et sous les étoiles (cumul d'alternatives incompatibles), que l'écriture s'accompagne et résulte à la fois (cumul d'alternatives) de la langueur et de la tristesse de son auteur, que la lecture de la lettre doit être accomplie par le récepteur en toute tristesse et langueur? Pourquoi est-ce que Marie sent le besoin de spécifier que sa lettre a quatre petits angles? Que dire aussi lorsque, après 8 épisodes communicatifs dans lesquels Marie s'est adressée à Anne en employant le pronom personnel ou le verbe à la deuxième personne du singulier ou la formule d'adresse "ma soeur, ma chérie", elle se prend brusquement à parler de celle-ci à la troisième personne en employant des formules du type "ma soeur te lira"?

Pour bien comprendre ce qui se passe, le lecteur a besoin d'une information que nous n'avons pas mise à sa disposition jusqu'ici. C'est le fait que, exactement à partir du début du fragment qui correspond à AT$_3^1$ Marie a tourné la page, en commençant à écrire sur le verso de son feuillet. Ceci, tout comme l'allusion aux "angles" du papier montre que le début qu'elle a en vue est, en quelque sorte, un "début interne", second, dû au fait qu'elle recommence à écrire en haut de page, et non pas un début absolu de lettre. A ceci s'ajoute le fait que, techniquement les lettres que s'envoient les jeunes gens de Breb sont de deux sortes: lettres en forme de cercle et lettres rectangulaires. Les lettres "circulaires" s'écrivent d'habitude dans des espaces aménagés par la division du cercle en secteurs que l'épistolièr(e) va numéroter et traiter comme s'il s'agissait de pages successives. Le lecteur peut en trouver un exemple dans la figure 3.

Les lettres rectangulaires s'écrivent, banalement, de haut en bas et de gauche à droite, comme celles que nous écrivons d'habitude. Festivement, et la lettre est souvent festive à Breb, la lettre s'écrit cependant en commençant par les quatres angles du papier qu'on remplit tout d'abord et en continuant, au milieu de la page, avec des formules versifiées dont le découpage en lignes plutôt courtes n'a pas beaucoup à voir avec les vers qui les composent.

Marie a donc actualisé dans sa lettre le motif épistolaire technique "début de page pour lettre rectangulaire" sans pour autant écrire la lettre "dans les quatre angles" comme elle l'aurait fait probablement dans le cas d'une missive amoureuse.

Les unités textuelles qui correspondent aux actes de langage proprement dits occupent les positions 5–11, 14–15 et 18. Elles sont donc plutôt massées dans la partie médiane de la lettre, avec les deux unités déclaratives lyriques (fondées par AL$_i^1$ et AL$_i^2$) encadrant, en position 5 respectivement 14, les 6 renseignements qui figurent en position 6–11. Le septième renseignement, concernant le chanvre, est le seul qui fasse suite à la déclaration de tristesse de Marie. Quant à la demande d'achat, elle appartient à la zone du post-scriptum.

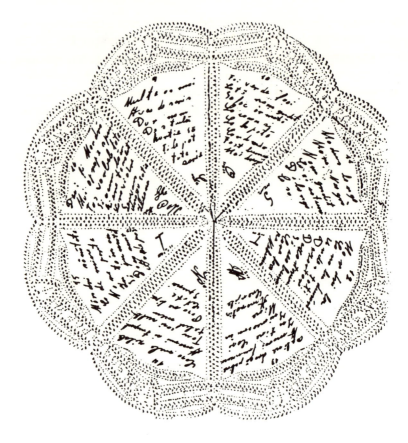

Figure 3

On peut donc résumer l'articulation d'ensemble de la lettre de Marie par la figure 4.

Les parties versifiées, que Marie mémorise et reproduit, aident à résoudre les moments textuellement hasardeux: initiation et terminaison de la lettre, confession lyrique. Elles assument aussi (c'est le cas des parties que sous-tendent les actes épistolaires AT_3^1 et AT_4, que nous n'avons pas incluses dans la figure ci-dessus) une fonction de remplissage au moment où le flux épistolaire tarit et une fonction esthétique d'embellissement de la missive. La partie centrale non-versifiée, essentielle dans la lettre que nous venons d'étudier car elle l'individualise, lui imprimant le cachet de l'histoire conversationnelle unique des deux soeurs et constituant, par son contenu, comme une sorte de signature, profondément incorporée au sens du texte et visible uniquement du point de vue du destinataire Anne, est de celles qui tendent à disparaître dans la lettre d'amour.

composante	fonction	vers/prose	actes fondateurs	position
initiale	prologue épistolaire	vers	AT_1, AT_2^{1-3}	1 -- 4
transition	déclaration lyrique	vers	AL_1^1	5
centrale	renseignements	prose	AL_2^{1-6}	6 -- 11
transition	déclaration lyrique	vers	AL_1^2	14
finale	épilogue épistolaire	vers	AT_3^2, AT_5	16 -- 17

Figure 4

Les présentations

0. Le travail que voici se situe dans la lignée de Austin (1962) et Apostel (1972).

Il a comme but immédiat de définir la force illocutoire de présentation. Il a comme but plus large d'appréhender la valeur opérationnelle du concept de force illocutoire pour les études de pragmatique et de sémantique linguistique.

1.0. Apostel (1972) a montré d'une façon convaincante que, pour formaliser le concept austinien de force illocutoire, il faut faire appel à des opérateurs déontiques.

Si nous marquons par "L" l'accomplissement d'un acte locutoire, par "A" l'accomplissement d'un acte autre qu'un acte locutoire, par "→" l'implication et par "O" l'opérateur déontique "il est obligatoire que", nous pouvons articuler l'univers pragmatique austinien de la façon suivante:

"L→A" correspond à l'effet perlocutoire.
"O (L→A)" correspond à la force illocutoire.

Le conséquent de l'implication "L→A" correspond à l'accomplissement d'un acte perlocutoire.

Le conséquent de l'implication déontique "O (L→A)" correspond à l'accomplissement d'un acte illocutoire.

Ceci est de nature à préciser quelques faits et à en suggérer d'autres:

(1) La force illocutoire a, logiquement, la structure la plus complexe dans l'univers pragmatique austinien.

(2) La force illocutoire n'est pas une propriété des énoncés. Elle est une *obligation*, une *règle pragmatique*. Elle préside, en tant que règle, à la structuration pragmatique d'un énoncé (d'un discours), à l'engagement langagier d'un individu, etc. Lorsque Austin (1962) soulignait le caractère cérémoniel, rituel, institutionnel de l'acte illocutoire (qui est, chez lui, un acte *dans* une cérémonie, *dans* un rituel, *dans* une institution) il se rapprochait de ce point de vue: l'acte illocutoire est *un acte dans une règle.*

(3) En partant d'une expression comme "O (L→A)", on peut tirer profit, pour la définition de la force illocutoire, de certaines innovations intérieures à la logique déontique, comme par exemple, l'idée d'une *hiérarchie des obligations* proposée par Vieru (1974). L'auteur cité distingue entre des obligations primaires (de rang 1), des obligations dérivées de rang 2 (apparaissant à la suite de la transgression d'une obligation primaire),... des obligations dérivées de rang n (apparaissant à la suite de la transgression d'une obligation de rang $n - 1$). Vieru (1974) propose d'exprimer le rang de l'obligation par l'indexation de l'opérateur déontique O: O_1, O_2, ... O_n.

En introduisant cette notation dans la formule ci-dessus, on peut isoler les forces illocutoires primaires, telles par exemple les félicitations, les promesses, les présentations, que l'on peut marquer par "$O_1(L→A)$" des forces illocutoires dérivées, telles par exemple l'excuse et la définition[1] (que l'on peut représenter par "$O_n (L→A)$".

Méthodologiquement, il nous semble que la recherche portant sur les forces illocutoires en puissance dans une communauté linguistique devrait débuter par l'analyse des forces illocutoires primaires.

(4) Il y a d'autres questions théoriques, pas encore soulevées dans les recherches portant sur le concept de force illocutoire, que le cadre déontique peut suggérer au spécialiste. On pourrait définir, par exemple, le *style normatif d'une communauté linguistique* en fonction de sa préférence:

– pour un système *libéral* (avec un nombre réduit de forces illocutoires, ou *contraignant* (avec un grand nombre de forces illocutoires distinctes);

---

[1] L'obligation de définir apparaît lorsque le sujet parlant enfreint l'obligation (primaire) de respecter la législation linguistique en vigueur (c'est-à-dire lorsqu'il ne respecte pas l'acception consacrée des termes, les règles gouvernant leur syntaxe, etc.).

– pour un système à *tendance horizontale* (avec un grand nombre de forces illocutoires ayant le même rang et peu de rangs distincts) ou un système à *tendance verticale* (avec peu de forces illocutoires de même rang et beaucoup de rangs distincts);

– pour un système *réparateur, flexible* (avec peu de forces illocutoires primaires et beaucoup de forces illocutoires dérivées) ou *strict, rigide* (avec beaucoup de forces illocutoires primaires et peu de forces illocutoires dérivées), etc.

De telles caractérisations seraient utiles pour la linguistique contrastive, la typologie linguistique, l'ethnolinguistique, la sociolinguistique, la psycholinguistique, etc.

1.1. Partant de la représentation de la force illocutoire par "On (L→A)", nous allons spécifier progressivement les membres L et A.

Notons, auparavant, un point essentiel.

L'acte locutoire (L) est un *acte observationnel*. L'acte illocutoire (A) est un *acte théorique*. La spécification d'un acte observationnel se fait en termes d'*épisodes*. La spécification d'un acte théorique se fait en termes d'*agent responsable*, d'*objet initial*, d'*objet final*, etc.

1.1.0. Afin de spécifier les épisodes de L, nous allons recourir aux primitifs pragmatiques Acpt, Utt et Adr. Nous marquerons par X, Y, Z les personnes, par t, t_1, ... t_n, t_i, t_j les intervalles temporels (les moments), par a, b, c les expressions; nous marquerons par "~" la négation, par "&" la conjonction, par "∨" la disjonction.

Les primitifs pragmatiques ont été proposés, dans le contexte d'une théorie pragmatique générale, par Martin (1959).

1.1.1. L'expression de base utilisée par Martin pour Acpt est la suivante: "X Acpt a, t" (= la personne X accepte l'expression a au moment t).

Cette expression ne doit pas être comprise comme "X exprime son accord avec a au moment t". Martin (1959) écrit:

..to say that X accepts a sentence a means essentially that X expresses a certain positive attitude toward a. Under the circumstances described, he, X, consciously *takes a to be true or regards a as true* when a is presented to him in any appropriate way. (p. 11)

"X Acpt a, t" n'est pas équivalent à "X croit ce que a exprime (croit que a) au moment t". Si "X croit que a à t", alors "X Acpt a à t". La converse n'est pas valable: "X croit que a à t" est plus fort que "X Acpt a à t".

"X Acpt *a, t*" présuppose que X est disposé à baser certaines de ses actions sur *a* au moment *t*. Nous ajouterions: *sur a inter alia*.

Martin (1959) restreint l'emploi de l'expression "X Acpt *a, t*" par deux règles pragmatiques dont nous donnons ci-dessous une version simplifiée:

Prag R1. X Acpt *a, t* → Sent *a*

Prag R2. X Acpt *a, t* → (t₁) (Mom t₁ & t₂ P t) X Acpt *a* t₁

Prag R1 limite l'emploi d'Acpt aux cas où *a* est une phrase (angl. *sentence*). Elle met donc en relation un primitif pragmatique avec un primitif syntaxique.

Remarquons que, à notre point de vue — et nous nous séparons ici de Martin (1959) — Prag R1 ne requiert pas que *a* soit une phrase au niveau de la structure syntaxique superficielle. Dans le cas des salutations par exemple, *Bonjour* n'est pas une phrase au niveau de la structure syntaxique superficielle, mais correspond à une phrase du type JE VOUS SOUHAITE UNE BONNE JOURNÉE au niveau de la structure profonde. *Bonjour* peut donc être visé par *a* dans l'expression "X Acpt *a, t*".

Remarquons aussi que Prag R1 ne sera pas considérée dans ce qui suit comme requérant que *a* corresponde à une phrase énonciative seulement; *a* peut marquer aussi bien une phrase interrogative, exclamative, etc.

Prag R2 exprime le fait que, si X accepte *a* à *t*, alors X accepte *a* à chaque moment *t*ᵢ qui est une partie de *t*.

1.1.2. L'expression de base "X Utt *a, t*" (= la personne X produit au moment *t* des sons audibles ou d'autres occurrences phénoménales corélées d'une manière adéquate à l'expression *a*) est employée par Martin (1959) conformémént aux règles suivantes (dont nous donnerons, à nouveau, une version simplifiée):

Prag R3   X Utt *a, t* → Sent *a*

Prag R4   X Utt *a, t* & t₁ P t & ~(t P t₁) → ~(X Utt *a,* t₁)

Prag R5   X Utt *a, t* & *b* Seg *a* → (∃ t₁)t₁ P t & X Utt *b,* t₁

Prag R6   X Utt *a, t* & (∃ d)(∃ e)(∃ a')(a = d⏜b⏜e⏜c⏜a')
→ (∃ t₁)(∃ t₂)(t₁ B t₂ & t₁ P t & t₂ P t) X Utt *b,* t₁ & X Utt *c,* t₂

Prag R3 restreint la sphère de l'énonciation à l'énonciation de phrases (voir nos précisions à ce sujet sous 1.1.). Prag R4 asserte que, si X énonce *a* à *t*, alors X n'énonce *a* à aucune partie *t*₁ de *t*. Prag R5 asserte que, si X énonce *a* à *t* et si *b* est un segment de *a*, alors X énonce *b* à *t*₁, où *t*₁ est une partie de *t*. Prag R6 asserte que l'ordre syntaxique des segments contenus dans *a* et l'ordre temporel des énonciations coïncident (si X énonce *a* à *t* et si *a* contient les segments *b* et *c*, *b* apparaissant dans *a* à la gauche de *c*, alors il existe les temps t_1 et t_2, parties de *t*, tels que t_1 est clos avant t_2 et que X énonce *b* à t_1 et *c* à t_2).

1.1.3. Le primitif Adr, que nous introduisons, peut être utilisé dans une expression de base ayant la structure "X Adr Y, *a*, *t*" (= la personne X adresse à la personne Y l'expression *a* au moment *t*).

Nous dirons que la personne désignée par X a le rôle d'adressant; nous dirons que la personne désignée par Y a le rôle d'adressé.

Nous visons par le primitif Adr tous les moyens (gestes, regards, certaines formules d'adresse, certaines modifications que subit la structure superficielle de la phrase, etc.) par lesquels on adapte ou assortit une expression au statut, aux capacités langagières, à la personnalité, etc., de celui auquel elle est destinée.

Les règles gouvernant l'emploi de l'expression de base "X Adr Y, *a*, *t*" seront les suivantes:

Prag R7 X Adr Y, *a*, *t* → Sent *a*

Prag R8 X Adr Y, *a*, *t* → (X)(Y)X ≠ Y

Pour ce qui concerne Prag R7, nous renvoyons aux commentaires de 1.1.1. Prag R8 exclut de la sphère de Adr le monologue.

1.1.4. Nous distinguerons, dans ce qui suit, entre Acpt, Utt, Adr (= accepter, énoncer, adresser par initiative personnelle) et Acpt', Utt', Adr' (= être induit à accepter, à énoncer, à adresser en réponse à un événement linguistique ou extra-linguistique).

1.1.5. Nous définirons l'expression "X Prmg *a*, *t*" (= la personne X promulgue l'expression *a* au moment *t*) par:

X Acpt *a*, *t* & X Utt *a*, *t*.

La promulgation de *a* équivaut donc à l'acceptation et l'énonciation de *a* dans le même intervalle de temps par la même personne.

Nous définirons l'expression "X Prmg' *a*, *t*" (= X est induit à promulguer l'expression *a* au moment *t*) par la disjonction

(X Acpt' *a*, t_i & X Utt *a*, t_i) ∨ (X Acpt *a*, t_i & X Utt' *a*, t_i) ∨ (X Acpt' *a*, t_i & X Utt' *a*, t_i).

Il y a donc promulgation induite de *a* lorsque:

– on est induit à accepter *a* et on énonce *a* par initiative personnelle, ou

– on accepte *a* et on est induit à l'énoncer, ou

– on est induit à accepter *a* et on est induit à l'énoncer.

1.1.6. Conformément à 1.1.1–1.1.5, nous marquerons l'accomplissement d'un acte locutoire par la disjonction exclusive suivante:

($\exists$ X)($\exists$ Y)($\exists$ *a*)($\exists$ t_i)[X Prmg *a*, t_i & X Adr Y, *a*, t_i & Y Acpt' *a*, t_i) $\lor$ (X Prmg *a*, t_i & X Adr' Y, *a*, t_i & Y Acpt' *a* t_i) $\lor$ (X Prmg' *a*, t_i & X Adr Y, *a*, t_i & Y Acpt' *a*, t_i) $\lor$ (X Prmg' *a*, t_i & X Adr' Y, *a*, t_i & Y Acpt' *a*, t_i)

Remarquons que:

(1) Nous avons représenté ci-dessus l'accomplissement d'un *acte locutoire minimal*.

(2) Un acte locutoire minimal engage, conformément à Prag R8, au moins deux personnes. Il représente donc une *interaction*.

(3) L'expression "X Adr Y, *a*, *t*" permet de caractériser les deux personnes par leurs rôles respectifs d'*adressant* et d'*adressé*.

(4) L'accomplissement d'un acte locutoire minimum comporte trois épisodes (Prmg, Adr et Acpt') que relient entre eux plusieurs identités:

(a) l'identité de l'expression *a* dans les trois épisodes;

(b) l'identité de la personne qui promulgue l'expression respective et de l'adressant;

(c) l'identité de la personne induite à accepter l'expression en question et de celui qui en est l'adressé.

Les deux participants à une interaction locutoire minimale sont donc un *promulgateur-adressant* et un *adressé-acceptant*.

(5) On peut imaginer des cas où l'accomplissement d'un acte locutoire comporte des personnes différentes en tant que promulgateur et adressant ou en tant qu'adressé et acceptant. Dans cette situation, entre le promulgateur et l'adressant, entre l'adressé et l'acceptant, doivent intervenir des actions spéciales de *transmission* prises en charge par des *transmetteurs*.

(6) L'expression "X Acpt *a*, t_i" incluse dans "X Prmg *a*, t_i" rend compte du caractère sérieux de la production de *a* par le promulgateur-adressant. L'expression "Y Acpt' *a*, t_i" rend compte du caractère sérieux de la réception de *a* par l'adressé. Les deux participants sont disposés à baser leurs actions sur *a* à t_i, ils sont donc engagés dans ce que Austin (1962) appelle "serious talk".

(7) L'adressé ne peut être le sujet d'une acceptation par initiative personnelle, vu que c'est grâce à la promulgation de l'expression *a* par le promulgateur-adressant qu'il est censé en prendre conscience. Ceci n'exclut pas la possibilité que l'adressé accepte une expression *a'* similaire à *a*, avant l'interaction locutoire. Même dans ce cas, si l'on estime que l'acte locutoire visant *a* a été accompli, on considérera cependant que l'adressé *a été induit à accepter a*. Ceci est de nature à rendre compte du sentiment de frustration que nous ressentons lorsque quelqu'un nous adresse des propos que nous voulions justement (ou le moment venu) tenir nous-mêmes.

(8) La promulgation et l'adresse peuvent, en échange, être libres ou induites, d'où les quatre alternatives ci-dessus.

(9) La première alternative correspond à un acte locutoire dû à l'initiative personnelle du promulgateur-adressant. Nous visons par son intermédiaire les actes locutoires accomplis au *début absolu* d'une conversation.

(10) Les trois autres alternatives énumérées sous 1.1.6 correspondent à l'*accomplissement d'actes locutoires induits*:

(a) dans le sens que le promulgateur-adressant est induit à adresser l'expression *a* à l'adressé Y à tout moment interactionnel non-initial, c'est-à-dire à tout moment ultérieur au choix libre de l'adressé opéré (si tel a été le cas) au début de la conversation;

(b) dans le sens que le promulgateur-adressant est induit à promulguer l'expression *a* à tout moment non-initial de la conversation;

(c) dans le sens que le promulgateur-adressant est induit à adresser à Y l'expression *a* au moment t_i.

(11) Nous considérons que nous pouvons exprimer par l'intermédiaire du concept d'*acte locutoire induit* et par la diversité des types qui le manifestent le caractère *émergent, négocié* de toute conversation.

(12) On pourrait formuler à ce sujet l'hypothèse suivante: à mesure qu'elle progresse, toute conversation tend à englober des actes locutoires "de plus en plus induits"; on pourrait donc mesurer la profondeur et le dynamisme d'une conversation par le rapport entre le nombre total des interactions locutoires et le nombre des *interactions faiblement induites* (deuxième alternative sous 1.1.6), *moyennement induites* (troisième alternative sous 1.1.6) ou *fortement induites* (dernière alternative sous 1.1.6) qui la composent.

(13) On peut imaginer, en tant que composante possible d'une interaction locutoire l'épisode "~ (Y Acpt' *a*, *t*)" (= Y est induit à ne pas

accepter l'expression *a* au moment *t*). Cet épisode caractériserait les interactions locutoires de provocation, insulte, etc. Le nombre des alternatives présentées sous 1.1.6 serait automatiquement doublé (huit au lieu des quatre que nous avons présentées).

(14) On pourrait particulariser X et Y en introduisant des prédicats supplémentaires tels que IND, GRP, GRP* ou OFFIC[2]. On marquerait par (IND)X un individu, par (GRP)X un individu corporé (= un groupe conçu en tant que collectivité), par (GRP*) X un groupe conçu distributivement, par (OFFIC)X une personne officielle (Etat, Parlement, etc.). Ceci nous emmènerait cependant loin des cas plus simples auxquels nous désirons nous limiter pour le moment et multiplierait considérablement le nombre des alternatives locutoires à envisager.

1.2. Afin de spécifier A, nous emploierons le primitif actionnel Prfm (= effectuer, accomplir) et nous ajouterons aux variables énumérées sous 1.1.0 les variables:

– *f, g, h* pour les types d'actes du point de vue de leur structure interne;

– α pour la description de l'état initial qui correspond à un type d'acte déterminé;

– β pour les descriptions de l'état final qui correspond à un type d'acte déterminé.

L'expression de base pour le primitif Prfm sera la suivante: "X Prfm *f*, α, β, *t*" (à lire: le performateur X effectue une action du type *f*, partant de l'état initial décrit par α et aboutissant à l'état final décrit par β, au moment *t*). Cette expression se distingue de l'expression de base proposée par Martin (1959) pour son primitif Prfm par les faits suivants:

(a) Martin (1959) emploie X_h^l et X_m^l (marquant des "entities of lowest type") là où chez nous il y a α et β (marquant des descriptions d'état)

(b) nous entendons par *type d'acte*, conformémént à von Wright (1963), un acte (D) ou une abstention (F) visant:

(a) une transformation T d'*initiation* $\sim p$ t *p* (où *p* marque une description d'état);

(b) une transformation de *destruction* *p* T$\sim p$;

---

[2] Nous empruntons cette idée à Rescher (1966).

(c) une transformation de *conservation* $p \ T \ p$, ou

(d) une transformation de *suppression* $\sim p \ T \sim p$.

Les variables f, g, h correspondront donc chez nous à huit types d'actes:

- l'acte d'initier: D $(\sim p \ T \ p)$;
- l'abstention d'initier: F $(\sim p \ T \ p)$;
- l'acte de détruire, d'annuler, d'éliminer: D $(p \ T \sim p)$;
- l'abstention de détruire: F $(p \ T \sim p)$;
- l'acte de conserver: D $(p \ T \ p)$;
- l'abstention de conserver: F $(p \ T \ p)$;
- l'acte de supprimer: D $(\sim p \ T \sim p)$;
- l'abstention de supprimer: F $(\sim p \ T \sim p)$.

1.3. Conformément à 1.1.1 et 1.1.2, nous pouvons spécifier le concept de force illocutoire par la formule $O_n \ (L \rightarrow A)$, où

$L = (\exists \ X)(\exists \ Y)(\exists \ a)(\exists \ t_i)[(X \ \text{Prmg} \ a, \ t_i \ \& \ X \ \text{Adr} \ Y, \ a, \ t_i \ \& \ Y \ \text{Acpt}' \ a, \ t_i) \vee (X \ \text{Prmg}' \ a, \ t_i \ \& \ X \ \text{Adr} \ Y, \ a, \ t_i \ \& \ Y \ \text{Acpt}' \ a, \ t_i) \vee (X \ \text{Prmg} \ a, \ t_i \ \& \ X \ \text{Adr}' \ Y, \ a, \ t_i \ \& \ Y \ \text{Acpt}' \ a, \ t_i) \vee (X \ \text{Prmg}' \ a, \ t_i \ \& \ X \ \text{Adr}' \ Y, \ a, \ t_i \ \& \ Y \ \text{Acpt}' \ a, \ t_i)]$ et

$A = (\exists \ X)(\exists \ Y)(\exists \ a)(\exists \ t_i)[X \ \text{Prfm} \ f, \ \alpha, \ \beta, \ t_i].$

Nous avons marqué par X le performateur de l'acte illocutoire afin de rendre compte du fait que *l'acte illocutoire est attribué au promulgateur-adressant de l'interaction locutoire*.

Nous appellerons *protagoniste* d'une interaction verbale le promulgateur-adressant-performateur des actes locutoires et illocutoires qui la composent.

En tant que règle de comportement linguistique, la force illocutoire détermine le rôle de protagoniste conversationnel en en précisant les actions verbales composantes et leur résultat conventionnel.

Les descriptions d'état "α" et "β" peuvent concerner les relations:

(a) entre le protagoniste et les autres participants à l'acte locutoire;

(b) entre les autres participants à l'acte locutoire exclusivement;

(c) entre des individus qui n'ont pas pris part à l'accomplissement de l'acte locutoire.

Dans ce cas, à nouveau, il est besoin d'une activité de transmission qui prolonge l'acte locutoire jusqu'à ce que les personnes dont les relations sont visées par l'acte illocutoire en deviennent des participants. Dans (a), le protagoniste est à l'intérieur des relations qu'il modifie. C'est le cas des forces illocutoires de type *commissif, comportatif* et *expo-*

sitif[3]. Dans (b) et (c) le protagoniste reste extérieur à ces relations. C'est le cas des forces illocutoires à trois rôles, de type *exercitif* et *verdictif*[4].

Les types d'actes énumérés sous 1.2 permettent de classifier les forces illocutoires selon le fait qu'elles fondent:

– un acte illocutoire d'initiation (exemples: promettre, saluer, instaurer, fonder, inaugurer, instituer, etc.);

– un acte illocutoire de destruction (abroger, révoquer, annuler, casser, etc.);

– un acte illocutoire de conservation (exemples: confirmer, ratifier, valider, sanctionner, entériner, homologuer, etc.);

– un acte illocutoire de suppression (exemple: interdire).

Une étude plus poussée sera de nature à éclaircir la question si l'on peut parler d'abstentions illocutoires et de règles qui les fondent. Il nous semble que la réponse est affirmative et qu'un exemple de force illocutoire fondant une abstention illocutoire est la force illocutoire "éluder".

2.0. Essayons maintenant de cerner de plus près la force illocutoire des présentations. C'est, d'abord, une force illocutoire *primaire*. Elle définit le comportement d'un *présentateur* (qui en est le protagoniste). Elle entraîne une interaction locutoire qui exige plus de deux participants et un acte illocutoire d'initiation qui a trait à des relations vis-à-vis desquelles le présentateur reste extérieur.

2.1.0. L'acte locutoire minimal de présentation exige trois participants. Aux promulgateur-adressant et adressé-acceptant s'ajoute la personne qui est présentée: *le présenté*.

En plus des épisodes locutoires énumérés sous 1.1.6, l'accomplissement d'un acte locutoire de présentation prévoit l'acceptation par le présenté, de la phrase par laquelle le présentateur le présente. Cette phrase est du type:

– "le présenté a le nom..."
– "le présenté a les titres..."
– "le présenté a la profession", etc.

---

[3] Nous employons les termes introduits par Austin (1962).
[4] Cf., à nouveau, Austin (1962). Austin ne tient pas compte, cependant, du nombre des rôles qui caractérisent les forces illocutoires. Il perd ainsi de vue une possibilité intéressante de classification.

Nous avons inclus dans la définition de l'acte locutoire de présentation *l'acceptation, par le présenté, de la phrase qui l'introduit* afin de rendre compte du fait qu'une phrase d'introduction ne peut contenir sans "échec présentatoire" un sobriquet injurieux, un appellatif désobligeant, ou toute autre formule qui n'est pas "acceptable" du point de vue du présenté.

Afin de simplifier l'exposé, nous limiterons nos considérations aux cas où la phrase de présentation est, simplement, "le présenté a le nom N".

Pour que le présenté accepte une telle phrase, il faut que le nom qu'elle contient soit, en effet, le nom qu'il se sait porter.

Toute interaction locutoire de présentation présuppose donc:

(a) que toute personne a au moins un nom et
(b) que toute personne sait quel est son nom.

C'est à cause du fait qu'elle nie ces deux conditions que la tentative de présentation induite ci-dessus nous émeut:

"What do you call yourself ?" the Fawn said at last...
"I wish I knew!" thought poor Alice. She answered rather sadly, "Nothing, just now."
"Think again," it said, "that won't do."
Alice thought, but nothing came of it.
"Please, would you tell me what *you* call yourself ?" she said timidly. "I think that might help a little."
"I'll tell you, if you'll come a little further on" the Fawn said. "I can't remember here." (Carroll, 1964, pp. 155-156)

2.1.1. Nous marquerons l'accomplissement d'un acte locutoire de présentation par la disjonction exclusive suivante:

($\exists$ X)($\exists$ Y)($\exists$ Z)($\exists$ a)($\exists$ t_i)[(X Prmg a, t_i & X Adr Y, a, t_i & Y Acpt' a, t_i & Z Acpt a, t_i) $\vee$ (X Prmg a, t_i & X Adr' Y, a, t_i & Y Acpt' a, t_i & Z Acpt a, t_i) $\vee$ (X Prmg' a, t_i & X Adr Y, a, t_i & Y Acpt' a, t_i & Z Acpt a, t_i) $\vee$ (X Prmg' a, t_i & X Adr' Y, a, t_i & Y Acpt' a, t_i & Z Acpt a, t_i)].

Le nom d'une telle interaction locutoire sera, en français, *présenter Z à Y*.

Notons que l'épisode Prmg dans la représentation ci-dessus sert à distinguer l'acte locutoire de présentation d'un acte locutoire d'annonce, de mention du nom, d'identification, d'établissement de l'identité de quelqu'un, etc. En effet, l'annonce est une interaction locutoire pour la représentation de laquelle il suffit de remplacer les épisodes Prmg de la formule ci-dessus par des épisodes Utt (X Utt a, t_i & ...). Celui qui annonce n'accepte pas de baser ses actions sur *a*, il n'est pas engagé dans un "serious talk" le concernant, il n'est qu'un transmetteur. En échange, établir l'identité de quelqu'un, suppose, non pas la simple promulgation, mais *l'assertion* (nous la marquerons par Ass) de *a*: X Ass *a*, t_i.

Afin de cerner de plus près le concept d'assertion, nous partirons d'une remarque de Dewey (1967):

> Les termes *affirmation* et *assertion* sont employés dans le langage courant d'une manière interchangeable. Mais il y a une différence que le langage devrait reconnaître entre le statut logique des objets intermédiaires, qui sont utilisés en connexion avec ce à quoi ils peuvent conduire en tant que moyens, et l'objet préparé pour être final. J'utiliserai *assertion* pour désigner ce dernier statut logique et *affirmation* pour nommer le premier. Même du point de vue du langage ordinaire, *assertion* marque une certaine insistance qui manque au mot "affirmation." (p. 187)

La distinction *affirmation* (chez nous, celle-ci correspond à *promulgation*)/*assertion* est corrélative, chez Dewey (1967) à la distinction *proposition/jugement*. Les propositions ont un caractère intermédiaire et représentatif. Les jugements ont un caractère final et "une portée existentielle directe" (*ibidem*). Pour les jugements intermédiaires (par exemple, les décisions judiciaires par rapport aux décisions exécutives) l'auteur propose le terme de *ad-jugement* (angl. *ad-judgment*).

Nous définissons l'assertion de *a* par:

X Prmg a_1, t_1 & X Prmg a_2, t_2 & ... X Prmg a_i, t_i

donc, par une série de promulgations ayant pour objet des expressions qui appartiennent à *la famille d'expressions a*.

2.2.0. Pour spécifier l'acte illocutoire de présentation, nous introduirons, dans l'expression "X Prfm *f*, α, β, *t*" les déterminations suivantes:

(1) α correspond à la description d'état "la personne Y ne connaît pas la personne Z";

(2) β correspond à la description d'état "la personne Y connaît la personne Z";

(3) *f* marque une action d'initiation D $(\sim p \ T \ p)$.

2.2.1. Nous interprétons "la personne Y connaît la personne Z" comme signifiant:

(a) Y sait que Z a le nom N (nous dirons, pour simplifier, "Y sait que *a*" et

(b) Z sait que Y sait que *a* et

(c) Y sait que Z sait que Y sait que *a*.

Nous employons le verbe "savoir" dans le sens de Hintikka (1969). Il s'agit d'un savoir propositionnel (ayant en tant qu'objet une proposition), que Hintikka marque par K. Si X sait que p ($K_x p$), cela présuppose que p est le cas. Les points (a)–(c) ci-dessus peuvent être rendus, dans la notation de Hintikka, par:

$$\beta = K_y a \ \& \ K_z K_y a \ \& \ K_y K_z K_y a$$

qui constitue la représentation sémantique de "Y connaît Z".

Pour pouvoir affirmer qu'il connaît Z, Y doit donc savoir non seulement quel est le nom de Z, mais aussi que Z "intériorise", fait sien, ce savoir de Y. Y connaît Z et Z sait que Y sait que *a*, si Z re-sait (sait à son tour) *ce que*[5] Y sait. Il y a donc, dans la connaissance par Y de Z (qui est, en fait, la pénétration de Y dans la pensée de Z) un élément (b) par où Y est à la discrétion de Z. Si Z ne se "reconnaît" pas l'objet du savoir de Y, Y ne peut prétendre (angl. *claim*) qu'il connaît Z.

La représentation sémantique ci-dessus de *Y connaît Z* nous permet de raffiner le concept de *niveau d'authenticité*.

Dans l'acception courante, deux ou plusieurs individus appartiennent au même niveau d'authenticité s'ils savent chacun quels sont le nom, l'occupation, la personnalité de l'autre. En tant qu'exemples de niveaux d'authenticité on mentionne d'habitude la famille, le voisinage, les sociétés dites "primitives".

Ce concept a été introduit par Claude Lévi-Strauss. Dans l'un de ses entretiens avec Georges Charbonnier (1961), Lévi-Strauss définit les niveaux d'authenticité par la connaissance concrète qu'ont, l'un de l'autre, les individus qui y participent. Il les oppose aux niveaux inauthentiques dont le nombre s'accroît dans les sociétés modernes et y voit même une solution possible aux problèmes engendrés par le changement brutal d'échelle dans les dimensions de certaines des sociétés contemporaines. Citons, à partir de Charbonnier (1961):

> Nous savons bien qu'il existe une différence, non seulement de degré, mais de nature, entre la gestion d'un conseil municipal et la gestion d'un parlement; dans le premier cas les décisions ne sont pas surtout prises en fonction d'un certain contenu idéologique, elles sont aussi fondées sur la connaissance de ce que pensent Pierre, Paul ou Jacques,

---

[5] Et non pas seulement *que* Y sait.

et surtout de ce qu'ils sont concrètement. On peut appréhender des conduites humaines de façon globale. Il y a certes des idées aussi en jeu, mais elles sont interprétables par l'histoire de chaque membre de la petite commune, sa situation familiale, son activité professionnelle, et tout cela devient impossible au-delà d'un certain chiffre de population. C'est ce que j'ai appelé quelque part les niveaux d'authenticité. Même dans notre société, bien sûr, il existe des niveaux d'authenticité; ce sont ces groupes institutionnels ou non institutionnels, où les individus ont une connaissance concrète les uns des autres. Mais les niveaux inauthentiques s'y multiplient: tous ceux où les hommes réels sont séparés ou rassemblés par des intermédiaires ou des relais, qu'il s'agisse d'organes administratifs ou d'inflorescences idéologiques. Enfin, si l'ethnologue osait se permettre de jouer les réformateurs, de dire: "voilà à quoi notre expérience de milliers de sociétés peut vous servir, à vous, les hommes d'aujourd'hui", il préconiserait sans doute une décentralisation sur tous les plans, pour faire en sorte que le plus grand nombre d'activités sociales et économiques s'accomplissent à ces niveaux d'authenticité, où les groupes sont constitués d'hommes qui ont une connaissance concrète les uns des autres. (pp. 62-63)

Sans plus insister sur l'aspect ethnologique et sociologique du concept, il nous semble que les niveaux d'authenticité peuvent et doivent représenter un concept de base dans le cadre de la pragmatique linguistique aussi bien que dans celui, plus large, de la pragmatique sémiotique.

En effet, la connaissance concrète qu'ont les individus les uns des autres est le point de départ d'une nouvelle manière de communiquer et initie, au niveau langagier, ce que je désigne plus loin par le terme *d'histoire conversationnelle*. Elle représente un *seuil pragmatique* essentiel qui doit être franchi avant que les individus ne jouissent l'un à l'égard de l'autre de droits langagiers et plus largement communicationnels complets. De ce point de vue, les présentations, aussi bien que certaines composantes langagières des cérémonies occasionnées par le baptême et le mariage sont des actes de langage qui établissent des niveaux d'authenticité entre les individus que l'on présente l'un à l'autre, entre le nouveau-né et la communauté témoin de l'imposition du nom, entre le couple nouvellement constitué et la communauté qui assiste à la consécration de celui-ci. Par contre, les funérailles, qui n'incluent pas toujours des composantes langagières à cet effet, marquent, du point de vue qui nous intéresse, l'annulation, ou pour mieux dire la cessation d'un niveau d'authenticité et, par ce, le point de départ d'un nouveau comportement langagier concernant cette fois-ci non pas (ou pas seulement) la communication avec le défunt mais aussi, et surtout, la manière de parler du défunt, de se référer au défunt, etc. C'est à ce niveau que se situe l'obligation de bien parler des morts ou de respecter certaines formules (*feu* X, *le pauvre* X, etc.) à l'occasion de la mention de leur nom, etc.

Dans le cadre pragmatique qui nous intéresse ici, le terme de *niveau d'authenticité* pourrait être employé dans une acception à la fois plus forte et plus limitée. Nous dirons que deux personnes, Y et Z appartiennent au même niveau d'authenticité pragmatique si et seulement si:

$$K_y a \ \& \ K_z K_y a \ \& \ K_y K_z K_y a \ \& \ K_z b \ \& \ K_y K_z b \ \& \ K_z K_y K_z b$$

(où *a* correspond au fait que "Z a pour nom N" et *b* correspond au fait que "Y a pour nom N"). Autrement dit, Y et Z se trouvent dans une relation pragmatique authentique si et seulement si Y connaît le nom de Z et Z sait que Y connaît son nom et Y sait que Z se sait connu et Z connaît le nom de Y et Y sait que Z connaît son nom et Z sait que Y se sait connu.

2.2.2. La représentation sémantique de l'énoncé *Y ne connaît pas Z* (= α dans notre notation) sera:

$\alpha = \alpha_1 \lor \alpha_2 \ ... \ \lor \alpha_7$ où

$\alpha_1 = \ \ K_y a \ \& \ K_z K_y a \ \&{\sim}K_y K_z K_y a$

$\alpha_2 = \ \ K_y a \ \&{\sim}K_z K_y a \ \& \ K_y{\sim}K_z K_y a$

$\alpha_3 = \ \ K_y a \ \&{\sim}K_z K_y a \ \&{\sim}K_y{\sim}K_z K_y a$

$\alpha_4 = \ {\sim}K_y a \ \& \ K_z{\sim}K_y a \ \& \ K_y K_z{\sim}K_y a$

$\alpha_5 = \ {\sim}K_y a \ \& \ K_z{\sim}K_y a \ \&{\sim}K_y K_z{\sim}K_y a$

$\alpha_6 = \ {\sim}K_y a \ \&{\sim}K_z{\sim}K_y a \ \& \ K_y{\sim}K_z{\sim}K_y a$

$\alpha_7 = \ {\sim}K_y a \ \&{\sim}K_z{\sim}K_y a \ \&{\sim}K_y{\sim}K_z{\sim}K_y a$

α_1, ... α_7 expriment les *degrés de la non-connaissance de Z par Y*.

2.2.3. Nous représenterons l'acte illocutoire de présentation par la disjonction exclusive:

$(X \ \mathrm{Prfm} f, \ \alpha_1, \ \beta, \ t) \lor (X \ \mathrm{Prfm} f, \ \alpha_2, \ \beta, \ t) \lor \ ... \ (X \ \mathrm{PRfm} f, \ \alpha_7, \ \beta, \ t).$

Les expressions utilisées en français pour nommer de tels actes sont: *présenter, introduire une personne à une autre, faire connaître une personne à une autre*, etc.

2.3. Nous spécifierons la force illocutoire de présentation par:

$O_1(L_{\mathrm{prés}} \rightarrow A_{\mathrm{prés}})$, où

L$_{prés}$ = $\quad$ ($\exists$ X)($\exists$ Y)($\exists$ Z)($\exists$ a)($\exists$ t_i)[(X Prmg a, t_i & X Adr
Y, a, t_i & Y Acpt' a, t_i & Z Acpt a, t_i) $\vee$ (X Prmg
a, t_i & X Adr' Y, a, t_i & Y Acpt' a, t_i & Z Acpt a,
t_i) $\vee$ (X Prmg' a, t_i & X Adr Y, a, t_i & Y Acpt' a,
t_i & Z Acpt a, t_i)] et

A$_{prés}$ = $\quad$ ($\exists$ X)($\exists$ Y)($\exists$ Z)($\exists$ a)($\exists$ t_i)[(X Prfm f, α_1, β,
t_i) $\vee$ (X Prfm f, α_2, β, t_i) $\vee$ ... (X Prfm f, α_7, β,
t_i)]

Voyons maintenant la façon dont la règle de présentation formulée ci-dessus nous permet de "comprendre" des actes locutoires ou illocutoires de présentation qui, tout en contenant les composantes prévues sous 2, sont plus "compliqués".

Nous envisagerons, dans ce qui suit, trois types de complications possibles.

(a) le cas où les rôles d'adressant, d'adressé et de présenté sont (diversement) cumulés;

(b) le cas où *deux* actes locutoires sont accomplis — sans hiatus — par le même adressant et devant le même groupe de personnes;

(c) le cas où l'on peut attribuer au présentateur *deux* actes illocutoires.

3.1. Les cumuls possibles ne modifieront que la partie introductive de la représentation contenue sous 2. Nous distinguerons entre les cas suivants:

(1) l'adressant et le présenté sont la même personne:

$\quad$ ($\exists$ X)($\exists$ Y)($\exists$ Z)(X = Z)($\exists$ a)($\exists$ t_i) ...

Les noms français d'un acte locutoire de présentation accompli dans ces conditions sont: *se présenter à quelqu'un*; *décliner ses noms, prénoms, titres et qualités*, etc. L'énoncé de présentation caractéristique est:

Je suis X.
Je suis le nouveau locataire.

(2) l'adressé et le présenté sont la même personne:

$\quad$ ($\exists$ X)($\exists$ Y)($\exists$ Z)(Y = Z)($\exists$ a)($\exists$ t_i) ...

Il n'y a pas de nom, en français, pour un acte de présentation accompli dans ces conditions. L'énoncé de présentation caractéristique est, dans ce cas:

Tu es un rêveur.
Tu es un poète.

Notons que ces énoncés sont toujours "positifs". Le cas où l'on "présente" l'adressé à lui-même par un énoncé dépréciatif du type:

Tu es un moins que rien.
Tu es un avorton.

(dans le cas de l'insulte) est exclu par le composant Z Acpt *a*, *t*ᵢ.

3.2. Le présentateur peut accomplir deux actes locutoires "à la fois" en prenant tour à tour Z et Y comme présenté et Y et Z comme adressé. Nous aurons donc:

($\exists$ X)($\exists$ Y)($\exists$ Z)($\exists$ *a*)($\exists$ *b*)($\exists$ *t*ᵢ)($\exists$ *t*ⱼ)[(X Prmg *a*, *t*ᵢ & X Adr Y, *a*, *t*ᵢ & Y Acpt' *a*, *t*ᵢ & Z Acpt *a*, *t*ᵢ) $\vee$ … (X Prmg *b*, *t*ⱼ & X Adr Z, *b*, *t*ⱼ & Z Acpt' *b*, *t*ⱼ & Y Acpt *b*, *t*ⱼ) $\vee$ (X Prmg *b*, *t*ⱼ & X Adr' Z, *b*, *t*ⱼ & Z Acpt' *b*, *t*ⱼ & Y Acpt *b*, *t*ⱼ) $\vee$ …]

où *t*ᵢ et *t*ⱼ ne sont pas ordonnés. Le nom d'un acte locutoire double (ou multiple) est en français: *faire les présentations, présenter l'une à l'autre plusieurs personnes*, etc.

Dans ce cas aussi, des cumuls de rôles sont possibles:

(1) L'adressant et le présenté sont la même personne dans les deux présentations. Pour nommer un acte locutoire double de ce type on peut recourir au réflexif réciproque: *se présenter l'un à l'autre*, etc.

(2) L'adressé et le présenté sont la même personne dans les deux présentations. L'acte locutoire double de ce type n'a pas de nom en français.

(3) Une étude sociolinguistique pourrait répondre à la question si des actes locutoires doubles dans lesquels l'une des présentations inclut l'identité adressant-présenté et l'autre inclut l'identité adressé-présenté sont attestés.

3.3. A côté de l'acte d'initiation par lequel il modifie le statut épistémique de l'adressé, on peut attribuer au présentateur un deuxième acte illocutoire, par lequel il modifie le statut social du présenté. C'est le cas des présentations dans lesquelles l'adressé est une collectivité. On pourrait représenter ce deuxième acte illocutoire par:

X Prfm *g*, γ, δ, *t* où γ

correspond à:

"la personne Y a le nom…, les titres…, la fonction…"

et δ correspond à:

"la personne Y a le nom$_j$, ..., les titres$_j$, ..., la fonction$_j$, ..."
(avec nom$_i$ ≠ nom$_j$, titres$_i$ ≠ titres$_j$, fonction$_i$ ≠ fonction$_j$).

En introduisant dans la définition donnée en 2.3, en tant que deuxième membre du conséquent, l'expression

X Prfm g, γ, δ, t_i

on peut représenter:

– les forces illocutoires nommées en français par les verbes *surnommer*, *baptiser* (par extension), *donner un sobriquet à quelqu'un*, à condition d'ajouter les conditions:[6]

1. (IND) X;
2. (GRP) Z et
3. la variable g correspond à une action d'initiation D (*~p T p*).

– les forces illocutoires désignées en français par les expressions *conférer, donner, accorder un titre, une décoration; investir; accorder un titre, une décoration*, etc., *nommer dans une fonction*, etc., si on ajoute les conditions:

1. (OFFIC) X;
2. (GRP) Z et
3. la variable g correspond à une action d'initiation D (*~p T p*).

– les forces illocutoires désignées en français par les verbes et expressions *démettre, retirer quelqu'un d'un emploi, d'un poste, d'une charge, de ses fonctions* si on ajoute les conditions:

1. (OFFIC) X;
2. (GRP) Z et
3. la variable g correspond à une action de destruction, annulation, etc., du type D (*p T ~p*).

4.1. Sur le parcours de ce travail, la définition pragmatique des présentations a occasionné la représentation sémantique des verbes et expressions françaises qui suivent: *présenter une personne à une autre; introduire une personne à une autre; faire connaître une personne à une autre; annoncer quelqu'un à quelqu'un d'autre; mentionner, nommer quelqu'un; identifier quelqu'un; établir l'identité de quelqu'un; connaître quelqu'un; ne pas connaître quelqu'un; se présenter à quelqu'un; décliner ses noms, prénoms, titres et qualités; se faire annoncer à quelqu'un; faire les présentations; présenter l'une à l'autre plusieurs personnes; donner un sobriquet à quelqu'un; baptiser (= surnommer, par extension), surnommer quelqu'un; insulter quelqu'un; conférer, donner,*

---

[6] Dans les formules ci-dessous, IND = individu, GRP = groupe, OFFIC = personnage officiel.

accorder (un titre, une décoration) à quelqu'un; nommer quelqu'un dans une fonction; démettre, destituer, retirer quelqu'un (d'un emploi, d'un poste, d'une charge, de ses fonctions), etc.

4.2. D'un point de vue intérieur à la pragmatique linguistique, la définition de la force illocutoire de présentation a occasionné:

(a) la définition (partielle) de certaines forces illocutoires appartenant à la même famille que les présentations (exemples: identifier, baptiser, surnommer, conférer, investir, nommer dans une fonction, démettre, destituer);

(b) la définition (partielle) de plusieurs variétés de la force illocutoire de présentation, telles par exemple: la présentation, la présentation réciproque, la présentation réciproque induite, l'auto-présentation réciproque, l'auto-présentation réciproque induite;

(c) la définition (partielle) de certains actes locutoires de présentation ou quasi-présentation, tels par exemple: annoncer quelqu'un, mentionner le nom de quelqu'un;

(d) la définition de certains actes illocutoires de présentation et quasi-présentation, tels par exemple: faire connaissance à quelqu'un avec quelqu'un d'autre, baptiser, surnommer, conférer, investir, destituer;

(e) la définitions des états "la personne X connaît la personne Y" et "la personne X ne connaît pas la personne Y", que présuppose tout acte illocutoire de présentation;

(f) la définition de certains actes locutoires communs à la plupart des interactions locutoires, comme par exemple promulguer, asserter.

4.3. En plus de la partie purement descriptive, nous avons proposé les idées théoriques suivantes (et discuté certaines de leurs implications):

Les actes locutoires sont des actes observationnels.

Les actes illocutoires sont des actes théoriques.

Les forces illocutoires sont des règles interprétatives. Elles fondent l'interprétation d'un ensemble d'actes observationnels par un acte théorique. On peut établir une hiérarchie des forces illocutoires en vigueur dans une communauté linguistique donnée.

Les actes locutoires sont toujours des interactions. Il n'y a pas d'acte locutoire à participant définitoire unique. Il n'y a pas de hiérarchie entre les participants à une interaction locutoire.

On peut distinguer entre des actes locutoires non-induits et des actes locutoires induits; entre des actes locutoires directs et des actes locutoires indirects, intermédiaires, que nous avons proposé de nommer actes locutoires de transmission.

Les actes locutoires consistent en actions ou en abstentions. Pour les définir, on peut opérer dans le cadre général de la logique de l'action proposé par von Wright (1963).

L'acte illocutoire suppose un protagoniste choisi parmi les participants à l'acte locutoire.

La force illocutoire définit le rôle du protagoniste.

Le concept d'acte locutoire induit ainsi que les cas de cumul d'actes locutoires peuvent servir à l'analyse plus poussée de l'interaction conversationnelle.

L'acte illocutoire de présentation est l'acte par lequel un présentateur (appartenant au même niveau d'authenticité que chacun des autres participants à l'acte locutoire de présentation) initie un niveau d'authenticité pour les participants bénéficiaires de la présentation.

Le niveau d'authenticité est l'intersection postulée de deux pensées. Cette intersection inclut, suite à l'acte de présentation, au moins la proposition correspondant à une expression du type *X a le nom N*, que le présenté et le destinataire de la présentation sont censés accepter. A partir de ce noyau commun, grâce aux interactions locutoires et aux actes illocutoires corrélatifs qu'il fonde, l'intersection progressera vers la communion conversationnelle des individus présentés.

Afin de détruire un niveau d'authenticité et les obligations conventionnelles ressortissantes, des actes illocutoires destructeurs (comme, par exemple, l'acte d'insulter, celui d' "ignorer quelqu'un" etc.) sont nécessaires.

Tout acte locutoire est intérieur à un niveau d'authenticité.

L'accomplissement préalable d'un acte illocutoire de présentation au bénéfice de ses participants est donc la condition nécessaire de tout acte locutoire (de toute conversation).

Dans une typologie générale des rôles, le rôle de présentateur est à ranger sous la rubrique "protagoniste extérieur"; il ressemble aux rôles de parrain, de garant, etc.

L'histoire conversationnelle

Le linguiste orthodoxe est tenté d'interpréter l'intérêt grandissant, parmi ses collègues et, de concert avec eux, parmi les psycholinguistes, sémiologues, anthropologues, etc., pour l'interaction conversationnelle, sa description et sa conceptualisation, comme un mouvement d'impatience vaguement répréhensible. En effet, dans ces vingt dernières années, l'objet d'étude de la linguistique n'a cessé de "grossir". Ayant accepté, avec J.L. Austin, que ce n'est pas le mot, la phrase, etc., qui devraient l'occuper mais plutôt les actes et activités par le biais desquels le sujet parlant produit des mots ou des phrases, ayant donc assumé l'obligation d'articuler dans son analyse les rapports multiples et fuyants qui s'instaurent entre le sujet parlant, l'auditeur, la situation intra- et extra-linguistique, le type d'acte de langage et le produit langagier auquel aboutit ce dernier, le linguiste, qui ne s'est pas encore remis de tous ces changements d'optique, se voit exiger, cette fois-ci, de tenir compte, dans son analyse, non pas d'un, mais de deux (sinon plusieurs) sujets parlants, de deux (sinon plusieurs) auditeurs, d'une séquence d'actes de langage qui s'influencent aussi bien lorsqu'ils sont en succession immédiate que lorsqu'ils sont discontinus, d'une situation intra- et extra-linguistique qui ne cesse de "bouger", de produits langagiers (mots, phrases, textes) qui "se répondent", "se contredisent", ou se complètent globalement ou en partie. Il doit dégrossir des concepts du type *intervention conversationnelle, échange conversationnel, action* et *réaction conversationnelles*. Il doit s'attaquer à des phénomènes de macro-syntaxe, voire de macro-sémantique, qui étaient restés inabordables même dans le cadre ambitieux de la linguistique textuelle ou de la sémiotique narrative. "N'est-ce pas trop tôt?" pense-t-il. Peut-on élaborer une théorie et une pratique descriptive de l'interaction conversationnelle alors que l'inventaire des types d'actes de langage tout simplement possibles dans une langue donnée n'est pas encore établi; que les types de réactions langagières qu'ils sont censés provoquer n'ont pas fait l'objet d'un examen théorique suivi jusqu'ici?

J'imagine donc son irritation à l'idée de se voir proposer, comme j'essaierai de le faire dans ce qui suit, de se concentrer non pas sur l'interaction conversationnelle en tant que telle, mais sur une structure pragmatique qui l'englobe, et qui consiste en *l'ensemble des interactions conversationnelles ayant eu lieu, à un moment donné, entre deux (ou plusieurs) sujets parlants.*

Les raisons pour lesquelles, tout en anticipant une réaction de ce type, je soutiens la nécessité d'aborder, d'ores et déjà l'étude de *l'histoire conversationnelle* (car c'est ainsi que j'ai proposé d'appeler la structure pragmatique englobante ci-dessus)[1] sont les suivantes:

(a) On a intérêt à examiner les structures linguistiques "par les deux bouts", à partir, dans leur analyse, à la fois des éléments qui les composent et du tout par rapport auquel elles fonctionnent en tant que parties, à voir dans quelle mesure celui-ci se retrouve dans celles-là, ou bien, inversement, dans quelle mesure les parties permettent de prévoir le tout en train de s'épanouir. L'étude des phrases affirmatives, négatives, interrogatives gagne à être entreprise à la fois par le biais des morphèmes qui les composent et des actes d'assertion, d'affirmation, de commentaire, d'interrogation, de questionnement, de "mise en problème", de mise en doute, etc., qu'elles manifestent. L'étude de l'acte d'assertion gagne à tenir compte, à la fois des conditionnements morphosyntaxiques et sémantiques qui caractérisent l'expression assertive, et des types de réactions qu'il provoque ou est censé provoquer. L'introduction du concept d'histoire conversationnelle est de nature à satisfaire cet intérêt théorique. Elle permettra, en effet, de cerner l'interaction conversationnelle à la fois par le biais des microstructures qui la constituent (tel, par exemple, l'échange conversationnel) et par le biais d'une macro-structure qui la sous-tend et qui l'explique globalement ou en justifie au moins certains éléments.

(b) On ressent le besoin, dans l'analyse pragmatique d'une interaction conversationnelle, d'affiner le concept de *situation intralinguistique* (voire, celui d'*occasion* dans un cadre un peu différent du

---

[1] Cf., pour une première présentation du concept d'histoire conversationnelle, Golopentia (1980).

nôtre[2]). Or, la situation intra-linguistique est toujours déjà-là, elle ne "démarre" jamais — comme j'essaierai de le montrer un peu plus loin — en même temps que la conversation, même s'il s'agit d'une première interaction conversationnelle entre les individus respectifs. Pour la définir, l'appel à l'ensemble des interactions conversationnelles qui ont précédé l'interaction examinée s'avère essentiel.

(c) Dans la pratique langagière courante, nous effectuons naturellement des opérations de *mise en perspective* d'une conversation par rapport à d'autres conversations que nous avons eues avec le même interlocuteur. Nous rapprochons des choses qui sont en train de se dire de certaines autres qui ont été dites lors d'interactions conversationnelles antérieures. Nous initions des actes de langage qui, sans rapport apparent immédiat avec la conversation en cours, se trouvent ne pas surprendre notre interlocuteur, étant donné que, tout comme nous, il les associe sans faillir à des répliques ayant appartenu à d'autres conversations. J'estime que le concept d'histoire conversationnelle peut illuminer utilement cet aspect de notre compétence conversationnelle.

(d) Le caractère globalement tensionné, étrange, aberrant de certaines interactions conversationnelles ne peut être défini qu'à condition de dépasser leur analyse interne en les mettant en rapport avec les interactions conversationnelles les ayant précédées entre les mêmes partenaires. Il y a donc des qualités pragmatiques implicites qu'une interaction conversationnelle doit au rapport qu'elle développe dans le cadre de l'histoire conversationnelle qui l'abrite.

(e) D'autre part, l'acquis d'une interaction conversationnelle ne peut être évalué si on se limite à la conversation respective. Ce n'est qu'en rapportant une interaction à celles qui l'ont précédée dans la même histoire conversationnelle que le linguiste, aussi bien que le sujet parlant ordinaire, parviennent à en définir l'apport et la visée, à mesurer les perspectives qu'elle ouvre par rapport à ce qui va suivre. Le concept d'histoire conversationnelle nous permet d' "ouvrir" l'analyse d'une interaction conversationnelle, de prédire les interactions qu'elle rend possibles, indiquées, nécessaires, superflues.

Avant de détailler le concept, prenons quelques exemples. Dans la vie courante, la somme des conversations se déroulant entre les membres d'une famille représente une histoire conversationnelle. On

---

[2] Cf. Dougherty (1984).

pourrait définir de la même manière: la somme des interactions conversationnelles qui ont lieu à des intervalles plus ou moins réguliers
entre des voisins, des collègues de bureau, des amis; la somme des
interviews patient/psychanalyste depuis leur premier contact jusqu'à
la guérison du malade ou à son abandon; la somme des interactions
conversationnelles entre un professeur et les élèves (étudiants) pris
séparément et/ou ensemble, qui composent "sa" classe durant l'année scolaire.

Une pièce de théâtre peut être conçue comme un réseau plus ou
moins serré d'histoires conversationnelles. C'est, d'ailleurs, très souvent de cette façon qu'on l'écrit: en composant, au début, les histoires conversationnelles (à deux, trois, *n* personnages); en les mélan-
geant ensuite, plus ou moins savamment dans la "mise en pièce". La
Commedia dell'arte n'offrait aux acteurs que la structure d'ensemble, le
fil directeur des histoires conversationnelles qui composaient le spectacle; le détail de chacune des interactions conversationnelles, le nombre de celles-ci variaient d'une représentation à l'autre et constituaient
l'apport de l'acteur-auteur, plus exactement l'apport de l'acteur-auteur
dans le contexte de tel public, à tel moment de la journée, pendant
telle saison, à l'occasion de telle fête, etc.

Le théâtre mis à part, c'est dans le roman que nous rencontrons
les exemples les plus intéressants d'histoires conversationnelles "notées".
L'histoire conversationnelle Ulrich — Agathe représente une composante
essentielle du roman de Musil, *L'Homme sans qualités*. Le *Navire Night*
de Marguerite Duras est, dans son entier consacré à la narration et/ou
présentation d'une histoire conversationnelle avide qui aspire progressivement la quasi-totalité de la vie des deux partenaires. Rien d'autre ne se passe, conversations mises à part. Dans *Le Double*, de Dostoievski, l'histoire conversationnelle se déroule, inlassablement, à l'intérieur du personnage principal Goliadkine. Bakhtine (1970b) a fait
l'analyse minutieuse de cette scission locutoire, de cette "confession
dramatisée" qui renouvelle la morphologie du roman:

> Le discours de Goliadkine essaie avant tout de feindre son entière
> indépendance à l'égard du mot d'autrui: "il ne s'occupe que de lui-
> même" — "il ne demande rien". Cela l'amène également à de continuel-
> les répétitions, digressions, longueurs; seulement elles ne sont pas tour-
> nées vers l'extérieur, vers autrui, mais vers lui-même; il veut se con-
> vaincre, s'encourager, se tranquilliser et c'est lui-même qui joue le rôle
> de la "personne étrangère". Ses dialogues auto-rassurants avec lui-même
> sont des plus courants dans le récit. (p. 275)

Goliadkine n'est pas le lieu d'une histoire conversationnelle unique. Outre celle qui se déroule entre le Goliadkine "self-sufficient", autarcique et le Goliadkine substitut d'autrui la nouvelle contient des histoires conversationnelles qui mettent en scène d'autres hypostases locutoires du personnage, tout aussi insistantes. Bakhtine (1970b) en a dénombré quatre:

> La deuxième voix (substitut d'autrui) de Goliadkine, sa première voix qui se cache du mot d'autrui ("je suis comme tout le monde" — "je ne demande rien"), ensuite la voix qui se soumet et se plie ("s'il en est ainsi, je suis prêt"), et enfin la voix d'autrui qui résonne continuellement en lui, entretiennent des relations si complexes qu'elles fournissent la matière pour toute une intrigue et permettent de construire la nouvelle en partant d'elles seules. L'événement réel, la malheureuse demande en mariage et toutes les circonstances annexes ne sont pas à proprement parler décrits: ils ne servent qu'à donner l'impulsion aux voix intérieures, à actualiser et à mettre à vif le conflit intérieur qui, lui, est le véritable sujet de la nouvelle.
>
> En dehors de Goliadkine et de son double, les personnages ne prennent aucune part active à l'intrigue qui se déroule entièrement à l'intérieur de la conscience de soi du héros principal; ils ne sont que la matière brute, fournissant en quelque sorte le carburant nécessaire au travail intense de cette conscience de soi. L'intrigue extérieure, volontairement obscure (l'essentiel s'est passé avant le début de la nouvelle), sert de carcasse rigide et difficilement décelable à l'intrigue intérieure de Goliadkine. La nouvelle relate la façon dont un homme a voulu se passer de la conscience d'autrui, de la reconnaissance par autrui, comment il a essayé de contourner l'autre, de se confirmer tout seul, et ce qu'il en advint. (pp. 278-279)

On pourrait presque affirmer que *Le Double* se décompose sans reste en un nombre *n* d'histoires conversationnelles intérieures (que l'analyse devrait préciser) à deux, à trois et à quatre voix. Ces histoires conversationnelles aspirent le récit du narrateur qui finit par se confondre avec l'une des voix de Goliadkine, la deuxième de celles qui ont été énumérées dans le dernier des passages cités ci-dessus. Partie prenante dans les dialogues intarissables de Goliadkine avec soi-même, le récit perd non seulement toute distance par rapport au personnage, mais sa nature même de *récit*. Il se transforme en une série discontinue de répliques, enchâssées dans des conversations qui se disposent, à leur tour, en histoires conversationnelles. Il subit ce qu'on pourrait appeler une transformation de *dramatisation agressive*. Le narrateur devient personnage non pas pour raconter mais pour insulter, railler, contredire, agresser douloureusement le personnage dont il a occupé sournoisement la conscience. Le récit perd tout caractère contemplatif et rétrospectif. Il devient parole insultante, discours *hic et nunc*. Citons, à l'appui de cette interprétation, une fois de plus, l'analyse bakhtinienne:

> Dans cette oeuvre, nous ne trouverons pas un seul moment qui sorte de la conscience de soi de Goliadkine, pas un mot, pas une note qui n'auraient déjà fait partie d'un dialogue intérieur avec soi-même ou d'un dialogue avec son double. Le narrateur s'empare des mots et des pensées de Goliadkine, des mots de sa *seconde voix*, renforce les notes moqueuses, railleuses qui s'y trouvent déjà, et décrit, dans ce ton, chaque action, chaque geste, chaque moment du héros. Nous avons vu que la seconde voix de Goliadkine pouvait se fondre imperceptiblement avec celle du narrateur: on en recueille l'impression que le récit est *dialogiquement tourné vers Goliadkine lui-même*, qu'il résonne à ses propres oreilles, comme la voix moqueuse d'autrui, comme la voix de son double, quoique du point de vue formel le récit soit adressé au lecteur (p. 282).

Le concept d'histoire conversationnelle est un concept essentiellement pragmatique. Ceci n'interdit pas, cependant, de l'aborder uniquement au niveau syntaxique, voire sémantique. Comme la pragmatique inclut la sémantique qui, à son tour, englobe la syntaxe, les profils syntaxique, voire sémantique, du concept représenteront des versions plus ou moins simplifiées, appauvries par rapport à son profil pragmatique.

D'un point de vue syntaxique, une histoire conversationnelle (HC) peut être définie comme un *ensemble ordonné de conversations discrètes*. Par rapport à l'histoire conversationnelle, ces dernières représentent des *épisodes*. Toute histoire conversationnelle se définit par un *épisode initial* (la première conversation de l'histoire conversationnelle respective); aucun, un ou plusieurs *épisodes médians*; et un *épisode final* (la dernière conversation de l'histoire conversationnelle respective). On peut marquer ceci de la manière suivante:

HC = CI, CM1, CM2, ... CMn, CF

où CI = conversation initiale, CM = conversation médiane et CF = conversation finale.

Par rapport à l'ensemble de l'histoire conversationnelle, l'épisode initial est indépendant. Par contre, la structure de chacun des autres épisodes de l'histoire conversationnelle est influencée par la structure des épisodes qui l'ont précédée. On peut marquer ce phénomène de *rection interconversationnelle* par la figure 1.

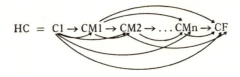

$$HC = C1 \rightarrow CM1 \rightarrow CM2 \rightarrow \ldots CMn \rightarrow CF$$

Figure 1

Le domaine de la rection interconversationnelle est représenté par l'histoire conversationnelle. On doit donc la distinguer des phénomènes de *rection intraconversationnelle* dont le domaine est représenté par une seule conversation.

Notons que la rection inter- aussi bien qu'intra-conversationnelle procède de gauche à droite, de conversation antérieure à conversation ultérieure, d'intervention conversationnelle antérieure à intervention conversationnelle ultérieure.

La *syntaxe de la conversation* (qui, après la syntaxe textuelle, représente l'un des domaines de pointe de la syntaxe actuelle) pourrait être conçue comme consistant en une *micro-syntaxe conversationnelle* consacrée à l'étude des phénomènes de rection intérieurs à la conversation et une *macro-syntaxe conversationnelle* consacrée à l'étude des phénomènes de rection d'une conversation à l'autre (à l'intérieur d'une histoire conversationnelle) ou même, d'une histoire conversationnelle à l'autre.

La microsyntaxe conversationnelle n'en est plus à ses premiers tâtonnements. Les travaux sur l'intervention conversationnelle et sur les échanges conversationnels permettent déjà de commencer à y voir plus clair. Par contre, pour ce qui est de la macrosyntaxe conversationnelle, tout reste à faire et, auparavant, à imaginer.

Comme exemple de problème que la macrosyntaxe interconversationnelle pourrait aider à éclaircir nous aimerions mentionner ici le cas du *mot pénétrant* chez Dostoievski. Ce faisant, nous reprendrons, par une voie différente, la description qu'en avance Bakhtine (1970b). Il s'agit, dans tous les romans où le procédé apparaît (*Le Double*, *Crime et Châtiment*, *Les Possédés*, *Les Frères Karamazov*, *L'Adolescent*, etc.) d'un croisement, ou recoupement qui se produit entre une histoire conversationnelle intérieure — dont le personnage garde et perçoit le secret — et une histoire conversationnelle extérieure. Ce croisement se manifeste par le fait qu'une réplique *covert* appartenant à l'histoire conversationnelle cachée du personnage X surgit brusquement *devant* lui, dans la rencontre conversationnelle *overt* avec un autre personnage Y. Nous rencontrons ce cas dans *l'Idiot*, sous la forme du double croisement entre les histoires conversationnelles Nastassia Philipovna — Nastassia Philipovna (NPh-NPh), Nastassia Philipovna — Mychkine (NPh-M) et Nastassia Philipovna — Rogojine (NPh-R). La structure est la suivante. La première histoire conversationnelle se déroule entre deux hypostases intérieures de Nastassia Philipovna: la première (NPh 1) qui, l'estimant "perdue", coupable, la condamne sans appel, et la deuxième (NPh 2) qui la justifie et l'accepte. Dans la deuxième histoire conversationnelle, Mychkine produit spontanément des répliques qui ont été anticipées par NPh 2 dans le dialogue intérieur de Nastassia Philipovna. Dans la troisième histoire conversationnelle, Rogojine prononce des répliques qui ont été anticipées par NPh 1 dans le dialogue intérieur de Nastassia Philipovna. Nous avons donc:

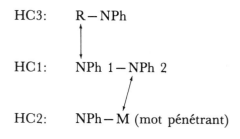

HC3:   R — NPh

HC1:   NPh 1 — NPh 2

HC2:   NPh — M (mot pénétrant)

Selon la définition qu'en donne Dostoïevski, le mot pénétrant est uniquement celui par lequel un personnage Y reprend une réplique de la voix "la plus authentique" du personnage X. Dans l'exemple que nous venons de décrire, il s'agit donc du mot de Mychkine.

D'un point de vue strictement syntaxique, le *mot destructeur* de Rogojine (celui qui reprend la "voix négative" du personnage) nous apparaît cependant comme tout aussi "pénétrant" que le mot de Mychkine. L'analyse macrosyntaxique de la structure imaginée par Dostoïevski suggère donc la nécessité d'élargir la définition du mot pénétrant en en distinguant un type *positif, affirmateur* et un type *négatif, destructeur*. Elle suggère aussi, pour les recherches de théorie littéraire, tout un programme d'études. Il s'agirait, pour l'essentiel, de faire pour la syntaxe de l'agencement des histoires conversationnelles dans des structures romanesques ou dramatiques de plus en plus complexes ce qui a été fait pour la syntaxe de l'agencement des structures narratives et descriptives.

Le nombre d'épisodes qu'elle contient définit la *longueur syntaxique d'une histoire conversationnelle*. La longeur syntaxique de l'histoire conversationnelle $HC_{X,Y}^m$ = {CI, CM, CF} est donc égale à 3.

La *durée syntaxique* d'une histoire conversationnelle sera, par contre, représentée par *la somme des durées des conversations qui la composent*. Soit, par exemple, dans le cas d'une HC = {CI, CM, CF}, si CI dure 30 minutes. CM dure 40 minutes et CF dure 5 minutes, la durée syntaxique de l'histoire conversationnelle considérée sera égale à 75 minutes.

D'un point de vue sémantique, une histoire conversationnelle peut être définie comme un calcul sémantique ouvert qui s'opère dans *toutes les directions* (aussi bien à partir des conversations antérieures vers les conversations ultérieures qu'inversement) et qui tend à *annuler progressivement les parois entre épisodes*. A ce niveau, on ne saurait parler utilement d'une typologie des épisodes conversationnels et la question de la "longueur sémantique" d'une histoire conversationnelle ne se pose même pas. A la limite, le calcul sémantique d'une histoire conversationnelle à *n* épisodes tend à la transformer en *histoire conversationnelle à un seul épisode* obtenu par la superposition imaginaire de toutes les conversations qui la composent. Grâce à cette superposition, les conversations (et leurs éléments) s'entre-expriment: elles se renforcent, se contredisent, se somment, s'annulent, se transposent; elles mettent en jeu des isotopies, des *topoi*, des *refrains*, des *thèmes*, etc.

D'un point de vue sémantique, on peut distinguer entre une histoire conversationnelle *centrée* (c'est à-dire une histoire conversationnelle qui a une dominante sémantique, qui explore un certain domaine sémantique, par exemple) et une histoire conversationnelle *décentrée* dont les conversations composantes sont sémantiquement non restreintes, pouvant porter sur n'importe quel sujet, et surtout, pouvant être interprétées dans toutes les directions — par rapport à tous les domaines sémantiques imaginables. Même dans une histoire conversationnelle décentrée, il y a, cependant, des *rythmes sémantiques* qui se forment et qui sont appréhendés par les partenaires conversationnels.

Le *lieu* du calcul sémantique d'une histoire conversationnelle n'est pas indifférent. Il va de soi que, dans le cas d'une sémantique du type "classique", le lieu de ce calcul est représenté par la pensée du linguiste. On peut, cependant, imaginer une sémantique abordant explicitement la pensée des sujets langagiers, dans laquelle une histoire conversationnelle à deux partenaires X et Y, que nous pouvons marquer $HC_{X,Y}$ serait sémantiquement calculable:

- à partir d'un lieu L (la pensée du linguiste) *aussi bien* que
- à partir d'un lieu X (la pensée de X) et
- à partir d'un lieu Y (la pensée de Y).

On parlera, dans ce cas, de l'histoire conversationnelle $HC_{X,Y}$ *du point de vue de L, du point de vue de X,* ou *du point de vue de Y,* et les trois calculs sémantiques, effectués à partir de *perspectives sémantiques* différentes, seront forcément différents. Remarquons que, dans notre exemple, la perspective sémantique L est une perspective sémantique (plutôt) *neutre,* tandis que les perspectives sémantiques X et Y sont des perspectives sémantiques *engagées.*

Toute histoire conversationnelle peut être calculée à partir d'une pluralité (voire d'un nombre illimité) de perspectives.

On pourrait faire correspondre à la longueur syntaxique d'une histoire conversationnelle qui a été définie ci-dessus le concept de *complexité sémantique d'une histoire conversationnelle.* Il est difficile, en ce moment, de formuler les critères par l'application desquels peut être évaluée la complexité sémantique d'une conversation, voire la complexité sémantique d'une superposition de conversations. Ceci représente, cependant, un domaine dans lequel on devrait investir théoriquement.

Les caractérisations syntaxique et sémantique de l'histoire conversationnelle sont, comme on a pu le voir, des caractérisations *fragmentaires.* Nous consacrerons la dernière partie de notre discussion à l'ébauche d'une caractérisation pragmatique de l'histoire conversationnelle. Vu l'accord entre l'objet (de nature pragmatique) et le langage descriptif, nous pouvons, cette fois-ci, escompter une caractérisation *globale.*

L'opposition syntaxique épisode initial/épisode médian/épisode final d'une histoire conversationnelle s'atténue sensiblement au niveau de l'analyse pragmatique.

(a) Premièrement, on est plutôt tenté de parler à ce niveau d'épisode *plus ou moins* initial. En effet, une histoire conversationnelle $HC_{X,Y}$ peut débuter ou bien (1) brusquement, par surgissement + auto-présentation de X devant Y ou inversement, ou bien (2) par la médiation d'un super-agent présentateur Z^3, dans le cadre d'une interaction conversationnelle première, qui est à ranger à la fois dans une

---

[3] Cf. Golopentia (1976).

histoire conversationnelle HC_Z,... et dans l'histoire conversationnelle $HC_{X,Y}$; on dira, dans ce dernier cas, que $HC_{X,Y}$ est une histoire conversationnelle *ancrée*, une histoire conversationnelle *branchée* sur HC_Z,.... Des deux possibilités, on ne saurait décider facilement quelle est celle qui représente le cas typique non marqué, et quelle est celle qui, par contre, correspond au cas marqué. J'imagine même, qu'en fait, des cultures différentes (et, parfois, la même culture à des époques différentes) assignent différemment la qualité marquée/non marquée aux deux types de début d'histoires conversationnelles ci-dessus. Ce qu'on peut dire, cependant, c'est que dans (a) l'épisode conversationnel apparaît comme un *épisode initial absolu*, alors que dans (b) on serait plutôt tenté de parler d'*épisode initial relatif*.

(b) A y regarder de plus près, cependant, même l'épisode initial "absolu" ci-dessus n'est jamais *totalement absolu* dans la mesure où toute première interaction conversationnelle est rapportable, pour chacun de ceux entre lesquels elle se déroule, à des interactions antérieures (plus ou moins) similaires, avec d'autres partenaires ou avec soi-même. Une histoire conversationnelle ne s'engage jamais dans le vide. Il est, en fait, difficile d'imaginer un vide pragmatique absolu. C'est en tant que nous l'assimilons à d'autres interlocuteurs dont la trace subsiste, prête à s'actualiser, dans notre mémoire pragmatique, qu'il nous arrive souvent de nuancer notre première conversation avec un nouveau partenaire, dès le début, sans avoir recours aux *incipits* ad-hoc automatisés du type: le temps qu'il fait, le travail, la politique, les enfants, le football, etc.

Un exemple d'histoire conversationnelle qui débute avant son épisode initial absolu est l'histoire conversationnelle Antoinette de Langeais-Armand de Montriveau telle qu'elle se dessine si l'on adopte le point de vue de la Duchesse:

> La duchesse, déjà frappée par l'aspect de ce poétique personnage, le fut encore bien plus en apprenant qu'elle voyait en lui le marquis de Montriveau, de qui elle avait rêvé pendant la nuit. S'être trouvée dans les sables brûlants, du désert avec lui, l'avoir eu pour compagnon de cauchemar, n'était-ce pas chez une femme de cette nature un délicieux présage d'amusement? (Balzac, 1959, p. 223)

> La duchesse de Langeais, sachant de quel prix passager était la conquête de cet homme, résolut, pendant le peu de temps que mit la duchesse de Maufrigneuse à l'aller prendre pour le lui présenter, d'en faire un de ses amants, de lui donner le pas sur tous les autres, de l'attacher à sa personne, et de déployer pour lui toutes ses coquetteries. Ce fut une fantasie, pur caprice de duchesse... (*idem*, p. 224)

Notons que, mise sous le signe du cauchemar, dont elle émerge et qu'elle va retrouver, l'histoire conversationnelle imaginée par Balzac est, toujours du point de vue de la duchesse, une histoire conversationnelle à *direction préméditée*. Il serait intéressant d'étudier plus en détail, aussi bien dans la conversation vécue que dans la conversation de fiction, les rapports qui se forment entre la tendance de *fuite en arrière* des débuts par ce qu'on pourrait appeler le jeu des *analogies pragmatiques* et celle de *fuite en avant* par la préfiguration du déroulement ultérieur des histoires conversationnelles.

(c) Pour ce qui est de l'épisode final, on peut également distinguer entre un *épisode final "absolu"* et un *épisode final relatif*. Admettons une histoire conversationnelle $HC^m_{X,Y}$ incluant les épisodes CI, CM1, CM2 et CF. Il est clair que, aussi longtemps que $HC^m_{X,Y}$ reste *ouverte, en vigueur* (aussi longtemps que X et Y sont vivants, parlants, *se ratifient réciproquement en tant que partenaires*, etc.) il y a des probabilités plus ou moins fortes pour l'ajout, à un moment $m + 1$, d'un nouvel épisode qui deviendra "l'épisode final" et conférera à l'épisode final antérieur — qui se trouve avoir été un épisode final relatif — la qualité d'épisode médian. On aura donc une transformation du type:

$$\text{moment } m \quad = \text{ CI, CM1, CM2, CF}$$

$$\downarrow$$

$$\text{moment } m + 1 \ = \text{ CI, CM1, CM2, CM3, CF}$$

Par contre, si l'un des partenaires X et Y vient à disparaître ou, par exemple, s'il insulte l'autre d'une manière irréparable, l'histoire conversationnelle sera *close*, et l'épisode final par rapport au moment m conservera cette propriété aux moments $m + 1$, $m + 2$, ... $m + n$. Il s'avérera un épisode final absolu.

(d) A côté des *épisodes médians "primaires"* décelés par l'analyse syntaxique, la réflexion pragmatique fait intervenir des *épisodes médians dérivés* qui résultent de la scission de chacun des partenaires conversationnels en autant d'hypostases conversationnelles qu'il y a de participants à l'histoire conversationnelle respective. Partons, à nouveau, de l'histoire conversationnelle $HC_{X,Y}$. Au fur et à mesure que cette histoire avance, X et Y supportent chacun la scission en deux hypostases distinctes — X_X et X_Y pour X, Y_Y et Y_X pour Y — entre lesquelles des *conversations intérieures* continuent et explorent, affinent les *conversations extérieures* X — Y.

Si nous marquons les conversations intérieures par c, et gardons intactes les notations antérieures, nous pouvons présenter la *croissance d'une histoire conversationnelle* par des transformations du type:

moment m = CI
moment $m + 1$ = CI, c
moment $m + 2$ = CI, c, CF
moment $m + 3$ = CI, c, CF, c
moment $m + 4$ = CI, c, CM, c, CF
moment $m + 5$ = CI, c, CM, c, CF, c

.

.

.

(e) Ceci revient à dire qu'en fait, aussi longtemps que l'un des partenaires d'une histoire conversationnelle est encore vivant, l'histoire conversationnelle respective continue à se développer vu qu'il y aura toujours, chez celui-ci, des épisodes conversationnels intérieurs pour la prolonger. Relisons à ce propos, ce qu'écrit Maeterlinck sur les conversations qu'il poursuit régulièrement avec l'ombre de son père:

> Avec mon père, le drame est fréquent, presque perpétuel et plus lancinant bien qu'il se passe dans les bas-fonds de l'inconscient.
> C'était un homme juste et bon, mais inutilement impérieux, devant qui mon instinct se cabra dès l'enfance. Nous n'avions sur toutes choses que des idées inconciliables. Il suffisait qu'il louât ou aimât une personne, une pensée, un objet pour qu'aussitôt je les prisse en grippe. Quand il était encore sur cette terre, c'était moi qui le contrecarrais sournoisement; mais depuis sa mort, survenue il y a trente-cinq ans, il s'est mis à vivre en moi beaucoup plus activement, plus énergiquement que lorsqu'il était de ce monde. A présent c'est lui qui, à tout propos, me désapprouve et me contrarie. Il s'intéresse et se mêle à tout ce que je fais. Si je veux aller à droite, il me conseille de prendre à gauche. Si j'entends avancer, il préfère reculer. Nous perdons notre temps (tout au moins le mien, car le sien ne compte plus, depuis qu'il se trouve dans l'éternel) en dialogues saugrenus. "Laisse-moi arranger les choses", me dit-il. A quoi je réplique: "Non, non, tenez-vous donc tranquille, vous n'avez rien à faire ici, cela ne vous regarde plus. — Tu oublies, reprend-il, que si je n'avais pas été là, tu ne serais pas ici. — C'est possible mais ce n'est plus votre place. — Tu oublies à qui tu parles. — Je ne parle qu'à moi. — Oui, mais c'est moi qui l'entends" etc. — Si je fais un faux pas, si je commets une erreur, il émerge de l'ombre pour me répéter: "Je te l'avais bien dit". (Maeterlinck, 1962, pp. 177-178)

On pourrait dire que, d'un point de vue pragmatique, *tous les épisodes conversationnels sont médians*, toutes les histoires conversationnelles étant ouvertes, en deçà de leur épisode initial *overt*, vers d'autres conversations ainsi que vers les pressentiments conversationnels qui les soustendent et, au-delà de leur épisode final *overt*, vers les conversations intérieures (*covert*) qui les prolongent. On pourrait dire également que à la différence du point de vue syntaxique qui nous rend visible plutôt la *discontinuité* des conversations composantes, d'un point de vue pragmatique, les hiatus entre conversations sont conçus comme comblés grâce au travail intérieur de consolidation et densification fourni par les participants, sous forme de conversations intérieures. L'histoire conversationnelle apparaît, à ce niveau, comme essentiellement *continue*. Enfin, tandis que d'un point de vue sémantique, tous les épisodes conversationnels sont conçus comme tendant à se superposer dans une histoire conversationnelle-palimpseste, l'examen pragmatique favorise l'image d'une histoire conversationnelle irrémédiablement prédisposée au prolongement.

Les épisodes intérieurs médians d'une histoire conversationnelle ne sont pas à confrondre avec ce que Nathalie Sarraute appelle *sous-conversation*. Dans le processus que Sarraute (1956) décrit longuement en présentant la technique romanesque éminemment dialogique de l'écrivain anglais Ivy Compton-Burnett, la conversation extérieure supporte l'afflux d'une conversation intérieure concomitante qui la soutient, la contredit, l'interrompt, la désintègre, l'annule. C'est comme si les personnages parlaient en essayant vainement de contenir, cacher un flot discursif intérieur inéluctable qui est représenté par la sous-conversation:

> Ces longues phrases guindées, à la fois rigides et sinueuses, ne rappellent aucune conversation entendue. Et pourtant, si elles paraissent étranges, elles ne donnent jamais une impression de fausseté ou de gratuité.
>
> C'est qu'elles se situent non dans un lieu imaginaire, mais dans un lieu qui existe dans la réalité: quelque part sur cette limite fluctuante qui sépare la conversation de la sous-conversation. Les mouvements intérieurs, dont le dialogue n'est que l'aboutissement et pour ainsi dire l'extrême pointe, d'ordinaire prudemment mouchetée pour affleurer au dehors, cherchent ici à se déployer dans le dialogue même. Pour résister à leur pression incessante et pour les contenir, la conversation se raidit, se guinde, prend cette allure précautionneuse et ralentie. Mais c'est sous leur pression qu'elle s'étire et se tord en longues phrases sinueuses. Un jeu serré, subtil, féroce, se joue entre la conversation et la sous-conversation.

Le plus souvent, le dedans l'emporte: à tout moment quelque chose affleure, s'étale, disparaît et revient, quelque chose est là qui menace à chaque instant de tout faire éclater. Le lecteur, sans cesse tendu, aux aguets, comme s'il était à la place de celui à qui les paroles s'adressent, mobilise tous ses instincts de défense, tous ses dons d'intuition, sa mémoire, ses facultés de jugement et de raisonnement: un danger se dissimule dans ces phrases douceâtres, des impulsions meurtrières s'insinuent dans l'inquiétude affectueuse, une expression de tendresse distille tout à coup un subtil venin.

Il arrive que la conversation ordinaire paraisse l'emporter, qu'elle refoule trop loin la sous-conversation. Alors parfois, au moment où le lecteur croit pouvoir enfin se détendre, l'auteur sort tout à coup de son mutisme et intervient pour l'avertir brièvement et sans explication que tout ce qui vient d'être dit était faux.

Mais le lecteur n'est que rarement tenté de se départir de sa vigilance. Il sait qu'ici chaque mot compte. Les dictons, les citations, les métaphores, les expressions toutes faites ou pompeuses ou pédantes, les platitudes, les vulgarités, les maniérismes, les coq-à-l'âne qui parsèment habilement ces dialogues ne sont pas, comme dans les romans ordinaires, des signes distinctifs que l'auteur épingle sur les caractères des personnages pour les rendre mieux reconnaissables, plus familiers et plus "vivants": ils sont ici, on le sent, ce qu'ils sont dans la réalité: la résultante de mouvements montés des profondeurs, nombreux, emmêlés, que celui qui les perçoit au dehors embrasse en un éclair et qu'il n'a ni le temps ni le moyen de séparer et de nommer. (pp. 121-123).

Il y a donc irruption de la sous-conversation dans la conversation extérieure qui se déroule en même temps qu'elle. Par contre, les épisodes médians intérieurs d'une histoire conversationnelle ne se superposent jamais aux épisodes conversationnels extérieurs qu'ils relient et par rapport auxquels ils ne sauraient être qu'antérieurs ou ultérieurs. En plus, la composition de la sous-conversation avec la conversation extérieure est un phénomène émergent, largement sous-conscient, subi, souvent violent, alors que les conversations intérieures médianes que nous avons en vue ont un caractère conscient plutôt accusé et se conservent paisiblement dans la mémoire du sujet qui en est le lieu sans que celui-ci leur résiste ou essaie de les cacher à son partenaire conversationnel.

D'un point de vue pragmatique, une histoire conversationnelle entre deux partenaires X et Y peut être définie comme l'ensemble ordonné des interactions conversationnelles C^i, C^j, C^n (où i, j, n marquent des intervalles temporels distincts, successifs et discontinus) qui se sont déroulées entre X et Y au moment *m*. On pourra la marquer comme suit:

$$HC^m_{X,Y} = CI^i_{X,Y}, CM^j_{X,Y}, CF^n_{X,Y}$$

Remarquons que, dans la notation ci-dessus, les exposants ont une valeur différente selon qu'il s'agit d'histoire conversationnelle (à gauche du signe égal) ou d'interaction conversationnelle (à droite du signe égal). L'exposant *m* se réfère à un *moment*; par contre, les exposants *i*, *j*, *n* renvoient à des *durées*.

A la différence de la durée syntaxique, la durée pragmatique d'une interaction conversationnelle doit être non seulement *mesurée*, mais aussi *située* dans le temps, *datée*. Ceci s'effectue par l'indication du moment initial et du moment terminal de l'interaction conversationnelle (soit, par exemple, "*i* = 1er mars 1980, 10h–10h30").

La durée pragmatique d'une histoire conversationnelle est donc représentée par l'intervalle compris entre le moment initial de la première interaction conversationnelle et le moment terminal de la dernière interaction conversationnelle qui composent l'histoire conversationnelle respective. Soit, par exemple, si *i* = 1er mars 1980, 10h–10h30; *j* = 5 avril 1981, 15h–15h40 et *n* = 1er janvier 1986, 9h–9h05, la durée pragmatique de l'histoire conversationnelle peut être considérée égale à 5 années et 10 mois, se situant entre 1980 et 1986, alors que sa durée syntaxique sera égale à 75 minutes.

L'opposition que nous proposons n'est pas étrangère à l'analyse naturelle des histoires conversationnelles, telle qu'elle est pratiquée par les sujets parlants. Vers la fin du *Navire Night* de Marguerite Duras apparaît un bilan net et sec de l'histoire conversationnelle sertie de nuit et d'absence qui s'est déroulée entre J.M., l'homme jeune des Gobelins et F., la riche héritière leucémique. Le texte est le suivant (les tirets apparaissent devant les phrases pour indiquer le changement du diseur dans le texte dité à l'occasion du tournage, en juillet 1978).

— Trois ans.

Le nombre d'heures passées au téléphone: des mois.

— Il y a des périodes, quelquefois d'un mois, pendant lesquelles elle ne donne pas signe de vie. Peut-être est-elle trop malade pendant ces périodes-là pour le faire.

— Et puis elle rappelle. (Duras, 1979, p. 82)

En tant que durées mesurées, les durées syntaxique et sémantique sont dans un rapport qu'exprime la règle suivante:

Durée syntaxique $\leqslant$ durée pragmatique.

La durée syntaxique pourrait être égale à la durée pragmatique uniquement dans le cas d'une histoire conversationnelle qui se compose d'une seule interaction conversationnelle. Dans le reste des cas, la durée syntaxique sera toujours inférieure à la durée pragmatique.

On pourrait réfléchir aux interprétations sémiotiques possibles des rapports entre la durée pragmatique et la durée syntaxique d'une histoire conversationnelle. Il suffit de prendre l'exemple d'une durée pragmatique très grande alors que la durée syntaxique de la même histoire conversationnelle est extrêmement réduite; c'est le cas de l'histoire conversationnelle Dona Prouhèze–Don Rodrigue dans *Le soulier de satin* de Paul Claudel. Ou bien, au contraire, l'exemple d'une durée syntaxique qui se rapproche de la durée pragmatique; ce serait le cas de l'histoire conversationnelle du *Navire Night* de Marguerite Duras.

En tant que datées, les durées pragmatiques des interactions composant une histoire conversationnelle permettent au chercheur de calculer la *distance pragmatique* entre deux interactions conversationnelles successives (on l'obtient en mesurant la durée comprise entre le moment terminal de l'interaction conversationnelle antérieure et le moment initial de l'interaction conversationnelle ultérieure). Ceci est différent par rapport à la vision syntaxique de l'histoire conversationnelle, dans laquelle les conversations étaient discrètes sans que les *pauses* entre elles soient en aucune manière spécifiables.

On pourrait également imaginer de représenter l'*espacement* moyen des interactions conversationnelles dans une histoire conversationnelle par le rapport

$$\frac{dp - ds}{ls}$$

où *dp* = durée pragmatique de l'histoire conversationnelle; *ds* = durée syntaxique de l'histoire conversationnelle; *ls* = longueur syntaxique de l'histoire conversationnelle, en d'autres termes, nombre de conversations distinctes.

Une comparaison des distances pragmatiques entre conversations avec l'espacement moyen de celles-ci permettrait la caractérisation plus fine d'une histoire conversationnelle, en termes d'*épisodes rapprochés* ou, au contraire, *éloignés* l'un de l'autre. A nouveau, la question de l'interprétation à donner à de telles caractéristiques reste ouverte.

C'est en tant qu'elle est datable que toute histoire conversationnelle peut être mise en relation temporelle (d'antériorité, de simultanéité partielle ou totale, de postériorité) avec toute autre histoire conversationnelle. Théoriquement, ceci assure ce qu'on pourrait appeler l'*orientation pragmatique* des sujets langagiers, leur capacité de dominer le magma de la parole vécue.

Il y a beaucoup d'autres éléments qui sont rendus visibles au chercheur qui pose un regard pragmatique sur les interactions conversationnelles, beaucoup de questions nouvelles qui surgissent également. Nous ne ferons qu'en énumérer rapidement certains aspects, en essayant de relier l'étude possible de l'histoire conversationnelle à des domaines stabilisés tels que l'étude des actes de langage, l'étude de l'action et des normes, ou à des problèmes linguistiques plus techniques que ceux, extrêmement généraux, que nous évoquions au début de cet article.

(1) L'opposition histoire conversationnelle ouverte/fermée explicitement ou implicitement (on a vu qu'implicitement une histoire conversationnelle est censée être ouverte aussi longtemps que survit un de ses partenaires) pourrait fonctionner comme point de départ pour une *typologie des histoires conversationnelles quant à leur degré d'ouverture explicite*, telle qu'elle est perçue dans une communauté donnée. On aurait à distinguer, en ce sens, entre des histoires conversationnelles

– à *degré d'ouverture maximum*, "pour la vie" (c'est le cas des histoires conversationnelles entre parents et enfants, par exemple);

– à *degré d'ouverture défini* (exemple: les histoires conversationnelles entre professeurs et élèves qui sont ouvertes pendant un semestre, une année scolaire, etc.);

– à *degré d'ouverture indéfini* (exemple: l'histoire conversationnelle entre le médecin et le patient, qui se prolonge, en principe, jusqu'à la guérison du premier, sans qu'on puisse toujours envisager le moment de sa clôture), etc.

On aurait également à examiner le sort des histoires conversationnelles fermées, leur resurgissement possible, les voies de leur réinsertion dans le concert pragmatique d'une communauté.

(2) On pourrait développer une *typologie des conversations du point de vue de l'histoire conversationnelle*: y a-t-il des éléments de structure interne

(syntaxique, sémantique, pragmatique) qui caractérisent les conversations initiales (médianes, finales)? Quels sont ces éléments? Comment se répartissent-ils? Comment est-ce qu'ils varient d'un type de communauté à un autre?

(3) L'*ordre des conversations dans une histoire conversationnelle et sa manipulation* par les partenaires respectifs constituent un domaine d'investigation dont l'intérêt théorique serait doublé par l'intérêt pratique. Le problème a été non seulement entrevu, mais magistralement analysé par Balzac. Il suffit de penser à la Duchesse de Langeais qui prépare attentivement la succession de ses interactions conversationnelles avec Montriveau, de manière à toujours éluder, sans jamais l'exclure, la déclaration d'amour de celui-ci. Repris par Giraudoux dans le scénario du film *La Duchesse de Langeais*, ce thème de la manipulation de l'ordre des épisodes conversationnels se dessine encore plus nettement:

Ronquerolles. —(...) Peut-on savoir à quelle séance tu en es?
Montriveau. —Que veux-tu dire?
Ronquerolles. —Sur quel obstacle t'arrête-t-elle en ce moment? Le premier mois, pour tes prédécesseurs, c'était sa situation dans le monde. Le second mois son mari. Le troisième, Dieu et l'abbé Gondrand.
Montriveau. —J'en suis au quatrième.
Ronquerolles. —Alors tu en es à l'intermède. A la naïveté. A la romance. Chacun de nous a eu le quatrième mois sa prime musicale. Elle ne t'a rien chanté encore?
Montriveau. —Elle chante?
Ronquerolles. —Tu palpites déjà?... Quelle est la romance à la mode? Le Fleuve du Tage? Cela m'étonnerait fort si elle ne t'offrait pas, un de ces soirs, le Fleuve du Tage... Cela te ramènera au sentiment, si tu en es au désir... Bas les mains. Je chante... Et la bouche reprend ce prestige que les baisers ont affaibli. (Giraudoux, 1946, pp. 133-134)

Pour l'anthropologue qui fait du terrain, pour l'enseignant, pour le psychanalyste, le problème de l'initiation, du maintien, et, extrêmement important, de la bonne clôture d'une histoire conversationnelle sont des préoccupations pratiques immédiates qu'une pragmatique appliquée devrait ne pas négliger.

(4) Non seulement les conversations, mais aussi les intervalles (surtout en tant que *remplis* par des conversations intérieures) sont manipulables et manipulés par les partenaires d'une histoire conversationnelle. C'est, à nouveau, Balzac qui nous le montre, dans *La Duchesse*

de Langeais. Tout comme la théorie des actes de langage ouvre la possibilité, de par l'opposition austinienne *locutoire/illocutoire/perlocutoire*, d'une interprétation nuancée et approfondie du silence, de l'abstention de parole (qui peut être un phénomène locutoire exprimant des forces illocutoires précises et multiples et provoquant des effets perlocutoires déterminés), une analyse pragmatique tenant compte du concept d'histoire conversationnelle dispose des moyens d'affiner l'appréhension des *silences interconversationnels*, des étapes vacantes par rapport à la parole extérieure. Or, ces silences ne seraient même pas observables dans une théorie pragmatique ne tenant pas compte de l'inclusion des interactions conversationnelles dans des macro-structures qui les dominent.

(5) Une *typologie des actes de langage*, plus exactement, des *actes illocutoires par rapport à l'histoire conversationnelle* aboutirait à regrouper, dans des sous-classes qui ne se dessinent que vaguement pour le moment, les actes de langage

– qui *initient* des histoires conversationnelles (présentations; autoprésentations; présentations induites; présentations réciproques[4]);

– ceux qui les *ferment* (salutations finales absolues du type adieux; insultes non compensables par des actes de langage dérivés, par des explications, excuses, justifications, etc.);

– ceux qui, au contraire, *maintiennent ouvertes* les histoires conversationnelles (les salutations finales relatives; les actes de *planning* conversationnel, par le biais desquels on programme des thèmes à explorer, des questions à résoudre, etc.);

– ceux, enfin, qui assurent la fluidité, la continuité d'une histoire conversationnelle (les compliments, les confessions, le rappel des conversations antérieures dans des conversations ultérieures, etc.).

(6) Il y a des *actes locutoires*, comme la prédication et la référence, dont la compréhension peut être enrichie si on les rapporte au concept d'histoire conversationnelle. Il suffit de penser à la distinction *thema/rhema* (*thème* et *propos*). Pour décider de ce qui est donné et de ce qu'on pose dans un énoncé quelconque, il faut tenir compte à la fois:

– de la position de l'énoncé dans l'échange conversationnel auquel il appartient;

---

[4] Cf. Golopentia (1976).

– de la position de cet échange dans la conversation qui l'abrite, et

– de la position de la conversation respective dans une histoire conversationnelle englobante.

Ceci revient à dire que le *donné* et le *posé* eux-mêmes sont à concevoir d'une manière plus nuancée, par rapport à une hiérarchie pragmatique complexe qu'on ne saurait ignorer sans courir le risque de simplifications grossières.

(7) Il y a, enfin, toute une série de distinctions qui seraient à explorer dans le cadre de l'anthropolinguistique, la sociolinguistique, la psycholinguistique, etc. Telle est la distinction entre

– *histoires conversationnelles privées* (entraînant uniquement des participants actifs) et

– *histoires conversationnelles publiques* (entraînant, à côté des participants actifs, des *témoins* qui, sans s'engager dans les interactions conversationnelles, les conditionnent, néanmoins, de par leur simple présence, et peuvent servir de référence métaconversationnelle aux partenaires de l'histoire conversationnelle, en en conservant, dans leur mémoire, la structure et le déroulement).

Telle pourrait être la distinction entre

– interactions conversationnelles *à deux partenaires* et

– interactions conversationnelles *à plus de deux partenaires* (par exemple, les congrès, colloques, assemblées, parlements, etc.)

Les dernières sont, toujours, partiellement publiques dans ce sens qu'il y a au moins certaines interactions conversationnelles qui n'engagent pas tous les partenaires de l'interaction conversationnelle à la fois. Telle est aussi l'opposition entre

– histoires conversationnelles entre individus et

– histoires conversationnelles entre institutions, communautés, personnes juridiques diverses représentables par un agent délégué.

Précis de notation conversationnelle

Telle qu'elle est pratiquée dans les travaux de dialectologie, ethnolinguistique, sociolinguistique, psycholinguistique, pragmatique linguistique, analyse conversationnelle etc., la transcription phonétique
des conversations, pour utile qu'elle soit, ne fournit pas encore une
image précise de l'articulation syntaxique et pragmatique de celles-
ci. Je propose et commente ci-dessous un système de notation qui,
sans trop compliquer le travail de mise en page d'une interaction conversationnelle, me semble de nature à en rendre transparents le déroulement et les composantes essentielles aussi bien d'un point de vue
syntaxique que d'un point de vue pragmatique.

La représentation que je propose se définit par la distinction entre
cinq positions de base. Celles-ci sont les suivantes (figure 1):

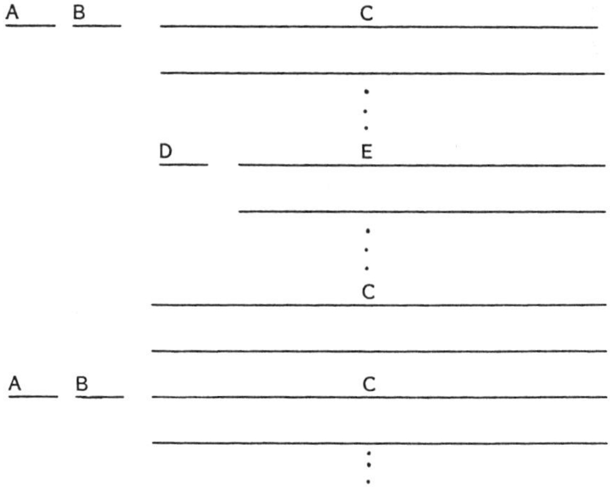

A   B ___   _____ C _____

_____

:
:
D ___   _____ E

_____

.
:
C

_____

A ___ B ___   _____ C _____

_____

:
:

Figure 1

177

1. Les positions C et E sont des positions syntaxiques destinées à accueillir la transcription phonétique des expressions linguistiques qui ont été produites au cours de la conversation. La différence entre les deux positions consiste, pour l'essentiel, en ce que la position C est censée accueillir uniquement les expressions linguistiques qui constituent une *intervention conversationnelle promulguée*, donc la composante d'un échange conversationnel *in praesentia*, alors que, par contre, les expressions notées en position E sont des *interventions rapportées* ou *imaginées* par l'un des participants à la conversation, attribuables à des Locuteurs absents et insérées activement dans des conversations autres que la conversation qui fait l'objet de la notation.

Le concept de *promulgation*, que j'ai présenté en détail dans Golopentia (1978a), correspond, pour l'essentiel, à l'ensemble des traits suivants: (a) seules les interventions conversationnelles peuvent faire l'objet d'une promulgation; (b) pour qu'une intervention conversationnelle puisse être considérée comme promulguée, il faut qu'elle soit (b') articulée par un Locuteur *légitime*, c'est-à-dire un Locuteur qui détient le tour de parole; (b'') *acceptée* par celui-ci, ce qui exclut de la classe des interventions promulguées les interventions ironiques, par exemple; (b''') *adressée* par le Locuteur à un Allocutaire. Je ne stipule pas comme condition nécessaire de la promulgation d'une intervention l'acceptation de celle-ci par l'individu auquel elle a été adressée.

2. Les positions A, B et D sont des positions pragmatiques destinées à accueillir les éléments par l'intermédiaire desquels on peut caractériser pragmatiquement les expressions linguistiques C et E. Plus précisément, (a) les éléments figurant sous A et B seront à lire comme spécifications pragmatiques par rapport aux interventions conversationnelles dont la transcription débute sur la même ligne, en position C et (b) les éléments figurant sous D seront à lire comme spécifications pragmatiques des expressions linguistiques dont la transcription débute sur la même ligne, en position E.

3. Les positions A, B et C sont des *positions obligatoires*. Elles configurent la représentation graphique minimum de toute conversation. Les positions D et E sont des *positions optionnelles*.

4. La position A sera occupée par les chiffres qui indiquent le numéro d'ordre des unités pragmatiques de base qui composent la conversation. Ces unités seront nommées *unités conversationnelles de base* ou *échanges conversationnels*.

5. La position B sera occupée par un *préfixe d'intervention conversationnelle* ayant la structure suivante: (a) sigle spécifiant le participant qui assume le rôle conversationnel de Locuteur; (b) marque "→" de l'acte par lequel celui-ci adresse son intervention à un Allocutaire; (c) sigle du participant qui assume le rôle conversationnel d'Allocutaire; (d) barre oblique suivie par le sigle du participant qui assume le rôle conversationnel de Témoin; (e) marque ":" de l'acte de promulgation de l'intervention. La transcription de l'intervention *a* adressée par X à Y en présence des Témoins Z et W sera donc préfixée par:

X→Y/Z, W: *a*

Cette notation correspond au cas où le déroulement ultérieur de la conversation confirme l'acceptation, par Y, du rôle d'Allocutaire proposé par X. Dans le cas où le déroulement ultérieur de la conversation montre que le participant visé par le Locuteur en tant qu'Allocutaire n'a pas accepté de remplir ce rôle, on pourra faire suivre par "*" le sigle désignant l'*Allocutaire qui se dérobe*. Le préfixe d'intervention aura la forme suivante:

X→Y*/Z, W:

Dans le cas de l'*aparté* où le Locuteur parle sans adresser la parole à quelqu'un, le préfixe d'intervention aura la forme suivante:

X/Y, Z, W:

Dans le cas où la conversation se déroule uniquement entre deux partenaires X et Y, donc dans le cas des *conversations privées, sans témoins*, le préfixe d'intervention aura la forme réduite suivante:

X→Y:

Le sigle de l'agent Locuteur renvoie à:

(a) celui qui *articule* l'expression linguistique dont la transcription débute sur la même ligne, en position C ou E ou sur une ligne *n* en position E dominée par le sigle (le préfixe). Par exemple, une représentation du type:

15   X→Y/Z: *a*

      P   *b*

      c

      Q   *d*

   Y→X/Z: P   *e*

16   Z→X/Y: *h*

où les chiffres 15 et 16 apparaissent en position A; P et Q apparaissent en position D; les lettres minuscules soulignées marquent des expressions linguistiques en position C (*a, c, h*) ou E (*b, d, e*), renvoie à un fragment conversationnel dans lequel l'individu X a articulé l'expression *abcd*; l'individu Y a articulé l'expression *e*; et l'individu Z a articulé l'expression *h*.

(b) celui qui *adresse* l'expression linguistique qui lui est associée en position C à l'individu spécifié par le sigle occupant la position immédiatement suivante par rapport au "→" dans le cadre du préfixe d'intervention. Si on reprend l'exemple ci-dessus, il se donnera donc également à lire comme: X a adressé l'expression *ac* à l'individu Y en présence de Z et Z a adressé l'expression *h* à X en présence de Y.

A remarquer que, vu le fait qu'elles n'apparaissent pas en position C, les expressions *b* et *d* ne correspondent pas à des expressions adressées par X à Y ou à quelqu'un d'autre; l'expression *e* ne correspond pas à une expression adressée par Y à X ou à quelqu'un d'autre.

(c) celui qui *rapporte* le cas où un Locuteur absent (spécifié en position D) a articulé ou celui qui *imagine* le cas où un Locuteur virtuel (spécifié en position D) pourrait articuler les expressions linguistiques qui occupent la position E dominée par B. De ce point de vue on pourra donc lire l'expression ci-dessus comme: X rapporte (imagine, etc.) une situation conversationnelle dans laquelle les expressions *b* et *d* ont été articulées par P et Q respectivement; Y rapporte (imagine) une situation conversationnelle dans laquelle l'expression *e* a été articulée par P.

En parcourant, de haut en bas, les sigles qui spécifient le Locuteur dans le cadre des préfixes d'intervention sous B, on peut savoir dans quel ordre et à quels intervalles les participants à la conversation ont assumé le rôle de Locuteur. Cette information est intéressante, bien entendu, surtout dans le cas des conversations entraînant plus de deux partenaires. Il y a cependant, même dans le cas des conversations à deux partenaires, des situations où le même individu assume successivement le rôle de Locuteur (vu que l'Allocutaire visé se dérobe) et où, de ce fait, la spécification du *Locuteur qui insiste* est loin d'être superflue. Dans une situation de ce type, l'échange conversationnel qui "prend" difficilement pourrait être noté de la manière suivante:

1   X → Y*:   *abcd*

     X → Y*:   *e*

$$X \rightarrow Y: \qquad f$$
$$Y \rightarrow X: \qquad gh$$

2 ......

La notation ci-dessus se donne à lire comme: X s'adresse à Y qui élude à deux reprises son "offre" conversationnelle (son appel conversationnel) et finit par réagir à la troisième intervention de celui-ci.

En comptant les sigles de Locuteur qui apparaissent en position B on obtient le nombre des *moments conversationnels distincts* (des *tours de parole*). Par exemple, dans la représentation que j'ai commentée jusqu'ici il y a quatre moments conversationnels.

Le numéro d'ordre de chaque moment conversationnel sera ajouté, en tant qu'indice, à chacun des sigles de Locuteur sous B. Si la représentation ci-dessus correspondait au début d'une conversation, elle prendrait donc la forme:

$$1 \quad X_1 \rightarrow Y/Z: \qquad a$$
$$P \; b$$
$$c$$
$$Q \, d$$
$$Y_2 \rightarrow X/Z: \qquad P \; e$$
$$2 \quad Z_3 \rightarrow X/Y: \qquad h$$

Le fait que le rôle de Locuteur ou d'Allocutaire a été assumé par un groupe sera marqué par l'inclusion entre accolades des sigles désignant les individus qui le constituent. Une intervention *a* adressée par X au groupe Allocutaire {Z, W, T} sera précédée par le préfixe d'intervention:

$$X \rightarrow \{Z, W, T\}:$$

Ce préfixe est à distinguer de:

$$X \rightarrow Z, W, T:$$

Dans le premier cas, {Z, W, T} est un Allocutaire collectif unique et devra réagir, au moment conversationnel suivant, par une intervention dont la promulgation sera assumée par Z-et-W-et-T en tant que groupe (même si, par exemple, l'intervention est articulée uniquement par l'un des membres du groupe, il s'agira, dans ce cas, de Z *en tant que* Z-et-W-et-T, de W *en tant que* Z-et-W-et-T, etc.). Dans le deuxième cas, Z, W et T renvoient à trois agents Allocutaires distincts qui assument, *chacun*, par rapport à X, l'obligation de promulguer une intervention à un moment ultérieur à la parole de X.

Pour désigner le *représentant autorisé* (le *mandataire*) d'un individu *mandant* on pourra utiliser la notation suivante: (a) sigle, précédé par l'astérisque, de l'individu mandant suivi par (b) barre horizontale désignant la relation (le contrat) "mandat", suivie par (c) sigle de l'individu mandaté (du mandataire). Cette notation sera ensuite insérée en position Locuteur, Allocutaire ou Témoin dans le cadre du préfixe d'intervention. Si, par exemple, X est le mandataire de Y en qualité d'Allocutaire par rapport à un Locuteur V et en présence des Témoins T et S, le préfixe d'intervention correspondant à cette situation aura la forme suivante:

$$V \rightarrow {}^{*}Y - X/T,\ S:$$

Le mandataire d'un groupe pourra être signalé par l'absence d'un astérisque préposé au sigle qui le désigne. Dans le cas où le groupe composé de X, Y et W est représenté dans l'interaction conversationnelle qui fait l'objet de la notation par l'individu Y, le groupe sera marqué comme suit:

$$\{{}^{*}X,\ Y,\ {}^{*}W\}$$

Cette notation sera insérée à la position qui correspond au rôle conversationnel assumé par le mandataire dans le préfixe d'intervention.

En extrayant de la notation *globale* d'une conversation tous les préfixes d'intervention, on obtient la séquence des adjugements de rôles qui rend compte de l'interaction conversationnelle respective. Nous donnerons le nom de *fil de la conversation* à cette séquence. Le fil de la conversation représente — au niveau des actes locutoires — la *structure profonde de la conversation* respective.

6. Se trouveront en position D les sigles des individus (réels ou fictifs) *non-participants à la conversation*, auxquels le Locuteur a attribué les rôles de Locuteur', Allocutaire', Témoin' par rapport à une expression (un fragment conversationnel) rapporté(e), imaginé(e), etc. *Locuteur'*, *Allocutaire'*, *Témoin'* seront à lire respectivement *Locuteur non-participant* (absent), *Allocutaire non-participant* (absent), *Témoin non-participant* (absent). La notation employée est présentée dans la figure 2.

Figure 2

Elle fournira l'information suivante: le Locuteur absent X1 a adressé à l'Allocutaire absent X2, en présence du Témoin absent X3 l'expression qui figure en position E; l'individu X1 a adressé, en tant que Locuteur', à l'Allocutaire' X2 l'expression linguistique qui suit en position E. Dans les formules ci-dessus "→" note l'acte d'adresser et "/" isole le Témoin des participants actifs à la conversation de la même manière que dans le cadre du préfixe d'intervention sous B. A remarquer cependant que (a) le préfixe d'intervention rapportée, imaginée, citée, mimée, etc., est inclus entre crochets et que (b) le préfixe d'expression rapportée, imaginée, etc., ne contient pas la marque de promulgation ":".

On pourra donc noter le cas où X et Y rapportent (citent, parodient, miment) un fragment d'une conversation ayant eu comme partenaires actifs les individus absents P et Q et comme Témoin l'individu absent R, de la manière suivante:

15   X→Y/Z: *a*

        [P→Q/R]   *b*

        c

        [Q→P/R]   *d*

        Y→X/Z: [P→Q/R]   *e*

16   Z→X/Y: *h*

et le cas où le fragment conversationnel rapporté appartient à une conversation privée entre P et Q de la manière suivante:

15   X→Y/Z: *a*

        [P→Q]   *b*

        c

        [Q→P]   *d*

        Y→X/Z: [P→Q]   *e*

16   Z→X/Y: *h*

La position D est donc destinée à la représentation des dates concernant le *groupe humain de référence*, l'ampleur et la configuration de celui-ci par rapport au groupe de participants *in praesentia*. Il s'agit, bien entendu, de dates concernant les individus absents que la conversation faisant l'objet de la notation a évoqués, mentionnés, etc.

7. Les interventions conversationnelles promulguées étant les seules composantes légitimes d'un échange conversationnel et les réactions verbales d'Allocutaire (de Témoin) ne constituant pas une intervention, la position C doit agglutiner (voire incorporer) à l'intervention

conversationnelle du Locuteur tous les faits de parole attribuables à l'Allocutaire et/ou au Témoin qui s'y rattachent (qu'elle a provoqués).

(a) Pour marquer le cas où les individus qui assument les rôles d'Allocutaire ou de Témoin *intercalent* des mots, des phrases, des exclamations, des rires, etc., entre les mots du Locuteur, on utilisera les parenthèses. A l'intérieur des parenthèses figureront: le sigle de celui qui insère une expression linguistique et l'expression linguistique intercalée. On n'exprimera pas, à ce niveau, la différence entre intercalation d'Allocutaire et intercalation de Témoin vu que cette information peut être récupérée à partir du préfixe d'intervention.

Les sigles compris entre parenthèses ne seront pas indexés et ne seront pas suivis par les marques "→" ou ":" étant donné que la parole des participants qui assument les rôles d'Allocutaire ou de Témoin ne représente pas des moments conversationnels, des tours de parole légitimes, des interventions promulguées.

La représentation

$$4 \quad X_7 \rightarrow Z/Y: \qquad a(Y \quad b)c$$
$$Z_8 \rightarrow X/Y: \qquad d$$

sera donc lue comme suit: au moment conversationnel 7 appartenant au 4-ème échange conversationnel, le Témoin Y a intercalé l'expression b dans le contexte $a-c$ de l'intervention adressée par le Locuteur X à l'Allocutaire Z.

(b) Pour marquer les cas où les individus qui assument les rôles d'Allocutaire ou de Témoin parlent, s'exclament, rient, etc., *en même temps* que l'individu Locuteur on aura recours à l'inclusion entre accolades des lignes contenant des *expressions articulées simultanément (superposées)*. Les accolades embrasseront autant de lignes qu'il y a d'individus qui agissent (parlent, rient etc.) simultanément. Les mots du Locuteur apparaîtront, naturellement, en première ligne, dans le prolongement de ceux qui n'ont pas subi la superposition des mots (des bruits) d'autrui. A l'extérieur de l'accolade, à gauche, sur chacune des lignes 2, ... n par rapport à la ligne 1 de début d'intervention, figurera le sigle spécifiant l'individu qui a produit l'élément respectif. Ces sigles ne seront pas indexés vu que, dans ce cas, tout comme dans le cas antérieur, les expressions (les bruits) superposés ne représentent pas des moments conversationnels (des tours de parole).

La représentation:

$$22 \quad X_{34} \rightarrow Y/Z: \qquad \begin{matrix} & Z \\ & Y \end{matrix} \left\{ \begin{matrix} c \\ de \\ g \end{matrix} \right\}$$

$$Y_{35} \rightarrow X: \qquad \left\{ \begin{matrix} h \\ h \end{matrix} \right\}$$
$$Z_{35} \rightarrow X:$$

note donc le cas où simultanément à l'articulation de l'expression c par le Locuteur X, les partenaires Z et Y, qui n'ont pas le tour de parole, prononcent respectivement les expressions de et g et, devenus Locuteurs au moment conversationnel immédiatement suivant, adressent simultanément au même Allocutaire X l'expression linguistique h.

A remarquer que j'ai considéré comme un moment conversationnel unique la parole simultanée des deux Locuteurs sans toutefois renoncer à la transcription phonétique de chacune des deux articulations. Il se peut cependant, qu'articulée en même temps par plusieurs Locuteurs, une expression linguistique ne puisse plus être restituée dans le détail de chacune de ses productions. Dans ce cas on pourra recourir à la notation suivante:

$$\{Y_{35}, Z_{35}\} \rightarrow X: \qquad h$$

où Y et Z constituent un groupe Locuteur adressant à l'Allocutaire X l'intervention h.

(c) Les deux notations peuvent être combinées. Ainsi, par exemple, la représentation

$$3 \quad X_{6} \rightarrow Y, Z: \qquad a \left(\begin{matrix} Y \left\{ b \right\} \\ Z \left\{ c \right\} \end{matrix} \right) d$$

$$Y_{7} \dots\dots\dots\dots\dots\dots\dots$$
$$Z_{8} \dots\dots\dots\dots\dots\dots\dots$$

marque le cas où, au 6-ème moment conversationnel (qui se situe dans le 3-ème échange conversationnel) les Allocutaires Y et Z ont intercalé simultanément les expressions b respectivement c dans le contexte $a-d$ de l'expression articulée par le Locuteur X. La représentation

$$1 \quad X_{7} \rightarrow Z/Y: \quad a \quad (Y \quad b) \left\{ \begin{matrix} e \\ d \end{matrix} \right\} c$$
$$Y$$

marque le cas où, au 7-ème moment du premier échange conversationnel, le Témoin Y a intercalé l'expression *b* dans le contexte *a — ec*
de l'intervention de X et a superposé l'expression *d* à la portion *e* de
celle-ci (le produit locutoire total de X$_7$ étant donc *aec* et celui de Y
étant *bd*).

(d) Pour marquer les situations dans lesquelles quelqu'un commence
par articuler simultanément avec le Locuteur et finit par articuler *en
tant que* Locuteur (par *ravir* donc *le tour de parole*) on peut utiliser des
accolades dans le cas desquelles, au lieu d'apparaître tout de suite à
gauche de l'accolade, le sigle du *ravisseur* apparaît en position B, au
niveau de la ligne contenant l'expression érigée en intervention:

$$
5 \qquad X_7 \rightarrow Y: \qquad c \quad \begin{Bmatrix} d \\ e \end{Bmatrix} hij
$$
$$
\qquad\qquad Y_8
$$

L'expression ci-dessus marque donc le cas où, simultanément avec
l'articulation par le Locuteur X de l'expression *d* au moment conversationnel 7 du 5-ème échange conversationnel, l'Allocutaire a articulé l'expression *e* et a continué à parler, en produisant l'expression
hij et en ravissant le tour de parole à X qui est resté silencieux. A
remarquer que, vu le fait qu'il a obtenu le tour de parole, le sigle de
Y est indexé et que l'expression *ehij* correspond, tout comme l'expression *cd* à une intervention.

(e) L'ensemble des expressions linguistiques (ou para-linguistiques)
incluses entre parenthèses et/ou accolades représente le *surplus*, *l'excédent conversationnel*. Il correspond aux mouvements conversationnels
semi-autorisés (ou même *non-autorisés*) des Allocutaires et/ou des
Témoins.

(f) Si l'on soustrait l'excédent conversationnel ainsi défini de l'ensemble des expressions qui occupent la position C, on obtient la représentation de la *partie principale de la conversation*, du *nucléus conversationnel*, des *mouvements conversationnels légitimes*, *de Locuteur*, qui constituent
celui-ci.

8. La position E est destinée à accueillir les expressions linguistiques citées, rapportées, imaginées, etc., par les participants Locuteurs
et attribuées par eux (ou attribuables) aux individus absents mentionnés sous D.

Pour marquer le fait qu'il s'agit d'*expressions reproduites* et non pas
produites par le Locuteur et pour les isoler des parenthèses du Locuteur (dans lesquelles celui-ci commente, évalue, etc., l'agissement ver-

bal de la personne qu'il cite) toutes les expressions rapportées seront incluses entre guillemets. Ainsi, par exemple, la représentation:

5    $TID_{16} \rightarrow SGE$:   *a*

[$X7 \rightarrow X8$]   "*b*"   *c*   "*d*"

correspond au cas où, dans le cadre du 5-ème échange conversationnel, au moment conversationnel 16, TID a produit en tant que Locuteur les expressions *a* et *c* et a reproduit les expressions *b* et *d* (attribuables à X7 et adressées, par ce dernier, à X8, X7 et X8 étant des Locuteurs absents ou fictifs).

L'ensemble des expressions linguistiques qui occupent la position E correspond à *l'expérience conversationnelle* des partipants à la conversation; il concentre les fragments conversationnels que la conversation en cours attire dans son orbite, resitue, exploite, etc.

Si on l'ajoute au surplus conversationnel mentionné sous (7) on obtient la *partie secondaire de la conversation*.

9. Le système présenté ci-dessus permet la notation simple, souple et précise de situations conversationnelles extrêmement diverses. Il a été testé, à partir de 1978, lors de la mise en page de beaucoup de conversations recueillies sur le terrain. Afin de donner au lecteur une idée plus exacte de la forme que prend une conversation réelle lorsqu'on la soumet aux procédures de représentation proposées dans le présent ouvrage, je vais reproduire, à titre d'exemple, un fragment d'une conversation qui a été transcrite de cette manière et publiée intégralement dans Golopentia (1979).

La conversation sur laquelle a été prélevé notre échantillon a duré 20 minutes. Elle a été enregistrée en juin 1972, dans le village de Breb, situé au nord de la Roumanie. Elle s'est déroulée entre 6 participants: 3 paysannes dont les sigles respectifs sont TID (âgée de 68 ans au moment de l'enquête), F1 et F2 (deux fillettes, âgées de 9 ans au moment de l'enquête) et 3 chercheurs dont les sigles respectifs sont SGE (linguiste), LBG (folkloriste) et FAP (ethnolinguiste). TID, F1, F2, SGE et LBG ont comme langue maternelle le roumain. TID, F1 et F2 parlent en patois. SCE et LBG utilisent le roumain standard. FAP, dont la langue maternelle est le français, n'a assumé que les rôles d'Allocutaire et de Témoin. Initiée par SGE, la conversation visait essentiellement TID et le savoir langagier de celle-ci. Dans son déroulement, la conversation a abandonné cependant ce terrain métalinguistique et a exploré les normes qui dirigent, en général, la conduite verbale et non-verbale des femmes et des hommes à Breb. La conversation a comporté 105 échanges conversationnels totalisant un nombre de 218 interventions. Le fragment que je découpe débute par l'intervention 133 de TID (échange 66) et finit par le moment conversationnel 141 (échange 70). On a marqué par "xxx" les passages qui, vu qu'ils étaient superposés, mal articulés, chuchotés, bougonnés, etc., n'ont pas pu être transcrits. On a marqué par "/" et par "//" (dans les interventions) les pauses de syntagme et de phrase respectivement. Lorsque les pauses interphrastiques se sont avérées importantes, on a spécifié leur durée en secondes. Exemple: /3"/ dans l'intervention 137 ci-dessous. On a marqué l'intonation d'autocorrection par [k] et l'intonation d'hésitation par [ ]. Le fragment se trouve aux pages 189-190[1].

Sans connaître le roumain, il est possible au lecteur, grâce à la notation, d'appréhender la structure pragmatique de base du fragment conversationnel ci-dessous. On perçoit que:

(a) Mis à part l'échange conversationnel 66, tous les autres échanges comportent chacun 2 interventions (alors qu'ils pourraient en contenir 5, vu qu'il y a 5 participants qui ont assumé le rôle de Locuteur). Le fragment se définit donc par des échanges conversationnels simples, entre deux Locuteurs, surveillés à chaque fois par 4 Témoins.

(b) Mis à part le même échange conversationnel 66, tous les autres échanges ont eu comme deuxième Locuteur TID. N'oublions pas que TID était l'informateur visé par le groupe de chercheurs SGE, LBG et FAP. Par un phénomène de propagation de rôle que nous avons analysé dans Golopentia (1979c), TID est devenue, au cours de la conversation, le Locuteur visé par F1 et F2 également. Ceci nous oriente déjà vers la structure illocutoire de la conversation, qui ne sera pas considérée dans le présent ouvrage.

(c) Les interventions de TID ont été interrompues par des intercalations ou partiellement accompagnées par des superpositions dont se sont rendues responsables F1, F2 et SGE. L'intervention de LBG a été interrompue par TID et partiellement accompagnée par F1. Les interventions de F1 et de SGE n'ont pas été interrompues. Ceci peut s'expliquer, entre autres faits, par la longueur relative des interventions. En effet, l'ampleur des interventions de TID dépasse de beaucoup l'ampleur des interventions des autres Locuteurs, ce qui facilite et pourrait même provoquer le bruitage.

---

[1] Cf. Golopentia (1979c), p. 476.

66 TID₁₃₃→F1/F2, SGE, LBG, FAP:

pã‿i̭o cum aş, si şezútă hăi cocợ cu i̭ẹl? i̭o-z‿mai bătrî́nă
că‿i̭el cŭ şắpt'e ai̭ [ε] i̭el dacă n-ar fi cum i/bet'ág aşẹ/
apắi̭ ar fi ŭ‿i̭om/ca i̭ón/nu-l cunóşt'ẹi̭ĭ pắ ión d'e la
il'ẹ́ana bud'ánului̭? ar fi ŭ‿i̭om înti̭e-n‿sat//ş-aşẹ̆…da‿aşẹ̆
bg̟ẹ́tu-i̭…i slab şi bătrî́i̭//amú-i̭ ş‿i̭el i d'e şắşă ﹂zắi̭‿d'e ai̭//
F1 ⎱ xxx
F2 ⎰ xxx

67 F1₁₃₄→TID/F2, SGE, LBG, FAP:

matá cîş‿cocóń ai̭ avút cu čai̭ [k] cu čẹ̆la d'intî́i̭e?

TID₁₃₅→F1/F2, SGE, LBG, FAP:

pátru//pátru fẹt'e//şi tri cu-ai̭ẹ́sta şi-o fo şẹpt'ẹ//d'e luni̭
pînă…sî́mbătă//

68 SGE₁₃₆→TID/F1, F2, LBG, FAP:

[e bine să ai mulţi copii?]

TID₁₃₇→SGE/F1, F2, LBG, FAP:

dumắtă în drága vi̭áţa dumnítal'e ai̭ avẹ plăčẹ́re să pui̭
un‿pom/saŭ un‿zmokin‿i̭ saŭ un‿i̭…pk̟ér sîc/kérsic!
ḭum‿prun/un…pom/nǫ aşẹ spúnem c-um‿pom//dumắtă-i̭
púńe pómu-ačẹ́la/li-i̭ răstázi/că dacă nu l-i răstăzi/máre
nu..l-i dúčă/nu l'-i put'ẹ́/şi ti-i̭ dúčẹ̆ drágă şi l-ingriji ũ
ᵘan/l-ingriji̭ doi̭/l-ingriji̭ dắčă/şi roắd'e nu ţ-a da/nič a ţî́pla
mlắd/nič a-nflori/niş‿ţ-a da roắdă//i̭i̭ mẹ şi li-i̭ tăi̭ẹ́/nu
rod'ẹ́//čẹ̆ să mắ-l dắ [ε] ai̭ acól'e?

[X56—X56]   "dupǎ čě sǎ-m_fáčǎ úmbra ásta ? ịo am págubǎ//

ę! da dacǎ pómu-ačěla rod'ếșt'e/ápǎị dumǎtǎ čî_d'e eu drag t'e duč? duč îm...coș/duč îm_pǫla du....
[X57—X30]   hǎị búne-z/vaị țíne-mǎ dǫmńe sǎ maị mińińe čî_d'e mul_d'în ịel !"/3"/
așé mńére ásta//pǎ ásta cǎrǎre//
[X58—X59]   "sǎ ńe mulțím ca nǎsípu mǎrịị"/3"/cum zíč acólo? [gest spre grindǎ] "ca ravéịča"//

ásta und'e zíče?

und'e díčǎ?

'ě?

p-acólo//(F1 aíč sus//)(SGE· p-aíșa pǎ̆ la ic[k] pîn_čárt'e?)
da [k] nu...ị_(SGE   unde? în_čárte...) șî-ụ_cârt'e zíčě
da șî pǫpa//

69 LBG₁₃₈→TID/F1, F2, SGE, FAP:

TID₁₃₉→LBG/F1, F2, SGE, FAP:

70 LBG₁₄₀→TID/F1, F2, SGE, FAP:

TID₁₄₁→LBG/F1, F2, SGE, FAP:

(d) TID insère dans la conversation des fragments conversationnels attribuables à des Locuteurs absents. Elle est la seule à le faire. Les inserts sont plutôt courts. La conversation semble avoir déjà beaucoup puisé à la parole des autres, le groupe de référence se composant, au moment 107, de 59 Locuteurs absents. TID semble citer plutôt des interventions que des échanges conversationnels. Ceci n'est pas sûr cependant, vu qu'il se pourrait que X52, X53 et X55 aient participé à la même interaction conversationnelle; que X56, X57, X30, X58 et X59 aient participé à la même conversation. Dans l'une des interventions citées en position E, le Locuteur absent X56 s'adresse à soi-même.

Capable de présenter les faits d'une manière qui soit transparente au chercheur indépendamment de la langue utilisée dans la conversation notée, la notation ici proposée pourrait constituer un instrument d'analyse pragmatique utilisable surtout dans l'examen du niveau locutoire des conversations: adjugement des rôles et des tours de parole; groupe actif et groupe de référence; groupe Locuteur-Allocutaire et groupe Témoin; structure des groupes Témoin; intensité de la conversation et du bruitage; discipline et politesse des Locuteurs, etc.

10. Le système de notation exposé ci-dessus permet la représentation de certaines séquences conversationnelles qu'on ne saurait transcrire en se limitant aux conventions courantes de représentation. Prenons l'exemple suivant, extrait de la même conversation[2]:

38 TID$_{79}$→F1/F2, SGE, LBG, FAP:

...//nü voi   mǫárt'a pǎcǎtósuluị// (F1   ę/da

bǎrbátu) ⎰cǎ sǎ-ntǫásǎ cǎt... ⎱   tręába luị/ịel
    F1 ⎰de če omǫárǎ feméịa?⎱

a rǎspúnd'e//

La traduction de ce fragment est la suivante:

TID→F1/...:

...ne souhaite jamais la mort du coupable (F1 eh/mais le
mari) ⎰car [ce souhait, ceci] se retournera contre⎱   c'est son
  F1 ⎰pourquoi est-ce qu'il tue sa femme?   ⎱
affaire/ c'est lui qui en répondra [devant Dieu]//

---

[2] Cf. Golopentia (1979c), p. 472.

La conversation explore avec beaucoup de passion, chez TID aussi bien que chez F1 et F2, les rapports entre mari et femme aussi bien en général que dans le village de Breb en particulier. TID, profondément religieuse et soumise à la tradition, estime que la femme, même si elle est supérieure à son mari, en tant qu'individu, doit assumer le deuxième rôle (d'épouse) et ne jamais condamner ou réagir contre les excès de l'époux, détenteur du premier rôle dans le mariage. F1, justicière, réagit en introduisant dans le débat le cas extrême où le mari tue sa femme. Est-ce qu'on doit ne pas réagir? Est-ce qu'on doit le tolérer? La discussion est tendue, le clivage tel que les fillettes ont complètement oublié le respect qu'elles doivent (et qu'elles portent) à l'âge et à la sagesse, unanimement célébrée dans le village, de TID. C'est ce qui explique les intercalations et superpositions, la hâte avec laquelle TID aussi bien que F1 réagissent à ce qui se dit et qui les oppose.

Dans ce cas, la transcription

> TID... ...ne souhaite pas la mort du coupable//car ton souhait se retournerait contre/c'est son affaire//c'est lui qui en répondra/
>
> F1...   eh/mais le mari pourquoi est-ce qu'il tue sa femme?

ne serait pas correcte pour plusieurs raisons:

(a) F1 n'a pas parlé en tant que Locuteur légitime, elle a précipité et imposé sa parole d'Allocutaire au Locuteur TID en l'intercalant et ensuite en la superposant à l'intervention de celle-ci; on ne saurait donc transcrire comme intervention ce qui a représenté plutôt un mouvement conversationnel illégitime.

(b) L'intervention de TID a changé de direction sous l'influence de la question intercalée-et-superposée de F1. TID renonce à ce qu'elle était en train de dire ("ne souhaite jamais la mort du coupable, car un tel souhait se retournerait contre [toi-même]") et répond à la question de F1 ("le mari, pourquoi est-ce qu'il tue sa femme?") par: "c'est son affaire, c'est lui qui en répondra [devant Dieu]".

(c) En transcrivant, d'abord, l'intervention de TID et ensuite les mots de F1, on se trouverait dans la situation, paradoxale, de noter la réponse avant la question qui l'a provoquée.

(d) Si, par contre, on inverse l'ordre et on transcrit:

> F1... eh/mais le mari, pourquoi est-ce qu'il tue sa femme?
>
> TID... ...*ne souhaite jamais la mort du coupable//car ceci se retournerait contre*/c'est son affaire/c'est lui qui en répondra

il y a toute une portion de la parole de TID (je l'ai soulignée) qui donne l'impression de représenter la réponse de TID à la question de F1, alors qu'elle ne remplit pas cette fonction.

(e) On pourrait dire que c'est en *solidifiant* les paroles de TID et de F1, en négligeant leur fragmentation, qu'on perd de vue le sens véritable de l'interaction. Transcrivons donc:

TID... ...ne souhaite pas la mort du coupable
F1... eh/mais le mari
TID... car [ceci] se retournerait contre
F1... pourquoi est-ce qu'il tue sa femme?
TID... c'est son affaire/c'est lui qui en répondra//

Cette transcription ne met pas en évidence la continuité qui existe entre la première et la deuxième "réplique" de TID ainsi qu'entre la première et la deuxième "réplique" de F1. En revanche, elle suggère, de manière erronnée, une relation action/réaction de parole entre la première "réplique" de TID et la première "réplique" de F1; entre la première "réplique" de F1 et la deuxième "réplique" de TID; entre la deuxième "réplique" de TID et la deuxième "réplique" de F1. Or, et ceci est essentiel, aucune des "répliques" de F1 et aucun des fragments de la parole de TID ne constituent, par eux-mêmes, intervention. Et il n'y a que l'intervention qui puisse entrer en relation action/réaction avec des interventions antérieures ou ultérieures.

11. Nous en venons ainsi aux implications et fondements théoriques de la notation présentée ci-dessus.

Toute notation conversationnelle représente, en effet, l'occasion d'une première analyse de l'interaction verbale qu'elle prend en charge et les prémisses de la compréhension sémantique et pragmatique de celle-ci.

C'est pourquoi j'estime qu'une notation doit montrer, dès le début, l'articulation syntaxique et pragmatique de la conversation. D'un point de vue syntaxique, la notation que je propose dégage les interventions des bruits conversationnels, les échanges conversationnels des intercalations et superpositions. D'un point de vue pragmatique, elle précise les tours de parole et isole l'intervention-action de l'intervention-réaction.

De cette manière, la notation conversationnelle devient le fondement d'une analyse locutoire plus poussée de la conversation qu'elle représente. Et, ce qui est encore plus important, elle contribue à *rendre visibles* d'autres éléments de la structure locutoire des conversations, que la théorie de la structure conversationnelle n'a pas encore appréhendés. On a vu ainsi, qu'à côté des concepts d'échange et d'intervention conversationnelle sont apparus, de par le simple fait de commenter la notation utilisée, les concepts de *conversation principale*, *conversation secondaire*, *fil de la conversation*, *excédent conversationnel*, etc. Il y a aussi, dans la notation présentée, des éléments qui se prêtent à la mise en évidence de certaines dimensions de la performance conversationnelle. On pourrait définir par exemple le *temps de réaction* du Locuteur par le nombre de mots que celui-ci prononce entre le moment où il a été soumis à une intercalation ou une superposition pressante (question, protestation, etc.) et le moment où il infléchit son intervention pour réagir à celle-ci. On pourrait également calculer le *degré d'assurance* du Locuteur en établissant le rapport entre le nombre de cas où le Locuteur qu'on interrompt ou qu'on accompagne modifie son intervention et le nombre de cas où il la continue imperturbablement.

12. La notation que nous avons présentée rend compte du niveau locutoire de la conversation. De ce point de vue elle dépasse, et de beaucoup, la portée d'une transcription phonétique. En fait, la transcription phonétique plus ou moins traditionnelle des conversations correspondrait, si on fait abstraction de l'impératif de segmentation en interventions que nous avons mis à la base de notre notation, à la position C de notre système de représentation (avec, en plus, quelques rares éléments de B).

La continuation naturelle de la présente notation est représentée par un système de notation consacré au niveau illocutoire des interactions verbales. Il fera l'objet d'un autre ouvrage.

Les pratiques parodiantes

La parodie comme action n'a pas intéressé les chercheurs jusqu'ici. On parle de *pratiques parodiantes*—c'est le cas de Genette (1982) par exemple—mais on continue à scruter plutôt le texte parodique que l'action dont celui-ci émane. Solidement installée dans une théorie à physionomie éminemment syntactique—nous nous référons à la théorie de l'intertextualité—l'analyse de la parodie, pragmatique à ses moments, l'est cependant sans le savoir, en tout cas sans thématiser cette perspective.

Nous nous proposons, dans ce qui suit, d'aborder l'étude de la parodie dans un cadre actionnel. La discussion se situera donc d'emblée au niveau de la pragmatique praxéologique que nous avons définie ci-dessus.

On pourrait consacrer à la parodie des analyses pragmatiques qui se situent à des niveaux autres que celui de l'action. Telle serait, par exemple, une analyse pragmatique statique de la parodie visant à clarifier les relations qui s'établissent entre parodieur, texte parodié et auteur parodié; entre auteur parodié, texte parodiant et parodieur; entre auteurs parodiés et auteurs parodiables; entre parodieurs et parodistes, etc. Telle serait, également, une analyse pragmatique dynamique de la parodie, visant à cerner les changements multiples et fuyants qui s'opèrent dans le passage du texte parodié source, écrit par l'auteur cible, au texte parodiant proposé par le parodieur. Telle serait, enfin, une analyse des normes qui sous-tendent les pratiques parodiantes. Si nous optons, dans le cadre pragmatique général offert par le présent volume, pour une analyse actionnelle de la parodie, c'est tout simplement parce que celle-ci est, si l'on peut dire, encore moins pratiquée que les autres, même aux niveaux implicites que nous avons évoqués.

Nous définirons l'action de parodier de la manière suivante: *L'action de parodier consiste en la réduction ludique d'une action sémiotique prestigieuse. Cette réduction peut être opérée par le biais de la représentation déformée*:

- *de l'agent et/ou*
- *de l'anti-agent et/ou*
- *du résultat (produit) et/ou*
- *de l'instrument et/ou*
- *de l'algorithme et/ou*
- *des fondements*

de l'action sémiotique prise pour cible.

Réduire une action consiste à en diminuer l'importance, la signification pour une communauté donnée. Le clown qui effectue au cirque, à sa manière, un exercice de trapèze en diminue l'importance pour le public. L'élève qui répète avec une intonation différente et certaines déviations, plus ou moins calculées, les propos du professeur en diminue l'importance pour la classe.

La réduction s'oppose à *l'amplification*. Amplifier une action consiste à augmenter l'importance, la signification de cette action pour une communauté donnée. Ainsi, par exemple, la consommation rituelle du pain et du vin par le prêtre au cours d'une cérémonie religieuse amplifie les actions usuelles de manger et boire.

Nous parlons de réduction par rapport à la *visée essentielle* de la pratique parodiante. On peut opérer la réduction d'une action par la présentation hyperbolique, exagérément amplifiée, de l'agent, du résultat, de l'instrument, etc., de celle-ci.

Reprenant un terme utilisé par Grivel (1985), nous donnerons à l'agent de la parodie le nom de *parodieur*. De cette manière, le terme *parodiste* sera réservé à la désignation du parodieur "professionnel".

Tout comme le bouffon, le clown, le sot des sotties, le libelliste, le pamphlétaire, le caricaturiste, etc., le parodieur est un réducteur, un agent essentiellement *négateur*. Il s'oppose aux agents amplificateurs, essentiellement *affirmateurs*, tels que, par exemple, le choeur par rapport à l'action tragique, le panégyriste, l'apologète, le laudateur, le complimenteur, le flatteur, l'adulateur, l'encenseur, le flagorneur, le bénisseur, le prôneur. La voix du parodieur est celle d'un antichoeur. Notons, cependant, que le clown, le bouffon, le libelliste, le pamphlétaire, etc., sont — ou peuvent être — des agents du type *auteur*, des agents indépendants. Tandis que le choeur de la tragédie antique est — ou commence à être — un agent du type *personnage*, un agent relatif. L'auteur de la tragédie présente l'action tragique:

- d'une manière neutre, par les agissements, sur scène, des personnages; et

- d'une manière amplificatrice, par les paroles du personnage-choeur (cf., à ce sujet, Romilly, 1984).

Il serait intéressant d'examiner plus attentivement les métaphores par le biais desquelles on présente d'habitude l'agent parodieur ou le couple parodieur — agent parodié. Il y a, d'une part, les métaphores centrées sur le danger, le désordre, la violence parodique. Dans une première série appartenant à ce type, le parodieur est un prédateur, un vampire ou un cannibale face à l'agent parodié — sa proie silencieuse, qu'il ingère, incorpore, s'assimile. Si, abandonnant le domaine de l'animalité sauvage et du monstrueux, on lui accorde une humanité quelconque, c'est celle de l'usurpateur face à un franc prétendant à la gloire littéraire, du chasseur de passage face à celui qui cultive tranquillement le jardin des muses, du ravisseur, voire du voleur. La parodie est rapt d'identité pour Grivel (1985), c'est sur "Au voleur! Au voleur! Au voleur! Au voleur!" que se termine "La situation de la parodie", de M. Vernet (1984, p. 56). Cette deuxième série métaphorique est d'ailleurs plus ambiguë car l'usurpateur, le chasseur, le ravisseur, le voleur, malgré leur dureté et le danger qu'ils impliquent, sont moralement inférieurs par rapport à leur victime qui, elle, vit et opère dans la continuité, la légitimité, la légalité, la bonté essentielle, etc.

D'ici au deuxième type de métaphores, celles qui accentuent le caractère second, dérivé par rapport à l'autre agent, et donc inférieur, moins fort, moins noble du parodieur, il n'y a qu'un pas. Le parodieur devient, dans cette optique, un petit moqueur rusé, un benjamin qui essaie de prendre sa revanche (ce sont, plus ou moins exactement, les termes de Grivel, 1985). Sa personne débile, jalouse et envieuse inspirera, sinon de la pitié, du moins un certain mépris, une certaine gêne. Ou bien, dans une quatrième série métaphorique correspondant à ce même type de la mesquinerie (du faux danger) parodique, ce sera un "non-créateur", un "exécutant" qui a mal tourné, un scribe ou un copiste malhonnête, un consommateur excessivement raffiné, blasé, artificiel, sardonique qui oublie que lire ou citer c'est respecter, officier, aimer, qui "technique" (pour reprendre le mot de Maurice Roche cité et commenté par Grivel, 1985) dans un oubli total des loyautés, des hiérarchies et des contrats, des soumissions librement acceptées envers ce qui nous dépasse et/ou nous a précédés, du respect que l'on doit à la créativité primaire, souveraine, etc.

Il y a, enfin, un troisième type de métaphores courantes, celles qui mettent en scène ce que j'appellerai un *parodieur non-capitalisateur*, un parodieur qui renonce à sa voix, sans toutefois charger de son message à lui la voix de l'autre. Ce serait, par exemple, l'interprétation de Bakhtine. Ou bien un *parodieur errant*, vagabond inlassable dans l'écriture des autres, qui surgit devant nous, couvert de débris de motifs et de lambeaux de phrases, charriant des bruits artistiques qui, sans pour autant lui appartenir, ne sont plus restituables à d'anciens propriétaires. C'est, un peu, l'image proposée par Annie Montaut (1985) pour des écrivains comme Céline, Sollers, etc.

Le parodieur réduit mais *ne supprime pas* l'action qu'il prend pour cible. Si la parodie abolissait l'action parodiée, elle viserait un changement culturel précis, localisable, important, elle perdrait sa qualité de *pratique ludique*. En tant que pratique réductrice ludique, la parodie s'oppose donc non seulement aux pratiques amplificatrices mais aussi aux pratiques suppressives non-ludiques, comme par exemple les pratiques aboutissant à la satire, au pamphlet, comme la critique ou la censure.

Nous proposons de distinguer entre *action ludique* et *performance ludique d'une action*.

Une action ludique est une action essentiellement *isolée* par rapport aux actions reconnues comme fondamentales et centrales dans une communauté donnée. Cet isolement s'explique souvent par l'isolement des groupes agentifs qui la pratiquent. Les actions pratiquées par les enfants, les marginaux, par certains groupes sociaux d'importance économique, sociale, politique secondaire en viennent à être non seulement isolées par rapport aux actions des agents à part entière mais, souvent, considérées mineures et secondes en soi.

Une performance ludique se définit par les traits suivants:

– elle est *non-assumée socialement*, c'est-à-dire l'agent ne s'en reconnaît pas responsable devant la société;

– elle est *non-imputable* dans le sens qu'il n'y a pas d'institution, d'organisme, de personne publique qui puisse l'imputer comme telle à son agent respectif;

– elle n'est pas introduite dans la *biographie essentielle* de l'individu, par rapport à laquelle elle représente un détail, un élément accidentel.

On peut rencontrer des performances ludiques d'actions qui ne le sont pas. Ainsi, par exemple, célébrer l'office divin dans une église est une action éminemment non-ludique qui fait, d'habitude, l'objet d'une performance non-ludique. C'est le cas normal, non marqué. Cependant, il arrive que cette action soit accomplie, en partie du moins, d'une manière ludique. Nous pensons au *risus natalis*, décrit par Bakhtine (1981, p. 72), qui consistait, lors de la fête de Noël, à entonner les hymnes religieux sur l'air des chansons profanes les plus osées. De même, l'action non-ludique de prononcer un sermon était performée ludiquement dans le *risus paschalis*, lorsque, à Pâques, le prédicateur catéchisait ses paroissiens en débitant blagues et plaisanteries (Bakhtine, 1981, pp. 71-72).

En tant qu'action type, la réduction est neutre par rapport à l'opposition ludique/non-ludique. C'est au niveau de la performance, de son exécution, que nous l'avons qualifiée de ludique ci-dessus.

Par le caractère ludique de sa performance, la parodie s'oppose à nouveau à la satire, qui se définit par une performance assumée, imputable, essentielle.

Le caractère ludique des performances réductrices qu'elle suppose semble s'être propagé, dans l'évolution de la réflexion sur la parodie, à la manière d'envisager l'action de parodier dans son ensemble ainsi que ses résultats. C'est au moins ce que suggère le fait que la parodie est souvent présentée comme un genre (un mode) mineur, isolé; qu'on l'estime réussie même si elle n'est reconnue et goûtée que par une fraction restreinte de la communauté. Par contre, la satire est ressentie comme une action "forte" qui échoue si elle n'a pas d'écho, comme un texte important qui ne peut rester sans effet.

L'action qui fait l'objet de la réduction parodique est une action sémiotique, plus exactement une *action sémiotique créatrice*. Nous entendons par action sémiotique créatrice toute action dont le produit est représenté par un objet sémiotique. L'action sémiotique créatrice s'oppose aux actions créatrices tout court (ou actions créatrices non-sémiotiques) dont le produit est représenté par un objet non-sémiotique. Notons, cependant, que toute action créatrice peut être perçue globalement comme un *signe*. Prenons, par exemple, le cas de celui qui construit une maison. On peut interpréter son action comme une action créatrice et l'évaluer, la commenter, la récompenser comme telle. On peut, cependant, tout aussi bien considérer que la construction de la maison représente un signe, plus exactement un indice, de la compétence du constructeur. Nous n'abordons pas cet aspect dans ce qui suit.

Par le caractère sémiotique et créateur de l'action qu'il prend pour cible, le parodieur s'oppose à nouveau au choeur tragique qui amplifie une action plutôt non-sémiotique et pas nécessairement créatrice. Il s'oppose également à l'auteur de satires qui, lui non plus, ne se limite pas à viser la suppression d'actions sémiotiques-et-créatrices.

L'action sémiotique que la parodie se charge de réduire est une action *prestigieuse*, valorisée. On ne parodie que ce qui a du succès, ce qui est à la mode, ce qui est généralement reconnu comme méritoire, important, ce qui est respecté, voire conçu comme sacré.

De ce point de vue, la parodie ressemble au pamphlet qui s'attaque, lui aussi, à un personnage connu et estimé. La parodie, comme le pamphlet, sont des réactions négatives à la louange et au respect, tout comme l'apologie est une réaction négative à la condamnation, à la critique, à l'accusation, à la diffamation. La parodie, le pamphlet sapent la loyauté. L'apologie contre le mépris.

D'après l'importance de l'action qu'elle réduit, la parodie peut être *innocente*, "molle" (le terme a été avancé par P.B. Gobin, 1985) ou *profanatrice*. Notons que l'opposition parodie innocente/parodie profanatrice est une opposition scalaire et que chaque exemple de parodie pourrait être situé sur une droite imaginaire parodie innocente — parodie profanatrice.

Dans sa "Morphologie élémentaire de la profanation", Bouissac (1984) propose les cinq traits suivants:

(1) Un particolare oggetto assegnato ad un certo luogo o posizione viene spostato in un luogo o posizione inappropriati.

(2) Un oggetto che dovrebbe essere maneggiato (o soltanto visto) in un certo modo da una particolare persona o categoria di persone, è maneggiato in questo modo (o visto) da una persona non qualificata oppure maneggiato in modo inappropriato.

(3) Un comportamento codificato che dovrebbe essere compiuto in presenza di un oggetto o di una persona particolari è compiuto in presenza di un oggetto o di una persona inappropriati.

(4) Un comportamento codificato da adottare in un dato contesto è compiuto in un altro contesto, oppure nel contesto adatto non è compiuto.

(5) Una parola o un testo a cui è attribuita una certa interpretazione, sono interpretati in un altro modo; ancora più grave è il caso in cui vengono tratte le conseguenze legate a questa nuova interpretazione. (p. 4)

Si nous examinons les points (1)–(5) ci-dessus, nous nous rendons compte que l'auteur aborde en fait deux types différents de profanation:

(a) la profanation d'un objet et
(b) la profanation d'une action.

La *profanation d'un objet*, voire le maniement de cet objet dans un espace (contexte) impropre (point 1), d'une manière (qui peut consister en une gestualité aussi bien qu'en une interprétation) inadéquates (points 2 et 5), par un agent non-qualifié (point 2) et en présence de partenaires actionnels ou de spectateurs impropres (point 3) apparaît, comme on peut l'observer, dans toutes les conditions énumérées par Bouissac, à l'exception de (4) ci-dessus. Elle est envisagée plutôt en détail. L'auteur a omis, cependant, la mention d'une possibilité de profanation d'objet qui nous semble tout aussi importante: celle du maniement de l'objet profané dans une temporalité impropre (un moment impropre, une durée exagérément longue ou courte, un rythme inadéquat, etc.). En revanche, Bouissac présente avec moins de détails la profanation qui prend pour cible une action. Il envisage uniquement le cas où un algorithme actionnel strictement contextualisé est extrait de son contexte ou, par contre, serti dans un contexte inapproprié (voir le point 4 ci-dessus). Car nous ne pensons pas que le cas, également discuté sous (4), de l'abstention actionnelle par rapport à un contexte qui réclame une action strictement définie soit un cas de profanation. La parodie qui prend pour cible une action apparaît, à nouveau, plus difficile à cerner que la parodie dont la cible est représentée par un objet.

L'opposition *profanation d'objet/profanation d'action* ne nous occupera pas dans ce qui suit. Mentionnons, cependant, comme un problème qui vaudrait la peine d'être examiné, la nécessité de définir les objets profanables dans une culture donnée. Il y a des objets "forts", tels que la "Loi", la Bible, la Croix, le Coran, le drapeau, la tragédie, la messe, le sermon, etc,. qu'on pourrait facilement isoler comme tels. Il y en a d'autres pour lesquels on ne sait pas exactement s'ils peuvent ou non faire l'objet d'une profanation.

Plus important, la morphologie établie par Bouissac ne permet pas de distinguer les profanations de *l'échec des actes conventionnels* en général. Pour ce faire, nous estimons qu'il est indispensable de tenir compte des analyses austiniennes de l'échec que leur auteur a nommées, non sans malice (auto-)parodique, la "doctrine des malheurs" (*the Doctrine of Unhappinesses*) et la "doctrine des infélicités" (*the Doctrine of Infelicities*). Pour Austin (1962), les Malheurs minent les actes en général et se divisent, à leur tour, en Erreurs (*Mistakes*), Méprises (*Misunderstandings*) etc. En revanche, les Infélicités sont spécialisées, elles ne poursuivent que les actes conventionnels. La Doctrine des infélicités permet de distinguer entre des Ratés (*Misfires*) et des Abus (*Abuses*). Un acte conventionnel est un Raté, c'est-à-dire un acte nul en dépit de son exécution:

A1   par défaut de procédure;

A2   par désaccord, lorsque les actants et/ou les circonstances ne s'assortissent pas avec la procédure;

B1   par exécution incorrecte de la procédure;

B2   par exécution incomplète de la procédure (l'incomplétude pouvant se référer soit au fait qu'il y a non-participation à l'action de la part de certains actants à des moments où leur participation serait obligatoire; soit au fait que, tout en participant à l'action, les actants n'accomplissent pas en entier la procédure).

Les Ratés rapportables à A1, A2 sont des *Misinvocations* dans la terminologie d'Austin. Sans réussir à traduire le terme, nous pensons ne pas trahir l'acception austinienne en disant qu'ils sont des *Présomptions actionnelles*. Les Ratés rapportables à B1, B2 sont des Exécutions manquées (*Misexecutions*).

Un acte conventionnel est un Abus, c'est-à-dire un acte prétendu mais creux, un acte revendiqué malgré sa non-exécution:

γ1   par manque de sincérité (c'est-à-dire par l'absence des sentiments, pensées, intentions dont l'actant se réclame, implicitement, par l'acte qu'il choisit d'accomplir;

γ2   par infraction (c'est-à-dire par exécution défectueuse voulue telle par l'agent).

Austin a employé, pour se référer aux Abus du type γ1 les termes successifs de Dissimulations (*Dissimulations*) et Insincérités (*Insincerities*). Il a appelé les Abus rapportables à γ2 tour à tour des Manquements (*Non-fulfillments*), Déloyautés (*Disloyalties*), Indisciplines (*Indisciplines*), Transgressions (*Breaches*) et, finalement, Infractions (*Infractions*).

La morphologie de Bouissac reprend d'assez près les conditions de type A (surtout) et B (un peu moins) chez Austin. On pourrait dire que Bouissac définit les profanations en tant que Ratés. Or, il me semble que, même si les profanations contiennent des Ratés, c'est plutôt en tant qu'Abus qu'on doit les aborder pour en surprendre le caractère essentiel.

Ceci vaut pour la parodie, qu'elle soit ou non profanatrice. En effet, la parodie n'est pas, essentiellement, un Raté, tout comme elle n'est pas, nécessairement, une profanation. Il y a, cependant, un élément d'Abus dans toute parodie. Ce qu'il serait intéressant d'établir et ce qui nous occupera un peu plus loin, ce sera de voir ce qu'on doit ajouter à l'Abus parodique pour pouvoir parler de profanation parodique.

Pour le moment, nous pouvons dire que l'Abus devient profanation lorsqu'il s'attaque à un acte profanable, c'est-à-dire à un acte "fort", révéré dans une culture donnée. Des exemples d'actes de ce type sont les actes de procréer, enterrer, épouser, prier, prêcher, statuer, juger, etc.

Par rapport à l'action sémiotique objet, la réduction parodique peut être *émergente* ou *décalée*.

Nous parlerons de parodie *émergente* lorsque le parodieur parodie l'action parodiée au moment même où celle-ci a lieu. Nous parlerons de parodie *décalée* dans le temps/dans l'espace lorsque le parodieur réduit l'action parodiée à un moment ultérieur au moment où celle-ci a eu lieu, ou dans une autre culture que celle qui a abrité l'action sémiotique initiale.

La parodie émergente crée la possibilité théorique d'une interaction complète agent parodieur/agent parodié. Plus exactement, elle n'exclût pas la riposte, le surcontre de l'agent parodié. L'*échange parodique* émergent a, en principe, la structure suivante:

moment 1: agent initial → action X;

moment 2: agent parodieur → parodie X[1];

moment 3: agent parodié → action X ou action X[2].

Des exemples plus complexes de ce type d'échange ont été analysés par Pierre Gobin dans l'article "La susceptibilité du parodié: fausses parodies et mystifications idéologiques". *La fausse Prude*, les *Sotties* et les *Mystères*, les parodies et pseudo-auto-parodies de Palissot analysées par Gobin (1985) provoquent non pas exactement (ou uniquement) la réaction de l'agent parodié, mais plutôt l'entrée en scène de super-agents institutionnels censés représenter ce dernier et capables d'exercer contre le parodieur une action suppressive. On a donc dans ce cas un échange parodique émergent du type:

moment 1: agent initial → action X

moment 2: agent parodieur → parodie X¹

moment 3: ⎡agent parodié → action X et

⎣ super-agent représentant l'agent parodié → action suppressive.

Dans le cas de la parodie décalée, l'échange parodique est limité aux moments 1 et 2 ci-dessus.

Remarquons que

(a) c'est le moment 2 qui confère à l'agent initial la qualité d'agent parodié, qui pose son action comme action questionnable;

(b) en revanche, le moment 3 semble donner à l'agent parodié l'occasion d'une libre option entre la continuation de son activité sans tenir compte de l'intrusion parodique — c'est le cas des activités religieuses interrompues pour un moment par le *risus natalis* ou le *risus paschalis*, qui reprennent ensuite, intactes, inentamées par ce qui s'est dit ou fait pendant ceux-ci — et la modification de son activité suite à l'interruption parodique (modification pouvant entraîner la cessation provisoire ou permanente de l'activité initiale, son infléchissement vers d'autres directions ou manières, son remplacement temporaire par des activités réactives — "réponses" au parodieur, etc.;

(c) cependant, même si envisageable théoriquement, la modification n'est pas la réaction typique de l'agent parodié. La force de celui-ci consiste plutôt, dans l'imaginaire collectif, à garder la parole (sa parole), à ne pas se laisser détourner de sa voie actionnelle, à ne pas entrer en dialogue avec le parodieur. Le parodieur est, par essence, un untouchable et ses agissements doivent être éludés par ceux contre lesquels il les dirige;

(d) au premier abord, l'absence du moment 3 dans l'échange parodique décalé donne l'impression d'un statut privilégié du parodieur — le parodieur "a le dernier mot" — et d'une improbité foncière et profiteuse de celui-ci: le parodieur "n'encourt pas de risques", il n'est jamais confronté à l'agent parodié.

Cependant, à la lumière de (c) ci-dessus, on peut dire qu'il n'y a pas et qu'*il ne peut pas y avoir* de dialogue entre l'agent parodié et le parodieur ou, si l'on veut prendre l'exemple du carnaval tel que présenté par Bakhtine, entre les discours qu'ils mettent en jeu. Le *risus natalis* est tolérable justement parce qu'il n'est pas partie prenante dans un dialogue, parce qu'il ne met pas en cause le discours religieux avec lequel il alterne pour de brefs intervalles préétablis, et qui le précède et lui succède infailliblement. Ce que le carnaval met en place ou tolère, ce n'est pas la rencontre dialogique entre les discours et les agents qui les portent — ou transportent — mais plutôt l'alternance entre un discours perçu comme fort, impérissable, indestructible, et un ou plusieurs pseudo-discours éphémères, vaincus d'avance et n'écoutés que d'une oreille. Ces derniers ne font que redonner des forces au "public" pour ce qui va forcément reprendre après le court intervalle d'hésitation, d'arrêt, de mise en question tolérés. Si nous reprenons la métaphore du dialogue, la parodie n'est pas la parole qu'un interlocuteur dirige vers celui qui a parlé avant lui en le visant. Le parodieur n'est jamais adressé et jamais adressant. La parodie est plutôt l'irruption discursive d'un spectateur *exclu* une fois pour toutes du dialogue autorisé. La parodie est action de spectateur. Le carnaval la tolère et la limite, en en organisant et l'accueil, et l'oubli. Il aménage des niches parodiques dans les cérémonies religieuses ou rituelles, sans pour autant mettre en danger la pérennité et le sérieux de celles-ci. Le temps de la parodie est l'entre-temps. Le carnaval gère les pratiques parodiques, justement pour éluder toute mise en contact, toute communication entre une *agentivité créatrice*, proposée comme première, et une *agentivité réactive* définie comme seconde.

La parodie émergente est incluse, tout comme l'action parodiée, dans une macrostructure sémiotique englobante. Il serait, d'ailleurs, extrêmement intéressant de procéder une fois à l'analyse comparée des grands *cadres sémiotiques* propices à la parodie émergente: le théâtre antique, les mystères du Moyen-âge, le carnaval et, de nos jours, la publicité et les médias.

La parodie décalée doit, en échange, signaler, exhiber dans un titre/contrat/indication quelconque, sinon englober dans sa performance même l'action qu'elle parodie. Nous distinguons entre des parodies décalées qui séparent l'action parodiée de l'action parodiante, en mettant d'habitude en position initiale la première, et des parodies qui mélangent l'action parodiée avec l'action parodiante, sans toutefois jamais viser (c'est la règle du jeu, voir à ce sujet les pages dédiées à la textualité divisée par Golopentia, 1984) le parfait malaxage des deux dans une résultante homogène et fluide. Nous proposons d'appeler les premières *parodies isolantes*, et les dernières *parodies agglutinantes*.

Il n'y a pas de coupure essentielle entre les parodies émergentes et les parodies décalées isolantes. Dans un cas comme dans l'autre, l'action parodiée et l'action parodiante sont contiguës. Il est vrai que la contiguïté temporelle et spatiale est *naturelle* dans le cas des parodies émergentes, tandis qu'elle est *conventionnelle*, obtenue de manière artificielle, par la répétition en quelque sorte, par la reprise de l'action parodiée dans le cas des parodies décalées. Il y a, en échange, une rupture accusée entre les parodies émergentes et les parodies décalées agglutinantes. L'irréductibilité de ces dernières vient de ce qu'elles remettent en question non seulement l'action parodiée, mais aussi, et plus insidieusement, l'opposition entre agentivité créatrice et agentivité réactive au sujet de laquelle nous parlions ci-dessus. En pétrissant le parodié et le parodiant, sans toutefois se donner la peine (ou le plaisir? ou le droit?) de les dominer dans un produit final uni et résistant, le parodieur fait preuve d'une agentivité qui, tout en n'étant pas exactement réactive, n'en est pas moins fort éloignée d'une agentivité créatrice. La malaise que provoque encore le contact avec ce qu'on appelle, tout à tour, la grande parodie, la parodie sérieuse, etc., vient en partie du fait que, pour donner un sens aux textes respectifs (car le phénomène a été perçu jusqu'ici plutôt au niveau littéraire), il faut remplacer l'opposition binaire *création première/création secondaire* (sinon *interprétation*) par une opposition scalaire, chaque parodie devant, en principe, pouvoir être située dans une position déterminée par rapport aux deux pôles respectifs (figure 1):

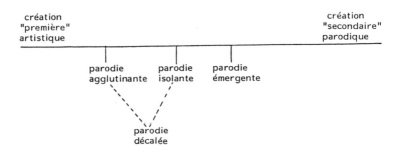

Figure 1

Le syntagme *présentation déformée* dans la définition ci-dessus correspond, en partie, à ce que Genette (1982) appelle, dans sa définition de la parodie, *transformation directe*. Nous préférons parler de présentation déformée pour les raisons suivantes:

(1) le terme *transformation* peut désigner non seulement des changements qui nuisent à la forme d'un objet (d'une action) sémiotique, mais, tout aussi bien, à des changements qui la produisent ou la dégagent. C'est par des transformations que, d'une *variante* à l'autre, l'oeuvre

sémiotique littéraire, musicale, picturale, etc., progresse vers la forme *figée*, estimée parfaite par l'auteur. C'est par *variation* incessante (donc par transformation continue) que l'oeuvre folklorique se manifeste et circule dans les communautés à tradition orale (à littérature *dynamique* s'opposant à la littérature fixée, arrêtée, établie, taillée, en d'autres termes, à la littérature tout court, à la littérature monumentale). Les pratiques parodiantes se définissent en exclusivité par des transformations déformatrices. Elles s'opposent, à ce titre, aux pratiques pastichantes qui reproduisent (c'est-à-dire conservent et présentent) la forme de l'objet sémiotique pastiché.

(2) Le terme de transformation ne met pas en évidence l'aspect *monstratif* de la parodie, le fait que le parodieur nous *montre* avec une certaine insistance l'action qu'il prend en charge. Le monstratif est pour nous le mode actionnel qui correspond à la production d'un signe iconique ou indiciel. L'auto-parodie, la parodie, le pastiche, la citation, l'exemple, le contre-exemple, etc., sont des signes iconiques-et-indiciels rapportables à des actions monstratives.

Nous n'entreprendrons pas ici l'examen détaillé des différents objectifs que peut viser la présentation déformée de l'action parodiée. Avant d'en brosser un tableau forcément sommaire, nous aimerions, cependant, souligner que l'intérêt principal des distinctions que nous proposons entre présentation déformée de l'agent, de l'anti-agent, du résultat, de l'instrument, de l'algorithme et des fondements de l'action parodiée réside dans le fait qu'elles permettent d'affiner sensiblement la typologie des parodiants. Quiconque essaie de dénombrer les combinaisons possibles se rendra facilement compte de ce que, même à partir des quelques paramètres actionnels que nous avons choisis, le nombre des types de parodiants envisageables devient considérable. Car, à ceux qui se limitent à la présentation déformée d'un seul paramètre actionnel (l'agent, l'anti-agent, etc., ci-dessus), on peut ajouter les parodiants qui présentent d'une manière déformée 2, 3, … 6 des paramètres énumérés.

Un exemple de présentation déformée de l'*agent* (c'est-à-dire de celui qui accomplit l'action sémiotique parodiée) a été discuté au cours du Colloque sur la Parodie (Cerisy-la-Salle, 1985) lorsque Joseph Brami (1985) a évoqué la position d'auteur grotesque, d'écrivain encombrant et bouffon qui est celle de Joe Bousquet. Il va sans dire que, dans ce cas, Joe Bousquet présente de manière déformée, non pas l'auteur d'un livre déterminé, mais l'Auteur de tout livre imaginable dans la culture occidentale.

Nous entendons par *anti-agent* le partenaire interactionnel perçu comme essentiel par rapport à l'agent de l'action déformée. L'anti-agent peut être représenté par le public concerné (le lecteur, par exemple) aussi bien que par le parodieur lui-même. Un exemple de représentation déformée simultanée de l'agent et de l'anti-agent des actions parodiées au cirque est donné par Bouissac (1984, pp. 8-9). Selon Bouissac, le numéro de cirque européen tend à être exécuté par une paire de clowns — Auguste et le clown blanc. Tandis qu'Auguste offre une image déformée de l'agent de l'action parodiée, le clown blanc se limite à une participation marginalisée, de "spectateur". Il ne fonctionnera activement qu'à la fin de l'entr'acte comique, pour marquer son indignation et le fait qu'il désapprouve totalement son partenaire (Bouissac, 1984, pp. 8-9). Nous pouvons donc considérer que, dans l'exemple analysé par Bouissac, le clown blanc représente l'image déformée de l'anti-agent de l'action parodiée dans la mesure où, normalement, l'adressé d'une action sémiotique artistique est perçu, sinon comme prenant plaisir à celle-ci, du moins comme ne réagissant pas violemment *contre* l'agent (l'auteur) de l'action respective.

C'est au niveau de la présentation déformée du *résultat* de l'action sémiotique parodiée que l'on pourrait aborder l'analyse de la citation parodique. La citation détournée qui représente, selon Genette (1982), le noyau dur parodique s'attaque, en effet, au résultat de l'activité productrice de textes. En prélevant, sur le texte achevé, un fragment et en démontrant qu'il peut servir à d'autres fins, qu'il n'est donc pas inévitable et unique, la parodieur met en doute, par une espèce de synecdoque pragmatique, l'achèvement même du texte, son unicité, sa "résistance textuelle". Cette manière de situer la citation parodique permet de regrouper ensemble deux types de problèmes. D'abord, on pourrait se demander s'il n'y a pas des procédés formels caractérisés, analogues à la citation détournée, par rapport à la présentation déformée de l'agent, de l'anti-agent, de l'instrument, de l'algorithme ou des fondements de l'action parodiée. Ensuite, on pourrait essayer d'analyser les citations détournées non-textuelles (musicales, picturales, sculpturales, chorégraphiques, etc.) et, même, de demander si, au niveau des actions sémiotiques non-littéraires, il y a intérêt à parler de citation ou plutôt d'homologues formels de celle-ci.

Plus généralement, les théories qui présentent la parodie comme un *écart* par rapport au parodié sont des théories qui privilégient la perspective "présentation déformée du résultat de l'action parodiée" que l'on retrouve dans un grand nombre de parodies.

En revanche, le problème de la spécificité de la parodie dans les différents domaines artistiques — littérature, musique, peinture, etc. — soulevé par Clive Thomson (1985) se situe, dans une approche actionnelle comme celle que nous proposons, au niveau de la présentation déformée de l'*instrument* de l'action parodiée. Nous n'avons pas le temps d'examiner ici le concept d'instrument actionnel. Mentionnons, sans plus, quelques exemples d'instruments actionnels pris en charge par le parodieur: le discours oral (dans les parodies conversationnelles), le discours écrit (dans les parodies littéraires), le système des tons et des durées (dans le cas des parodies musicales), le système des couleurs et des formes (dans le cas des parodies picturales) etc. Le problème de l'emploi "non-sérieux", *parasitaire*, d'un langage par rapport à ses emplois originaires, essentiels, ce qu'Austin (1962) appelle la "doctrine des Etiolements du langage" (*the doctrine of the etiolations of language*) (p. 22) serait, lui aussi, à aborder au niveau de la présentation déformée de l'instrument de l'action parodiée. Nous parlerons, cependant, des étiolements des systèmes sémiotiques en général plutôt que de ceux du langage en particulier.

La présentation déformée de l'*algorithme actionnel* vise la succession des opérations sémiotiques par lesquelles l'agent de l'action parodiée a produit son oeuvre, les règles locales, superficielles, techniques qu'il a suivies.

Nous rangeons ici les phénomènes de désordre parodique, le bricolage opéré par le parodiste au niveau des motifs (figures, scènes, formes et fonctions), les fausses confusions, les faux oublis, les faux glissements, l'abandon des règles dont le respect assure la progression, le rythme, l'équilibre, la plausibilité de la narration, description, représentation parodiées. Cf., pour une analyse assez détaillée de ces phénomènes, Golopentia (1969).

C'est la présentation déformée de l'algorithme actionnel qui préoccupe essentiellement, même si de manière non explicite, les critiques ou les théoriciens de la littérature qui parlent de la parodie en tant que *défamiliarisation, mise à nu des procédés*, etc.

La présentation déformée des fondements de l'action parodiée marque, dans notre approche de la parodie, un deuxième recul. En effet, en examinant la parodie qui prend pour cible, non pas un *objet sémiotique*, mais la *création d'un objet sémiotique*, nous avons opéré un premier décalage par rapport aux approches habituelles consacrées à la parodie. Cependant, le parodieur choisit souvent de déformer, non pas la création d'un objet sémiotique, mais les principes et les normes sur lesquelles cette création se fonde plus ou moins explicitement. D'où le deuxième décalage que nous proposons.

Nous revenons en ce point à l'analyse de la profanation proposée par Bouissac (1984). Pour Bouissac (qui reprend et synthétise les vues de Victor Turner, Claude Lévi-Strauss, Mary Douglas, etc.), tout système culturel apparaît comme une stratification de normes dans lesquelles le dernier niveau de principes et/ou de règles, inaccessible au regard non-averti ou à la réflexion naïve, serait représenté par *l'arbitraire nécessaire du sacré*:

> E come se un sistema culturale con tutte le regole prescrittive e proibitive che formano il suo corpo si basasse in realtà su alcune regole cruciali ma informulabili, una specie di assiomi culturali impliciti o dogmi silenziosi da cui tutte le altre regole deriverebbero e sarebbero giustificate ma che sarebbero essi stessi indimostrabili, ingiustificabili e, in definitiva, inermi. Il sacro sarebbe dunque definito da questa necessaria arbitrarietà, sulla quale poggiano tutti i comportamenti significativi e le norme motivate. (p. 6)

Par rapport au sacré ainsi conçu, la profanation et, avec elle, parfois, la parodie peuvent être ou bien

(a) des *transgressions*, ou bien
(b) ce que je propose d'appeler une *anti-reductio ad absurdum*, ou bien
(c) la simple *exhibition d'un axiome* aveuglant.

J'insisterai sur (b) et (c).

Tandis que celui qui pratique la *reductio ad absurdum* feint d'adopter des prémisses qui vont l'entraîner vers des conséquences inacceptables — Bachelard (1963) parle de "la savante ignorance du professeur de mathématiques qui mime un instant la foi dans des hypothèses abracadabrantes qui le conduisent à une conclusion absurde" (p. 15) — le parodieur, tout comme le clown profanateur que Bouissac a en vue, part de la négation des prémisses intangibles et démontre qu'on peut en tirer des conséquences acceptables. Bouissac (1984) écrit:

> ...la profanazione denota una classe di azioni che confutano questi principi impliciti, trasgredendo alcune regole che derivano da essi oppure esibendo un comportamento che implica un sistema di regole derivanti dalla loro negazione; i clown del circo sarebbero quindi specializzati in tali azioni dimostrative eseguite in modo rituale, il solo in cui l'impensabile e l'indicibile possono essere attuati all'interno del sistema. (p. 7)

La profanation comme exhibition de ce qu'on évite de regarder, de ce qu'on tait est, d'après Bouissac (1984), la forme la plus importante des trois. Citons à nouveau:

La profanazione non è tanto l'infrangere una regola esplicitata in un codice legale quanto il mettere a nudo la regola delle regole, il principio o i principi cosi fondamentali per tenere insieme il sistema normativo da non poter essere formulati. (p. 5)

A la parodie-écart par rapport aux règles (directives) qui composent l'algorithme actionnel parodié, nous opposons donc en ce moment la parodie-profanation par rapport aux axiomes qui fondent l'action parodiée (la parodie-*désacralisation*[1] *remise en question des transcendances, sécularisation, sacrilège*; cf., à ce sujet, Espagne et Werner, 1985).

Quels sont les axiomes que le parodieur exhibe, transgresse, nie? Le sens de l'histoire, la distinction entre premier et second, entre original et dérivé, répond A. Montaut (1985), en partant de l'écriture parodiante d'auteurs comme Sollers. Cette recherche ne fait que commencer. Nous ajouterons, pour le moment, à cette liste qui ne peut qu'orienter les recherches futures, l'opposition entre créativité primaire et dérivée.

La définition que nous avons proposée dans cet ouvrage pourrait être utilement rapportée aux grandes phases historiques du comique distinguées par Lipovetsky (1983):

1. le comique médiéval, hautement symbolique, de la fête populaire, des réjouissances carnavalesques, fondé sur le principe ambivalent du rabaissement du sublime, par lequel "on donne la mort (ridiculise, injurie, blasphème) pour insuffler une nouvelle jeunesse, pour amorcer la rénovation" (p. 156, reprise de Bakhtine, 1970a, pp. 30-31);

2. le comique classique et moderne, éminemment critique, désocialisé, privatisé, discipliné, tel qu'il se manifeste dans la comédie classique, la fable, la caricature, la revue ou le vaudeville et dans les formes modernes de l'humour, de l'ironie et du sarcasme; et

3. le comique postmoderne, à tonalité dominante ludique, décontracté, loufoque, euphorique, convivial, sans épaisseur, désubstantifié, hyper-individualisé, hyperconscient, qui envahit la publicité, la mode, les gadgets, les émissions d'animation, les *comics*.

---

[1] La parodie-désacralisation pourrait être utilement confrontée avec ce que Denis de Rougemont (1982) appelle *décréation*: "Par le terme de 'décréation', je tentais d'évoquer conjointement, d'un seul mot, plusieurs opérations de l'esprit opposées et complémentaires, telles qu'invention et négation critique, synthèse instantanée et analyse

On pourra ainsi distinguer entre ce qu'on pourrait appeler la *parodie symbolique*, la *parodie critique* et la *parodie pure* (voire *parodie vide*) et examiner, par rapport à la définition que nous avons avancée, les infléchissements et aménagements qui sont indispensables à la caractérisation de chacun des trois types.

Le type parodique qui s'est fixé par excellence dans l'imaginaire des théories dédiées à la parodie est le deuxième. Bakhtine (1970a) a beaucoup contribué à une meilleure compréhension du premier, tant et si bien que l'on voit, de nos jours, nombre de critiques qui, fascinés par son approche, essaient de l'appliquer *tale quale* à l'analyse des parodies modernes et post-modernes. C'est cependant le troisième, celui de la parodie pure que nous avons l'occasion de rencontrer et de comprendre sur le vif dans la culture quotidienne. Il pose des problèmes essentiels que la théorie de la parodie aura à affronter. Nous terminerons par une citation de Lipovetsky (1983) qui signale des voies interprétatives possibles:

> La parodie n'a pas seulement pour objet le travail, la nature ou la mode elle-même, ce sont toutes les cultures et la culture qui sont à présent annexées par le procès humoristique. Ainsi de la vogue des nattes afro: sitôt recyclé dans le registre de la mode, ce qui était rituel et traditionnel perd toute épaisseur et bascule dans la mascarade. Tel est le nouveau visage de l'ethnocide: à l'extermination des cultures et populations exotiques a succédé un néo-colonialisme humoristique. Impossibilité des Blancs à respecter le dehors et maintenant le dedans lui-même: ce n'est même plus l'exclusion, la relégation qui commande notre relation à l'Autre, la société post-moderne est bien trop friande de nouveautés pour rejeter quoi que ce soit. Au contraire, nous accueillons tout, nous exhumons et phagocytons tout mais au prix de la dérision désinvolte de l'Autre. Quelles que soient nos dispositions subjectives, la représentation de l'Autre au travers de la mode prend figure humoristique, parce que reversée dans une logique de l'inédit pour l'inédit, expurgée de toute signification culturelle. Pas le mépris, la parodie inéluctable, indépendante de nos intentions. (pp. 172-173)

par la durée; mais aussi leurs résultats concrets: records locaux et usure générale, condensations d'énergies acquises au prix de l'uniformisation du milieu et de l'accroissement des déchets; et enfin un certain état du dosage des forces contraires toujours mobilisées par l'acte unique de création, à savoir: la prédominance, ici morbide, du nécessaire principe de négation. 'Décréation' signifiait donc pour moi: prolifération des mécanismes inhumains aux dépens de notre liberté, ou encore, en langage psychologique: prédominance de l'agressivité et de l'instinct de mort sur le désir et sur l'instinct vital" (p. 240). Il va de soi que la dernière phrase citée soulève des problèmes supplémentaires que nous ne nous sommes pas proposé d'examiner dans le cadre de cet ouvrage.

Plus encore que l'interprétation qu'il en offre, c'est les problèmes que définit Lipovetsky qui nous semblent attachants: celui de la *macro-parodie* (de la parodie qui opère la réduction ludique d'une culture dans son ensemble); celui de la parodie comme phénomène non pas méta-littéraire, méta-artistique, méta-publicitaire, méta-politique mais globalement *méta-culturel*, de la parodie qui prend en charge la culture humaine en tant que telle; celui du parodieur néo-colonisateur par rapport aux terres inconnues des cultures exotiques; celui du parodieur inoffensif, amusé, vide d'intentions par rapport au groupe agentif qu'il donne l'impression d'avoir choisi comme cible.

La rôtisserie de la Reine Pédauque

> Mon père, Léonard Ménétrier, était rôtisseur rue
> Saint Jacques à l'enseigne de la *Reine Pédauque*, qui
> comme on sait, avait les pieds palmés à la façon des
> oies et des canards. (Anatole France, 1948, p. 7)

Le Petit Robert délimite de la façon suivante l'aire sémantique du mot
enseigne: "1° Vx. Marque, indice, preuve. — Vieilli (loc. adv.) *A bonne
enseigne*, sur de bonnes preuves, des garanties sûres. Mod. et littér.
(loc. conj.) *A telle(s) enseigne(s) que*, cela est si vrai que. V. Tellement
(que). 2° (1080). Symbole de commandement servant de signe de
ralliement pour les troupes. *L'enseigne des légions romaines* (aigle). *Enseignes
féodales* (bannières, oriflammes). *Littér.* Drapeau. *Marcher enseignes
déployées.* — *Vx.* (*Mar.*) Marque d'un amiral. 3° (Déb. xvie). Panneau
portant un emblème ou une inscription, ou un objet symbolique qu'un
commerçant, un artisan met à son établissement pour se signaler au
public. V. Panonceau. "Au château d'eau, *l'enseigne de ce magasin fait
courir tout Paris*" (BALZ.). *Auberge à l'enseigne du sanglier. Enseigne lumi-
neuse d'un cinéma, d'une pharmacie.* — Loc. fig. *Nous sommes logés à la même
enseigne*, nous éprouvons le même préjudice, la même contrariété".

C'est une variante de l'enseigne (3) qui nous préoccupera dans ce
qui suit, notamment celle par laquelle un *restaurateur, aubergiste, hôte,
hôtelier, traiteur, patron, cabaretier*, etc. signale aux clients virtuels un "établissement où l'on sert des repas moyennant paiement". Evidemment,
l'enseigne de l'aubergiste, hôtelier, etc., comporte en plus des informations concernant le logement, l'enseigne du cabaretier offre des

214

informations concernant les "attractions", etc. Celles-ci seront considérées secondaires, en marge de la présente étude.

La nature de l'établissement "où l'on sert des repas..." est si complexe, ses "variantes" si nombreuses, qu'il nous a semblé préférable d'employer la variable X dans tous les cas où la spécification *restaurant, grillroom, brasserie, hôtel-restaurant*, etc., apparaissait secondaire pour l'analyse.

Pour mieux fixer le domaine de X nous croyons pouvoir recourir à l'opposition Lévi-Straussienne *endo-cuisine* (cuisine familiale, économique, plébéienne — nous ajouterions: journalière et, par ce, monotone)/*exo-cuisine* (cuisine pour les étrangers en visite, dépensière, aristocratique — nous ajouterions: associée à la fête, au souvenir perçu comme se fabriquant au moment même de la consommation du repas).

Le restaurant, le café, X exemplifie(nt) l'*exo-cuisine*.

L'enseigne pourra souligner ou atténuer ce fait. Ainsi qu'on le verra, on souligne le caractère spécial, unique, de la place choisie pour le repas en arborant l'enseigne géographiquement exotique, historiquement évocatrice, artistiquement allusive. Au contraire, on renie l'exocuisine en choisissant un nom "bien de chez nous", qui fait "bien xxe siècle", qui, comme dans *Le Chez Soi*, transgresse toute règle du système et suggère, par le retour à l'endo-cuisine, l'originalité au second degré qui tentera le snob.

Le corpus examiné en vue de l'élaboration de la présente étude consiste en un nombre de 3000 enseignes recueillies en France (surtout à Paris) durant 1968 et vérifiées à nouveau, à l'aide du Bottin, en 1970.

Un examen de la "maîtrise interprétative" que nous nous sommes efforcés d'acquérir par rapport au corpus nous conduit à formuler, dès le début, des réserves sérieuses.

1. L'auteur de la présente étude n'est pas français, il n'a vécu que passagèrement en France, le français n'est pas sa langue maternelle. Il craint d'avoir interprété comme surprenants ou notables tels faits qui sont naturels et ternes pour le "Français de la rue". Il y a par ailleurs des finesses qui lui ont inévitablement échappé, des journaux qu'il n'a pas lus au jour le jour, des expériences qu'il n'a pas lentement accumulées et qui l'auraient poussé à mieux aborder les enseignes allusives, ambiguës.

2. L'auteur saisit pleinement l'insuffisance de sa formation sociologique, psychologique, économique, gastronomique.

Cette incompétence n'est pas sans certains avantages et nous ne considérons pas présomptueuse l'affirmation selon laquelle, grâce à elle, l'auteur s'estime représenter le *client optimum*— touriste et ignorant — forcé à un effort sémiotique accru et vital dans son oeuvre d'initiation coûteuse et forcée.

Le but du présent article est de déceler la *motivation linguistique* des enseignes, de découvrir les récursivités susceptibles d'orienter vers la *grammaire* sous-jacente et sournoise qui les engendre inlassablement, en un mot d'offrir un contre-argument à l'opposition signalisation asystématique (enseignes)/signalisation systématique (signaux routiers, touristiques, etc.) avancée par Buyssens[1].

Ceci équivaut à postuler une *compétence sémiotique* particularisée dans la capacité de comprendre et de produire des enseignes. Pour le Français de la rue, *La pensée sauvage, Le temps retrouvé, Lire-élire, La joie de lire, La vieille taupe*, etc., signifieront "libraire", *Chez Gégène, Nicolas*, etc., signifieront "X", *Blancheneige, Boblanc*, etc., signifieront "blanchisserie", pour le Roumain de la rue *La Gică* signifiera[2] "barbier", *Lămîţa* "La Citronnelle", *Trandafirul* "La Rose", *Garofiţa* "L'Oeillet", *Ghiocelul* "Le Perceneige", etc., signifieront "confiserie". L'hésitation trahit l'étranger. Sollicité à "produire" une enseigne de librairie, de blanchisserie, etc., le Français (le Roumain) de la rue fournira sans difficulté des exemples semblables, qui seront loin de représenter un bricolage sémiotique accidentel.

Cette compétence est à distinguer nettement de ce que, dans son analyse de la Mode, Roland Barthes entend par *écriture*:

...si l'on réserve le terme de style à une parole absolument singulière (celle d'un écrivain, par exemple), et celui d'écriture à une parole collective mais non nationale (celle d'un groupe défini de rédacteurs, par exemple), comme on a cru pouvoir le proposer ailleurs, il est évident que les énoncés de Mode relèvent entièrement, non d'un style, mais d'une écriture; en décrivant un vêtement ou son usage, le rédacteur n'investit dans sa parole rien de lui-même, de sa psychologie profonde; il se conforme simplement à un certain ton conventionnel et réglé (on pourrait dire un ethos), à quoi on reconnaît d'ailleurs tout de suite un journal de Mode... (Barthes, 1967, pp. 231-232)

[1] Cf. Eric Buyssens (1943), repris par Georges Mounin (1959).
[2] Ou, plutôt, aura signifié, car la structure de l'enseigne est profondément différente aujourd'hui en Roumanie. Il y aurait tout un travail à faire sur l'enseigne et la pub dans un pays à idéologie dominante communiste.

Ce n'est pas un *fashion-group* qui produit l'enseigne, mais bien un propriétaire dont la nationalité et la personnalité jouent un rôle indéniable.

Les *performances-enseignes* appartiennent au *folklore écrit* (!) *de la réclame*, l'enseigne est (perçue et livrée de façon) *anonyme*. Elle est *syncrétique*, vu la combinaison, dans un signifiant global unique, des mots, des dessins, des moulages, des mouvements (l'enseigne tournante, l'enseigne électrique qui s'allume et s'éteint alternativement), etc.

On peut distinguer dans toute enseigne une partie lue (les mots, syntagnes, que le passant comprend) et une partie vue (les dessins, les moulages, les mouvements, etc., que le passant reconnaît par réflexe conditionné), une partie entendue (les enseignes parlantes), etc. C'est à la partie lue que nous référons l'usage métonymique du mot *enseigne* dans ce qui suit.

Alan Gardiner (1957) distingue les motifs suivants dans la création des noms propres:

...(1) a vast multitude of entities so similar that the distinctions between them are difficult to seize or to describe within brief compass; (2) an interest among a section of the community so urgent that a single-word designation is sought and found; (3) great utility in affording fixed points by reference to which other entities can be identified or in defining the group or class within which those other entities can be found; and (4) there is an obvious advantage in a designation which completely covers its object in all its aspects and which economizes thought by rendering unnecessary explanations concerning the nature and relations of that object. (p. 45)

Il nous semble que, à la réserve près que (2) et (4) se recoupent, ces motifs peuvent être également invoqués pour la justification psycho-sociologique de l'imposition des enseignes. Celles-ci sont destinées à distinguer, désigner économiquement, devenir des repères.

L'enseigne se situe au carrefour de deux actes de communication que l'on pourrait décomposer en facteurs constitutifs du type proposé par Roman Jakobson[3].

I. communication matérielle: le *sender* (*addresser, locuteur*) restaurateur transmet le *message* consommation (*référent* X) au *receiver* (*addressee,*

[3] Pour une discussion générale et une mise en perspective des idées de Roman Jakobson, voir G. Mounin (1967).

auditeur) client effectif par le *canal* vente en se conformant aux *codes* gastronomique, économique, etc.

II. communication linguistique: le *sender* restaurateur transmet le *message* enseigne (référent: I ci-dessus) au *receiver* client fictif par le *canal* visuel lecture en se conformant aux *codes* linguistique, rhétorique, etc.

Le fait que le *message* a comme *référent* l'acte I en entier exprime la "prise en charge" du système de communication matérielle I par le système linguistique II. Des *mots écrits* (signes à expression graphique et à contenu sémantique, spécifiés par le *dictionnaire*) fonctionnent en tant qu'expression au niveau d'un signe dérivé, l'enseigne — dont le contenu est représenté par I (figure 1).

Expression		Contenu	. . . . enseigne
Expression	Contenu		. . . . système linguistique

Figure 1

Il y a donc "décrochage" *connotatif* de systèmes, typique selon Roland Barthes, pour tout langage massivement socialisé:

> Face aux métalangages, les connotations imprègnent les langages largement sociaux dans lesquels un premier message ou message littéral sert de support à un sens second, d'ordre en général affectif ou idéologique; les phénomènes de connotation ont certainement une grande importance, encore méconnue, dans tous les langages de culture et singulièrement en littérature. (Barthes, 1967, p. 39).

Le fait que le *sender* est identique dans I et II exprime le caractère *réflexif* de l'acte de communication II. En transmettant le *message* enseigne, le restaurateur réfère I et en référant I il se réfère soi-même en tant que facteur constitutif de I. De ce point de vue l'enseigne fonctionne en tant que *symptôme* de la personnalité du restaurateur.

L'opposition *client fictif/client effectif* suggère la précédence de II, par rapport à I: *l'acte enseigne II* renvoie à *l'acte I*, l'enseigne est le *signal* d'un restaurant en puissance.

Le fait que le *référent* (X) "subit" l'imposition du *message* (enseigne) suggère enfin que l'enseigne fonctionne en tant qu'*index*.

Le restaurateur et le client ont un *background* commun. Ce *background* est constitué par l'acte I qui figure en tant qu'initiation obligatoire dans l'expérience du passant *prévenu* que nous avons en vue; c'est dire que nous ne considérons pas dans ce qui suit le cas d'un individu qui, n'ayant jamais de sa vie mangé dans un restaurant décoderait l'enseigne exclusivement en tant que terme absent de son vocabulaire et aurait le choix d'en apprendre ou non le sens en plongeant dans l'inconnu et par *le(s) code(s)* logique, linguistique, rhétorique. Grâce à la connaissance de I, le client est capable de formuler un ensemble pertinent de questions Q que, à son tour, le restaurateur est capable de prévoir et d'envisager au moment de la production de l'enseigne[4]. Restaurateur et client participent à un jeu communicatif dans lequel l'enseigne constitue la *réponse* du restaurateur aux questions qu'il estime probables, naturelles et justifiées de la part du client. Le client est censé confronter l'enseigne avec chacune des questions qui l'intéressent afin d'en évaluer l'acceptabilité et d'en "localiser" l'information. Ces opérations d'évaluation et de localisation sont entreprises par le *client* suite à la présupposition *jeu correct* (donc compatibilité entre l'enseigne et I, entre le code et Q).

Afin de simplifier l'exposé qui suit, nous représenterons le *background* commun par une proposition dont la structure de base est celle dans la figure A:

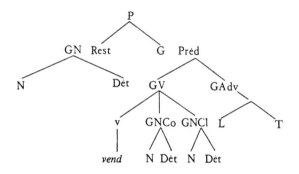

Figure A

L'acception des symboles est la suivante:

P	= proposition;
GNRest	= groupe nominal désignant le restaurateur;
N	= nom;
Dét	= déterminatif;
GPréd	= groupe prédicatif spécifiant le canal communicationnel;

[4] Nous adoptons le point de vue de David Harrah (1963).

GNCo   = groupe nominal désignant la consommation;
GNCl   = groupe nominal désignant le client;
GAdv   = groupe adverbial;
L   = adverbe de lieu ou groupe nominal désignant l'endroit où se déroule l'acte de communication matérielle I;
T   = adverbe de temps ou groupe nominal désignant le moment ou l'intervalle dans lequel se déroule l'acte de communication matérielle I.

Chacun des noeuds sauf *v* (réécrit invariablement et uniquement par *vend*) pouvant être questionné, il s'ensuit que chaque enseigne posera, en tant que réponse, un problème d'*insertion* qu'il revient au client de résoudre.

(1) L'enseigne est uniquement insérable sous la dominance de GNRest dans la structure de base (A).

(a) L'enseigne consiste en un nom propre de baptême ou en un nom propre de famille, qui n'ont pas une connotation littéraire, historique, scientifique, généralement reconnus: *Benoist, Aristide, Avram, Ben Samou, Nicolas, Arnéodo, Sully, Camélia, André, Andrieu, Boukricha, Luce, Alaine, Alonso, Bougouffa,* etc. L'insertion de l'enseigne sous GNRest est cependant plus compliquée car le sens de l'enseigne semble, de toute évidence, non pas *"Benoist vend GNCo (à) GNCl L T"* mais plutôt *"Y vend GNCo (à) GNCl L T sous le nom de Benoist"* (où *Benoist* peut correspondre au nom du restaurateur, peut représenter le nom porté antérieurement par l'établissement, peut trahir les préférences onomastiques du restaurateur, etc.). Des exemples qui mettent en évidence les deux positions que peut occuper le nom dans la structure de base (A) sont représentés par les enseignes dans lesquelles apparaissent deux noms propres, comme par exemple: *Aristide. Roger Successeur; Dame Ursine. Chez Madeleine; Albert. Chez Odile; Aissa. Restaurant Bernard Roi du Couscous Marocain; Joséphine. Chez Dumonet.*

L'enseigne qui consiste en deux noms propres coordonnés pose un problème supplémentaire. En exhibant deux noms de baptême (d'habitude un nom masculin et un nom féminin, le nom masculin précédant le nom féminin), deux noms de famille, ou un nom de famille et un nom propre "collectif indéfini" du type *Cie, Compagnie,* etc., l'enseigne acquiert des implications qui, on le verra par la suite, ont bien leur prix. Ainsi *Antoine et Antoinette, Carmier et Fafiotte* signifient, par connotation, "les deux restaurateurs sont mari et femme plutôt que frère et soeur, parents, étrangers l'un à l'autre"; en échange *Astier et Courbis, Boukherroub et Zarour, Hakimi et Adrar, Bouzara et Djaou, Azini et Arab, Babouche et Khiar, Herpert et Albert, Antoine et Laurent, Barnadat et Magne, Beau et Cie* se prêtent aux suppositions les plus variées concernant le lien social qui unit les restaurateurs.

(b) L'enseigne est insérable sous le noeud *Dét*: *Le Cocu, Le Régent, La Renaude.*

(c) L'enseigne est analysable en tant que N⌢Dét: *Le Corsaire Basque, Le Baron Tzigane, Dirty-Dick, Cousin Raymonde* (sic), *Louisette la Basquaise, Charles à la Fondue, Bertrand de l'Ex-Pot* (à lire aussi *Expo*), *Benjamin Tout Est Bien, Dalous Dit Tonin.*

(d) L'enseigne implique l'insertion sous le noeud GNRest d'un nom (commun, propre, nom plus déterminatif) ou d'un déterminatif, suivie de la *transformation chez (à)*. Nous appelons *transformation chez (à)* l'opération qui déplace l'expansion N⌢Dét dominée par GNRest sous la domination de L−GAdv et remplace GNRest par *on*:

Facultatif GNRest⌢ *vend*⌢ GNCo⌢ (à) GNCI⌢ L⌢ T

1	2	3	4	5	6
on	2	3	4	*chez* 1	6

Il en résulte l'arbre:

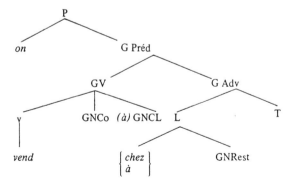

Figure B

Les exemples abondent, ce type est le plus fréquent dans la série (1a)–(1d): *Chez Albert, Chez Antoine, Chez Chichois, Chez Charlotte, Chez Marcel, Chez Charly, Chez Jean, Chez Hansi, Chez Gilles, Chez Barbe, Chez Alice, Chez Fred, Chez Jo, Chez Pauline, Chez Max, Chez Ginette, Chez Jeannette, Chez Julien, Chez Ker, Chez Maria, Chez Rosy, Chez Vania, Chez Roger, Chez Annel, Chez Francis, Chez Romain, Chez Jenny, Chez Félix, Chez Adrien, Chez Gégène, Chez Janine de Cancale, Chez Sam "Le Cuisinier Troubadour", Chez Madame Oscar, Chez Dame Marguerite, Chez la Mère Lartigue, Chez la Mère Arthur, Chez Tante Louise, Chez Tante Marie, A la Mère Catherine, Chez Marius et Jeanette, Chez Lena et Mimile, Chez Moi, Chez Nous, Chez Bécassine, Chez l'Amiral, Chez le Baron, Chez Ma Cousine, Chez Ma Tante, Chez Soi, Chez les Anges, Chez Benjamin Tout Est Bien, Chez Dupont Tout Est Bon.*

Passant sous la dominance du symbole catégoriel L, GNRest en acquiert par propagation le trait sémantique [+ Lieu] que *chez* renforce par transfert. L'enseigne estompe ainsi l'opposition foncière restaurateur/consommateur, le premier devient un repère aimable pour la quête du second. Cette confusion des rôles est parfaitement évidente dans des cas comme *Chez Marcel. Restaurant Antoine, Dame Ursine. Chez Madeleine* où l'on ne sait plus exactement qui des deux est le restaurateur et qui le repère.

D'autre part, syntaxiquement, GNRest s'éloigne du *v*, dont il n'est plus le sujet, mais une simple détermination adverbiale. Cet éloignement n'est pas accidentel car *v*, réécrit par *vend*, est l'élément que l'enseigne contribue à faire oublier, à omettre insensiblement de la définition du X, du restaurateur, etc.

Il y a, dans (1a)–(1d), un paradoxe. C'est le restaurateur qui, de fait, est l'auteur de l'enseigne. Pour se référer soi-même, il devrait normalement recourir au pronom personnel à la première personne singulier ou pluriel. En fait, nous avons rencontré l'enseigne *Chez Moi, Chez Nous*. En désignant X par *Aristide, Chez Jean*, etc., le restaurateur nommé Aristide, Jean, crée l'impression que l'enseigne a été forgée par *quelqu'un d'autre*, qui en a senti la nécessité en dehors de tout intérêt commercial, *autre* signifiant dans ce contexte la collectivité amorphe de la clientèle. Il refuse ainsi non seulement d'assumer explicitement l'action de vendre, mais en plus, toute association de sa personne à un effort persuasif quelconque, comme par exemple la création concertée de l'enseigne.

Pour mieux le souligner, dans des enseignes telles que *Chez Bécassine, Le Genêt d'Or*, face aux plus neutres *Chez Dame Marguerite, Chez le Mère Lartigue*, *Chez la mère Arthur*, *Chez Tante Louise*, *Chez Tante Marie*, *A la Mère Catherine*, le restaurateur semble reproduire avec une rigueur qui connote un détachement absolu le nom (sobriquet) désobligeant qu'il serait censé taire par prudence ou celui trop flatteur ("Ce nom suggère justement aux passants le printemps, la Bretagne, la fraîcheur, beaucoup de mes clients m'appellent Madame 'Genêt d'Or' "[5]) qu'il serait censé taire par modestie, employé par les clients pour désigner sa personne.

Les enseignes discutées sous (1a)–(1d) répondent à une seule question, apparemment celle qui intéresse le moins le consommateur: "Qui et sous quel nom $\overparen{vend}$ $\overparen{GNCo}$ (à) GNCI $\overparen{L}$ $\overparen{T}$?" Par connotation, elles ajoutent cependant des informations telles que "nom étranger" (voir *Ben Samou*), "nom bien français" (voir *Benoist*), "originaire d'un pays où il y a des huîtres" (voir *Janine de Cancale*), "familiarité, simplicité, naturel" (voir *Chez Bécassine*). Ces connotations résultent en une "illumination" du *background*. "Nom exotique" ou "indication du lieu d'origine" en viennent à suggérer la possibilité d'une consommation singularisée dans un local "différent du commun", spécifique. "Nom bien français" en vient à laisser espérer une "consommation saine dans un local traditionnel". "Familiarité" enchaîne sur "repas comme à la maison". Pour prendre un cas plus compliqué, une enseigne comme *Antoine et Antoinette* suggère iconiquement, "par la consonance agréable des deux prénoms"[6] l'heureuse consonance des deux époux, l'atmosphère de foyer que peut trouver le consommateur. Ainsi, les connotations censées "trahir" le restaurateur sont lucidement exploitées par celui-ci dans le but de créer un "niveau d'authenticité", de susciter chez le consommateur l'impression qu'il connaît le patron, sa vie, sa famille, ses préférences, qu'il fréquente un ami, qu'il nourrit même avec celui-ci certaines complicités plus ou moins innocentes (voir l'enseigne *Chez Ma Cousine*, ou bien en tant que désignation de cabaret, *Cousin Raymonde*).

Il nous semble que la structure profonde proposée pour les enseignes (1a)–(1d) correspond à (et justifie) l'intuition sémiotique selon laquelle *Aristide, Antoine et Antoinette* sont loin de signifier "ceci (l'établissement, l'objet auquel est apposée l'enseigne) est *Aristide*", "ceci

---

[5] Lettre du propriétaire, en réponse à un questionnaire concernant les noms de restaurants, que nous avons diffusé parmi un certain nombre de restaurateurs parisiens en 1969-1970.

[6] Réponse d'un restaurateur au questionnaire mentionné sous 5.

est *Antoine et Antoinette"* ou, en y ajoutant des connotations généralement reconnues, "ceci est un homme Aristide", "ceci est un homme
Antoine et une femme Antoinette".

Soulignons, pour conclure, que les pôles connotatifs entre lesquels
se disposent les enseignes (1a)–(1d) sont représentés dans le corpus
par *Chez Moi* et *Chez Soi* respectivement. L'enseigne proclame le restaurateur étrange, artiste, etc., que le client *se doît* de connaître afin
d'enrichir son expérience (voir *Chez Sam "Le Cuisinier Troubadour"*) ou
bien elle efface le restaurateur discret, proposant au consommateur
le calme reposant d'un "chez-soi" supplémentaire.

(2) L'enseigne est uniquement insérable sous la dominance de
GNCo dans la structure de base (A).

(a) L'enseigne consiste en un N contenant le trait sémantique [+
Comestible] et désignant la matière, la boisson, ou le plat (le mode
de préparation) marqué(e), la "spécialité de la maison": *La Coquille,
La Côtelette, Le Couscous, La Bouillabaisse, La Cocotte, L'Entrecôte, La Pizza,
Chicheportiche, La Grenouille, Superfrog, La Gelinotte, Le Coq, La Citrouille,
La Bière, Le Nectar, Le Rubis, Le Beaujolais, Le Tokay, Le Martel, Le Mus-
cadet, Le Chardonnet, Le Calvados*. A part les connotations "exotique"
(*Le Couscous*), "familier, naturel, bon vivant" (*La Côtelette, Le Coq, La
Bière, Le Beaujolais*), similaires à celles qui ont été examinées sous (1),
il nous semble que les enseignes de ce type, vu le fait que, dans la
plupart des cas, elles contiennent l'article défini, ont une présupposition d'unicité, d'authenticité: *La Bouillabaisse* connote pour nous "la
vraie bouillabaisse, la bouillabaisse authentique", "la seule bouillabaisse qui compte", etc.

(b) L'enseigne consiste en un N [+ Comestible] qu'une transformation du type:

$$\text{GNRest} \overset{\frown}{} vend \overset{\frown}{} \text{GNCo} \overset{\frown}{} (\grave{a})\ GNCI \overset{\frown}{} \text{L} \overset{\frown}{} \text{T}$$

1	2	3	4	5	6
1	2	Ø	4 GNCo-*erie*	6	

déplace sous la dominance de L et combine avec le suffixe -*erie*: *La
Bouquinerie* (lieu où l'on mange des lièvres; à considérer cependant l'ambiguïté de l'enseigne, qui pourrait également suggérer un établissement spécialisé dans le commerce des vieux livres ou un lieu où l'on
peut trouver, rencontrer, de vieux boucs), *La Dinanderie*.

(c) L'enseigne consiste en un N qui renvoie métonymiquement au
trait sémantique [+ Comestible]: *La Grille* (renvoyant aux grillades),

Le Chalut (renvoyant à la pêche et au poisson), *Le Coupe-Chou, Le Petit Zinc, Le Potager, La Bonbonnière, La Coupe d'Or, La Grappe d'Or*.

(d) L'enseigne consiste dans la séquence N⌢Dét: *Le Boeuf Gras, Le Chapon Fin, La Côte de Boeuf, Pied de Cochon, La Pièce de Boeuf, Pain d'Orge, Le Chou Farci, La Crêpe Flambée, La Poule au Pot, L'Escargot d'Or, Le Coq Boudassou, Pomme Soufflée, Omelette Surprise*; *La Bonne Bière, Le Vrai Beaujolais, Les Vins de France, Les Bons Crus de la République, Whisky à Gogo, Le Galant Verre*. Souvent elle mime des noms de plats comme dans les parodiques *La Biche Egarée, La Truite Vagabonde, La Pizza dei Ciclopi* (connotation: "immense, surprenante, provoquant un regard de cyclope, aveugle à tout ce qui n'est pas pizza"), *Le Boeuf à l'Escamote, Le Boeuf Couronné*.

(e) L'enseigne provient des N, N⌢Dét décrits sous (2a)-(2d), qu'une transformation *chez* (*à*) du type:

$$\text{Facultatif} \quad \overset{\frown}{\text{GNRest}} \quad \overset{\frown}{vend} \quad \overset{\frown}{\text{GNCo}} (à) \overset{\frown}{\text{GNCI}} \quad \overset{\frown}{\text{L}} \quad \text{T}$$

1	2	3	4	5	6
1	2	Ø	$4\begin{Bmatrix} à \\ chez \end{Bmatrix}3$		6

déplace sous la dominance de L: *Au Cochon de Lait, Au Beaujolais, A la Grenouille, Au Gratin Dauphinois, Au Chapon du Mans, Au Coq Hardi, Au Coq Héron, A la Tartine, Au Grand Méchoui, Au Veau d'Or, A la Grille des Départs, A la Gratinée, Au Bouquet, Au Chou Fleuri, A l'Escargot, Au Vert, Au Pied de Veau, Aux Coqs Hardis, A la Biche au Bois, Au Cabernet, A la Pinte du Nord, Au Muscat, Au Vin d'Anjou, A la Fourchette, Au Bouchon, Au Petit Sucrier, Au Petit Pot Saint Denis, Aux Petits Tonneaux, A la Bouteille d'Or, Au Vrai Pot, Au Gobelet d'Argent*; *Chez Doucette, Chez Dame Tartine*. A la différence de *au*, *chez* transmet par transfert le trait sémantique [+ Animé]. C'est pourquoi *Chez Doucette, Chez Dame Tartine* (dans ce dernier exemple la personnification est explicitée par *Dame*) sont ambiguës signifiant en même temps "chez quelqu'un qui évoque une tartine, fait des tartines"; "chez quelqu'un qui évoque une salade, prépare cette salade" et "chez une tartine", "chez une salade". D'où, si l'on choisit la deuxième éventualité, l'impression hyperbolique du plat impatient qui convie directement le consommateur, sans plus recourir à la médiation du restaurateur.

(3) L'enseigne est insérable exclusivement sous la dominance de GNCI dans la structure profonde (A).

(a) Elle consiste en un N désignant la profession, le titre, le domaine d'activité, la nationalité du client spécialement visé. Le nom respectif est d'habitude précédé par l'article défini: *Les Artistes, L'Escale, Le Commerce, La Fac, La Palette, L'Equipe, La Caravelle, Le Postal, Les Routiers, Les Nouveaux Mousquetaires, L'Irlandais, La Cigale Sportive, Nord-Africains, Le Charentais, Le Petit Nègre, Le Sancerrois, Le Lorrain, L'Ariègeoise, L'Oriental, Parisiens, Le Parisien, Le Corentin; Le Béarnais, Le Viennois, La Rochelaise, L'Américain, La Strasbourgeoise,* etc. Il peut être au singulier ou au pluriel (à l'exception des noms désignant le domaine d'activité). Nous isolons, pour en souligner l'euphorie publicitaire, l'enseigne *Les Ambassadeurs,* lieu commun dans le genre, car il y a partout des *Ambassador, Ambasador,* etc., symboles polyvalents de l'élégance aisée et raffinée.

La "profession" secondaire, nécessairement impliquée par l'acte de communication matérielle I, dans laquelle client et restaurateur fraternisent, le premier étant en une certaine mesure un autre soi-même du second, un spécialiste sans le savoir, est celle, universelle, de *mangeur*. Le mangeur *robuste: avide, glouton, goulu, vorace, altéré, assoiffé, affamé, insatiable, toujours à jeun, qui bâfre, qui s'empiffre, qui se gave, qui se goinfre, qui se gorge, qui bouffe, sans jamais manger à sa faim, l'assouvir, être rassasié, apaisé, repu, plein, bourré, gorgé, comblé, saturé*; le mangeur *délicat: qui chipote, mangeotte, pignoche, mange comme un oiseau, becquette, croûte, ronge, grignote,* mais surtout le mangeur *par vocation,* qui assume ouvertement sa voracité ou sa délicatesse, qui en respecte le style, qui, conscient de la poésie de la cuisine manie avec aisance et créativité les paradigmes et les syntagmes culinaires, en un mot, le *gourmet.* A remarquer la fonction euphémistique de *robuste, délicat, gourmet,* le premier connotant "sincérité, naturel, bon enfant" en tant qu'excuses de l'appétit excessif, le deuxième connotant "fragilité, distinction, petitesse, féminité" en tant qu'excuses du manque d'appétit, le troisième enfin connotant "hobby, originalité, art, compétence" en tant qu'excuses du temps excessif consacré à ce que le sens commun estime prosaïque et — dans des limites saines — abréviable. Cette classification euphémistique des mangeurs justifie des enseignes dans lesquelles N est suivi d'un déterminatif flatteur: à côté de *Le Gourmet, Le Fin Gourmet, Le Bec Fin, Gourmet sans Chiqué,* etc., nous rencontrons donc l'enseigne audacieusement complice du type: *Boufferait* (qu'on peut déchiffrer, entre autres, comme "celui qui boufferait à n'importe quel moment"), *Bouchacourt* (à lire: *Bouche à Court* "celui qui est, en tout, une bouche en quête ininterrompue de victuailles", ou bien *Bouche Accourt,* le client étant présenté à soi-même comme une bouche avide qui a hâte de se mettre à table), *Le Mangetout, Le Goulu, Le Crocodile, Les Belles Gourmandes* (à remarquer que la beauté excuse ici la gourmandise et que *Les Gourmandes* aurait certainement été moins prisé par les clientes, qui acceptent d'assumer leur voracité uniquement au prix du compliment implicite). Le compliment insinué, conditionné par la fréquentation du local (l'achat de la marchandise) est fréquent dans le langage publicitaire: il y a des boutiques pour des *hommes de goût*, pour des *raffinés*, pour des *connaisseurs*, pour des *super-girls*, pour des *stars*, etc. Une forme plus indirecte en serait constituée par les enseignes roumaines de confiseries, que nous mentionnions au début de cet article: *Trandafirul* ("La Rose"), *Ghiocelul* ("Le Perceneige"), *Crinul* ("Le Lys"), *Violeta* ("La Violette"), *Macul Rosu* ("Le Coquelicot Rouge") (sic), *Lămîița* ("La Citronnelle"), etc. La fleur renvoie par métaphore à la cliente.

Pour paraphraser Claude Lévi-Strauss, en choisissant "son" restaurant, le client semble disposer de la chance d'ajouter une touche de plus — que l'enseigne explicite — *au totem de sa personnalité*.

(b) L'enseigne consiste uniquement en un déterminatif: *Le Petit Chouette, Mémorial, Suavor, Périlleux, Select, International, Moderne, Obligado*[7], *Majestic, Cordial, Sportif, L'Epatant, Le National, La Princière, Forestier, Le Municipal, Le Gaulois, Parisien, Le Napolitain, Oceanic, Le Magnum Olympic, Mondial, Européen, Collé*. A remarquer à ce propos, dans sa forme la plus pure, l'opposition entre l'enseigne qui "choisit" le client dans un mouvement paradoxal interdiction hautaine — invitation flatteuse et l'enseigne qui, au contraire, abolit pour celui-ci toute ombre de la question "qui suis-je?".

(c) L'enseigne consiste en à̑ N: *Au Cheminot, Aux Chauffeurs, Aux Sportifs, Au Roulage, A l'Auto, Aux Ministères, Aux Noctambules, Au Mal Assis, Aux Becs Fins, Au Gastronome, Au Villageois*, etc.

Il y a dans ce cas ambiguïté car, quoique insérable uniquement sous GNCI, l'enseigne peut provenir ou bien *directement* de la structure profonde, ou bien par la *médiation* d'une transformation (à̑) qui déplace GNCI sous la dominance de L. Dans le premier cas, l'enseigne signifie "on vend à manger à des cheminots, à des chauffeurs...", "Le local leur est plus ou moins dédié" (il est néanmoins vrai que,

---

[7] Le nom évoque le mot portugais pour "merci" (adressé par le restaurateur au client qui n'est pas encore entré dans son local?; adressé par les clients passés, la communauté en général au restaurateur qui excelle dans son art?).

représentant d'habitude la profession la plus répandue dans les environs, dans le quartier, etc., *cheminots, chauffeurs* arrivent pratiquement à signifier "tout le monde"). Dans le deuxième cas, l'enseigne signifiera "l'endroit, le local où l'on a une chance de rencontrer des chauffeurs, des cheminots, etc.". On peut représenter les deux acceptions par les arbres des figures C et D).

A remarquer que la transformation qui déplace GNCl exclut l'alternative *chez* (que nous avons rencontrée dans le cas de GNRest et de GNCo personnifié) en tant que synonyme de *à*. Ceci témoigne de la complexité sémantique de *chez* qui semble présupposer "maître du local". Rappelons à ce propos que l'étymologie de *chez* est lat. *casa*.

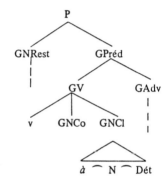

Figure C

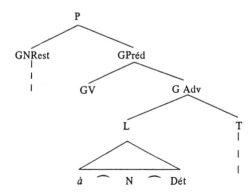

Figure D

(4) L'enseigne est insérable exclusivement sous la dominance de L.

(a) Elle est exprimée par un N désignant "X". Si nous considérons une liste telle que: *restaurant, hôtel-restaurant, café-restaurant, auberge, brasserie, hostellerie, rôtisserie, grill-room, snack-bar, mastroquet, boui-boui, caboulot, troquet, buvette, beuglant, guinguette, bastringue, bistrot, estaminet, gargote, cabaret, boîte de nuit, dancing, café, café-chantant, café-concert, self-service, buffet, taverne*, il semble que normalement l'enseigne adopte la désignation neutre: *Restaurant, Hôtel-Restaurant, Café-Restaurant, Buffet, Le Cabaret, Brasserie*, et, avec la connotation "cosmopolite": *Grill-Room, Snack-Bar, Dancing, Self-Service*. D'autre part, les restaurants de luxe adoptent souvent des désignations archaïques (v. *Hostellerie, Rôtisserie, Taverne*). Enfin, des enseignes telles que *Bistrot, Guinguette, Estaminet, Boîte de Nuit*, représenteraient des cas "d'attente frustrée", où le client est confronté sur l'enseigne, non pas avec la désignation sobre ou flatteuse de X, mais avec celle, péjorative et complice, d'un restaurateur sans parti-pris, à psychologie de client. Le procédé semble gagner du terrain et l'on peut prévoir des *Beuglant, Gargote, Bastringue, Mastoquet*, etc.

(b) L'enseigne consiste en un N qui recoupe sémantiquement "X" au niveau:

– "abri": *La Chaumière, Le Châlet, La Cabane Bambou, Le Cabanon, Le Pavillon, Le Grand Pavillon, Pavillon Royal, Le Palais du Vin, Le Beausite* (à lire *Beau Site*), *Le Royal Lieu, Le Grenier, La Cave, Le Trou dans le Mur, Le Petit Trou, Le Moulin Joyeux, La Maison Rose, La Maison Rouge, Le Relais*, etc.

– "lieu où l'on donne à manger": *L'Ecurie, La Grange au Bouc, Abreuvoir et Mangeoire, Le Poulailler, La Cage*. De même que *Le Belcantine* (à lire *Le Belle Cantine*), *A la Consigne*, l'enseigne de ce type est une provocation lancée au client, elle chevauche à dessein la zone du "désagréable";

– "lieu où l'on vend": *La Boutique à Sandwiches*.

(c) L'enseigne désigne métonymiquement la rue, la ville, un détail typique du contexte. Elle peut copier le nom de la rue (du boulevard, de la place, etc.), y ajouter un déterminatif, en modifier le genre: *Le Chat qui Pêche* (rue Le Chat qui Pêche), *Le Chat de l'Abbaye* (rue Le Chat de l'Abbaye), *Le Faidherbe* (rue Faidherbe), *Le Choiseul* (rue Choiseul), *Le Chevreul* (rue Chevreul), *Le Ganneron* (rue Ganneron), *Le Breteuil* (rue de Breteuil), *Le Passy* (rue de Passy), *Le Mont Thabor* (rue du Mont Thabor), *Le Maubeuge* (rue de Maubeuge), *Le Louis Philippe* (pont Louis-Philippe), *La Madeleine* (place de la Madeleine), *le Gambey* (rue Gambey), *L'Héliopolis* (rue Héliopolis), *Etienne Dolet* (rue Etienne Dolet), *Le Soufflot* (rue Soufflot), *Le Sorbier* (rue Sorbier), *Le Sentier* (rue Sentier), *Le Saint Séverin* (rue Saint Séverin), *Le Victor Hugo* (place Victor Hugo), *Le Verdun* (rue de Verdun), *Le Tolbiac* (rue de Tolbiac), *Le Suffren* (rue de Suffren), *La Colombe* (rue Colombe), *Artois* (rue d'Artois), *Sainte-Apolline* (rue Sainte-Apolline), *Le Royal* (rue Royale), *Le Rond Point* (Rond Point), *Le Rochechouart* (rue Rochechouart), *Le Quartier Latin Champollion* (rue Champollion), *Le Rond Point des Champs Elysées*, *Le Rond Point Montparnasse*, *La Grande Séverine* (rue Saint Séverin), *La Bastille* (place de la Bastille), *Le Iéna* (place d' Iena), *Le Mademoiselle* (rue Mademoiselle), *Le Mathurins Tronchet* (rue des Mathurins), *Balard* (place Balard), *Le Dôme*, *Les Coupoles*, *Le Bourbon* (place du Palais Bourbon), *Le Secteur*, *Le Luxembourg*, *Le Mabillon*, *Bourse-Opéra*, *La Nouvelle Gare*, *Les Arcades*, *La Rotonde*, *Rotonde Bastille*, *Fontaine Elysée*, *L'Etoile*, *Le Madeleine*, *Tour St.-Jacques*, *Le Iéna*, *Arcole* (dans les environs du Dôme des Invalides), *Opéra* (près de l'Opéra), *Restaurant des Beaux Arts* (près des Beaux Arts), *Le Totem* (près du Musée de l'Homme), *Le Grand Rocher*, *La Closerie des Lilas*, *Le Clos des Rochers*, *Les Bosquets*, *Le Verger Fleuri*, *Belle Rive*, *Bellevue* (à lire Belle Vue).

N est souvent précédé par *à* (sens local), parfois aussi par un déterminatif du type *grand, petit, vieux*, par un adjectif numéral:

– *A l'Horloge* (connotation "réglé" comme une horloge), *Au Bout de Bois*, *Au Bocage Fleuri*, *Au Maréchal Brune* (bd. Brune), *Au Maréchal Ney* (bd. Ney), *Au Flambeau* (place de la Bastille), *Aux Armes de la Ville* (rue de Rivoli), *Au Moulin Brûlé*.

– *Au Grand Comptoir*, *Au Coeur des Halles*, *Au Petit Robinson* (Robinson), *Au Grand Arbre*, *Au Grand Arbre de Robinson* (Robinson), *Au Vieux Paris*, *Au Petit Arbre Sec*, *Au Petit Bercy*, *Au Petit Bichat*, *Au Petit Cluny*, *Au Petit Saint-Quentinois* (rue de Saint-Quentin).

Le procédé de l'enseigne "épousant les contours", s'incurvant dans le contexte, se retrouve dans des enseignes comme *Miss Quinine* (désignant une boutique située près de la statue de Caventon, inventeur de la quinine), *Au Pot de Fer Fleuri* (désignant une boutique de fleuriste située rue du Pot de Fer.

(d) L'enseigne combine (4a) et (4b) en désignant par un syntagme unique à la fois X et le repère. Le syntagme consiste en un GN (groupe nominal) du type:

N $\frown$ *de* $\frown$ (Art) $\frown$ N ou bien
N $\frown$ N.

Les exemples sont nombreux: *Hôtel de France*, *Cabanon de la Butte*, *Café-Hôtel des Blancs-Manteaux* (rue des Blancs Manteaux), *Chope des Ternes* (av. des Ternes), *Bar des Trois Quartiers*, *Bar du Quai Voltaire* (quai Voltaire), *Bar d'Hauteville* (rue Hauteville), *Chope de la Contrescarpe* (place de la Contrescarpe), *Au Caveau des Halles* (rue des Halles), *Le Caveau de la Bastille*, *Auberge du Village*, *L'Auberge du Louvre*, *L'Auberge du 18ᵉ*, *Auberge du Luxembourg*, *Hôtel du Parc*, *Hôtel de la Gare*, *Auberge du Palais Royal*, *L'Auberge du Parc*, *Brasserie de l'Institut*, *Auberge de la Tour*, *Auberge de la Belle Epine* (connotation "nom ancien"), *Auberge du Relais*, *Hôtel de la Mairie*, *Hôtel de la Poste*, *Hôtel du Point Noir*, *Auberge des 3 Ecluses*, *Auberge du Moulin Vert* (rue du Moulin Vert), *Auberge d'Armaillé* (rue Armaillé), *Auberge Notre-Dame*, *Hôtel Petit-Palais*, *Manoir Forêt*, *Le Moulin d'Orgeval* (à Orgeval), *Au Clocher du Village*, *Les Caves du Faubourg St.-Martin* (rue du Faub. St.-Martin), *Dégustation d'Alésia* (rue d'Alésia), *Canon de la Place d'Italie* (place d'Italie), *Brasserie du Caire* (rue du Caire), *Chope du Château Rouge*, *Brasserie du Sentier*, *Brasserie de la Pépinière*, *Brasserie du Pont*, *Brasserie de la Sorbonne*, *Hôtel de l'Ouest* (rue de l'Ouest), *Café du Panthéon*, *Bar de l'Odéon*, *Relais de Lyon* (rue de Lyon), *Bar du Dragon* (rue du Dragon), *Brasserie des Pyramides* (rue des Pyramides), *Brasserie Café des Petits Carreaux* (rue des Petits Carreaux), *Restaurant du Boulevard* (bd. de la Villette), *Brasserie de l'Alma* (place de l'Alma), *Bar des Expositions*, *Chope de l'Opéra*, *Restaurant de la Comédie*, Restaurant de la Concorde, *Brasserie de l'Est*, *Café du Centre*, *Restaurant du Secteur*, *Bar de la Mairie*, *Auberge du Pont Dam'Gilles* (rue Dam'Gilles), *Bar de la Victoire* (rue de la Victoire), *Café-Restaurant des Couronnes* (rue des Couronnes), *Café-Bar des Abbesses* (rue des Abbesses), *Les Bars du Square*, *Soucoupes Volantes* (Aérogare du Bourget), *Violet Bar* (rue Violet), *Clichy-Snack* (av. de Clichy), *Charonn'Bar* (rue de Charonne), *Le Palestro Bar* (rue de Palestro), *Bar au Maire*.

La structure profonde de l'enseigne contient dans ce cas une proposition relative (voir la figure E).

Les enseignes (4c) et (4d) ont un caractère pléonastique. Le passant *sait* qu'il se trouve en France, à Paris, rue du Chat qui Pêche. C'est au touriste—rêveur de noms propres—que de telles redondances apportent une joie toujours nouvelle.

(e) L'enseigne proclame un "ailleurs" utopique exotique ou, plus modeste, emprunté à un "tour de France" mythique. N peut être précédé par l'article défini ou bien par la séquence à͡ Art: *La Bohême*, *La Grande Muraille* (connotation "Chine"), *L'Acapulco* (connotation "oisiveté"*, emplacement: rue de l'Université), *La Bella Napoli*, *L'Illinois* (rue de Moscou), *Berkeley*, *Le Hoggar*, *Le Friedland*, *Le Florence*, *Le Congo*,

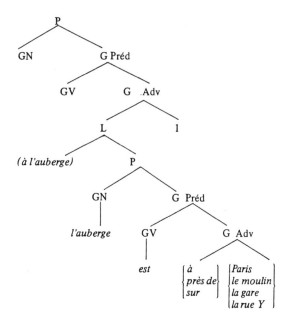

Figure E

*Bologna, Le Biarritz, Le Bengali, Le Broadway, Le Balto, Piccadilly, Baal-
beck, Zanzi/BAR, Le Vésuve, La Savoie, Les Hespérides, Iles Réunies, Le
Madrid, Le Capri, Le Capitole, Le Mogador, Le Monaco, Arcadie, Corinto,
Asie, Au Jardin de Monaco; La Bourgogne, Le Berry Gastronomique, Armor,
Au Béarn, Ici Marseille, Au Château d'IF, Châteauneuf du Faon, Le Chambi-
ges, La Côte Basque, Côte d'Azur, Le Chambord, La Lorraine, Le Bourget,
Le Cheverny, Le Montargis, Médoc, Paris-Savoie, L'Alsace à Paris, Le Cléry,
L'Auvergne, Le Val d'Isère, La Côte, Les Pyrénées* (brasserie).

Marquer sur l'enseigne le nom d'un pays (d'une ville) autre que
celui (celle, où se trouve X, le nom d'un château éloigné, etc., suppose:

– pour des raisons à découvrir, le restaurateur apprécie le pays,
la ville, le château respectifs. Le client pourra donc transformer en
prétexte de connaissance même son repas[8], l'enseigne est une "piece
of conversation".

– le local est censé rappeler ou, s'il est plus sophistiqué, contredire
spirituellement le pays, la ville, le château, etc.

[8] Tout comme, sur un autre plan, on transforme le repas en prétexte de travail dans
les *business lunch*.

Supposons cependant que je ne connaîsse pas l'existence du château de Cheverny. Dans ce cas, l'enseigne est ambiguë. Je peux la relier à *"Cheverny vend* ...L T" ou bien je peux présumer qu'il s'agit d'une place, ville, personne associée, pour une raison ou une autre, à la structure X.

(f) L'enseigne combine (4a) et (4e) dans des séquences N N, N de N, N Aj: *Brasserie La Méditerrannée, Hôtel Helvetia, Hôtel Britannia, Chope de la Banque de France, Chope Daguerre, Chope Ramey, Chope Rochechouart, Chope Saint Maur, Brasserie Côte d'Azur, Brasserie Paris Midi, Brasserie Terminus-Nord, Buvette Terminus, Brasserie La Coupole, Relais Martel, Relais Matignon, Le Relais Odéon, Brasserie Le Parrot, Brasserie Le Prony, Café Croix Rouge, Bar Ducouédic, Hôtel Saint-Simon, Restaurant Copenhague, Maison du Danemark, Normandy Hôtel, La Westphalie, Auberge Le Mériadec, Auberge de Ribeauvillé, Au Moulin d'Alsace, Auberge de Chamonix, Auberge du Midi, Auberge des Provinces de France, Brasserie des Nations, Bar l'Anjou, Bar Bolivar Atlas, Le Consulat et Ambassade de Savoie, Hôtel de Paris* (à Capdenac-Aveyron), *Le Rallye des Flandres, Hôtel du Cantal, Hôtel de l'Oise, Hôtel de Nantes*; *Auberge Provençale, Auberge Basque, Auberge Bressane, Auberge Landaise, L'Auberge Anglaise, Brasserie Munichoise, Auberge Franc-Comtoise, Auberge Morvandelle, Auberge St-Quentinoise, Brasseries normandes, Brasseries Parisiennes, Brasserie Lorraine, Brasserie Franco-Belge.*

(4e) et (4f) renferment une contradiction: d'une part, le client sait qu'il se trouve à Paris et non pas à Cheverny, à Chamonix, en Angleterre; à Capdenac et non pas à Paris. D'autre part, l'enseigne le proclame ailleurs. Il est donc à Paris et en même temps en Angleterre, non pas l'Angleterre véritable mais une Angleterre abstraite, telle qu'à Paris on peut la recréer, une mythique *Britannia*. Ce n'est donc pas par accident, nous semble-t-il, que l'enseigne recourt si fréquemment au nom latin, au nom qui n'est pas couramment employé, du pays (de la ville): *Britania, Gallia, Helvetia, Arcadie, Le Francia*.

(g) L'enseigne désigne non pas le lieu, le repère, mais—dans un semblant de synthèse—l'ambiance: *Le Village, La Grande Maxeville, Le Grand Large, L'Ambiance, La Nouvelle France.*

(5) L'enseigne consiste en une séquence exclusivement insérable sous la dominance de T dans (A) ci-dessus. C'est souvent un "hier" culturel, une époque, que l'on propose au client: *Hôtel Régence, Le Grand Directoire, La Belle Epoque*, par réaction, *Cromagnon Club* (à remarquer la tension sémantique entre "Cromagnon" et "Club"). L'enseigne peut souligner le caractère d'avant-garde de l'établissement: *Auberge du XXème*

Siècle (à remarquer la tension entre les connotations de "auberge" et "XXème siècle"), *Le Siècle, L'Avenir*. Ou bien, partant d'un maintenant présupposé — GNRest ⁀vend⁀ GNCo⁀ (à)⁀ GNCI⁀ ici⁀ maintenant — l'enseigne enchaîne métaphoriquement (*Le Coup de Frein*, suggérant la rapidité de l'arrêt, du repas, du service), allusivement (*Gaudéamus* rappelant à l'égal du *Guarda Badau, L'Ura Passa* la signification profonde de tout moment soustrait à l'amorphe), persuasivement: *A L'Habitude. Café Restaurant.* Soulignons que c'est *café* dans "café-restaurant" qui rend l'enseigne acceptable et que — possible aussi dans le contexte de ___*Bistrot*, ___*Buffet*, ___*Estaminet*, — *A L'Habitude* aurait été moins heureux dans des contextes tels que ___*Restaurant*, ___*Boîte de Nuit.* Autrement dit, *Café, Buffet* présupposent le mangeur délicat, plutôt en quête d'un passetemps que de victuailles et c'est à cause de ce fait que la fréquentation réitérée de X n'a pas de connotation péjorative.

(6) L'enseigne exemplifie un cas de *dérivation multiple* pouvant être insérée sous des noeuds différents dans (A).

Ainsi par exemple l'enseigne *Les Deux Canards* peut renvoyer à GNCo (dans ce cas, l'adjectif numéral *deux* est immotivé) ou bien à L (près de "deux canards", où *canard* signifie "journal") et le restaurateur-auteur est parfaitement conscient de l'ambiguïté qui en dérive.

L'enseigne *Beaufumé* peut renvoyer à un nom propre par hasard "à propos" et être donc décodée comme "*Beaufumé*⁀ vend... ⁀L⁀ T" ou bien, lue "Beau Fumet", elle peut suggérer métonymiquement "l'arôme des viandes, l'odeur du gibier, etc." et être insérée sous la dominance de GNCo dans (A).

Le Coq de la Maison Blanche peut être compris ou bien en tant que GNCo (le coq superlatif que l'on pourrait consommer à la Maison Blanche), ou bien en tant que GNRest (le cuisinier de la Maison Blanche).

Bonnerue, Bonnecaze renvoient ou bien à:

- "*Bonnerue (Bonnecaze)*⁀ vend... ⁀L⁀ T" où *Bonnerue, Bonnecaze* sont dominés par GNRest, ou bien à

- "Y⁀ vend... ⁀ {*Bonnerue* / *Bonnecaze*} T où *Bonnerue, Bonnecaze* sont des syntagmes dominés par L, dont le restaurateur a masqué le caractère trop naïvement persuasif en jouant sur les limites des mots.

Frères Jacques, Le Franklin, Le Copernic, Le Berlioz, Les Anysetiers du Roy, La Belle Cordière, La Tuilière, Gargamelle, Grandgousier, Le Décaméron, Le Germinal, Le Chateaubriand, L'Arioste, L'Arlequin, Le Voltaire, Pulcinella peuvent être des GNRest ou bien des GNCI. N'oublions pas, en fin de compte, que, grâce à la coexistence des registres stylistiques, *Germinal, Pulcinella* ont des connotations alimentaires, que *Chateaubriand, Arlequin* désignent aussi des plats, etc., et que, par conséquent, GNCo est aussi suggéré.

La preuve que nous ne compliquons pas artificiellement la réalité nous semble contenue dans l'enseigne complexe: *Au Mouton de Panurge. Dînez, soupez chez Rabelais. La Cuysine et l'esprit françois, spectacle cocasse pour fines gueules.* Craignant que l'enseigne ne soit incomplètement "savourée" par le passant non-initié ou pressé, le restaurateur en a explicité la connotation littéraire, nationale, artistique. Insérable sous GNRest (un restaurateur employant pour attirer ses clients les mêmes moyens que le personnage de Rabelais ou bien un restaurateur mythique— Rabelais), sous GNCI (*fines gueules*), sous GNCo (*Au mouton...*), etc., l'enseigne est une structure sémantique ouverte, dont l'interprétation pourrait continuer.

(7) L'enseigne regroupe dans une structure complexe des éléments appartenant à des noeuds distincts de la structure profonde (A).

(a) Les éléments ne sont pas réunis en un seul syntagme. Ils sont séparés par un point:

– structure *GNRest. GNCo: Charlot. Le Roi des Coquillages; Denos Le Normand. Le Vrai Homard à la Crème; Chez Aron Fils de Tunis. Spécialités Orientales; Chez Charlot. Merveilles des Mers; Chez Beulemans. La Table du Connaisseur; Chez Doudou. Couscous et Paella,* etc.

– structure *L. GNCo: Le Poulailler. Grillades, feu de bois; L'Armorique. Ses crustacés. Ses spécialités; Auberge des Arts. Spécialités périgourdines,* etc.

– structure $\left\{ \begin{array}{l} GNRest \\ GNCI \end{array} \right\}$. L: *Au Cadet de Gascogne. L'Auberge du Village,* etc.

(b) Les éléments sont réunis en un seul syntagme à l'aide des parenthèses, guillemets, etc. signalant le modificateur: *Auberge des Mousquetaires "Au Grand Arbre"* (GNCI. "L"); *Chez Charlotte "Au Petit Niel"* (GNRest "L"); *L'Auberge du XVIIIe "Chez Maître Claude"* (L "GNRest"); *Aux Petits Pères "Chez Yvonne"* (L "GNRest"); *George Sand (Spécialité Poularde à la Ficelle)* (GNRest [GNCo]), etc.

(c) Les éléments sont regroupés à l'aide de l'adverbe comparatif *comme*: *Chez Maurice. Comme à Marseilles* (GNRest *comme* L).

(d) Les éléments sont regroupés dans un syntagme unique par apposition:

– *Hôtel Mireille Oasis*; *Auberge Hostellerie Nicolas Flamel, Monument Historique datant de 1407*; *L'Auberge La Trémoille*; *Pizzeria del Papa*; *H–R Priollet*; *Hôtel Edmond* (réductibles, plus ou moins à la structure L⌢GNRest);

– *Restaurant Coconnas*; *Pavillon Henri IV*; *Le Rallye Dante*; *Bar Merlin* (réductibles à L⌢ {*GNCI* / *GNRest*}

– *Brasserie Le Coq* (structure L⌢GNCo), etc.

(e)   Les éléments sont regroupés dans un syntagme unique à l'aide de la préposition *de*:

– structure L⌢*de*⌢ {GNRest / GNCI} : *Auberge du Père Louis*, *La Cabana de Don Carlos: Brasserie des Tuileries*; *Auberge des Ducs de Bourgogne*; *La Taverne du Sergent Recruteur*; *Auberge du Chaperon Rouge*; *La Chaumière du Fin Gourmet*; *Hôtel-Restaurant du Commerce*; *Café des Artistes*;

– structure L⌢*de*⌢GNRest⌢GNCo: *La Rôtisserie de la Reine Pédauque*;

– structure GNCI⌢*de*⌢L: *Gourmet de l'Isle*;

– structure GNCo⌢*de*⌢L: *Bouquet de Belleville* (où *bouquet* = "lièvre" et *Belleville* désigne un quartier ouvrier du XXème arrondissement de Paris); *Rouget de l'Isle* (il s'agit de l'Ile Saint-Louis);

– structure L⌢*de*⌢GNCo: *Hôtel du Boeuf*; *Auberge des Petits Carpeaux*; *Auberge des Oiseaux*; *Auberge de la Truite*;

– structure L⌢*de*⌢GNCo⌢*et*⌢*de*⌢L: *Auberge du Lapin Frit et du Maine et Loire*.

(f) Le schéma d'intégration est *à*⌢N⌢*de*⌢N:

– structure *à*⌢L⌢*de*⌢L: *Au Bar de l'Autobus*;

– structure *à*⌢GNCo⌢*de*⌢T: *A la Grille des Départs*, etc.

(8) L'immotivation. Rappelons-nous à ce propos les mots de Barthes (1967) "l'on sait combien l'immotivation renforce le signe..." (p. 154). Il y a des noms dont le signifiant ne peut être en aucune manière relié synchroniquement au signifié décrit au début de cet ouvrage.

Prenons par exemple des enseignes telles que *Le Cheval Blanc*, *Le Corbeau Blanc*, *Au Diable Bleu*, *A l'Horloge*, *Au Grand Comptoir*, etc. Il y en a d'autres, où le nom suggère l'existence plausible d'un objet, d'une enseigne peinte: *Le Beau Violet*; *Au Singe*; *Le Corail*; *Au Thermomètre*; *Le Colibri*. Dans ces cas, la connotation plausible est toujours risquée et le pronostic peut être contredit par l'expérience.

Plus ils sont arbitraires, plus ces noms activeront la compétence sémiotique du passant.

C'est peut-être dans ce fait que réside l'explication des numéraux — si fréquents dans des noms du type: *Les Deux Soleils*; *Le Fusil à Deux Coups*, etc.

Nous réservons une étude spéciale aux enseignes linguistiquement immotivées, dans laquelle nous tenterons de démontrer:

– qu'une motivation linguistique *indirecte* est toujours possible;

– que, par rapport à la partie *vue* de l'enseigne, mentionnée au début de l'ouvrage, la partie *lue* de l'enseigne est toujours *sémiotiquement* motivée;

Notons pour conclure:

– que l'enseigne "pointant" vers le restaurateur est une *garantie*; elle fonctionne en tant que *marque, indice, preuve* de la qualité du local;

– que l'enseigne "pointant" vers le client est un *signe de ralliement*.

C'est donc l'aire sémantique indivise "enseigne" que nous avons retrouvée en explorant une variante de *enseigne 3°*.

Références bibliographiques

Alston, William. *Philosophy of Language*. Englewood Cliffs, N.J.: Prentice Hall, 1964.

_____. "Vagueness". In Paul Edwards, Ed. *The Encyclopedia of Philosophy*. New York & London: The Macmillan Company & The Free Press, vol. 8, 1967, pp. 218-221.

Apostel, Leo. "A Proposal on the Analysis of Questions". *Logique et analyse* 12 (1969), *48*, 376-381.

_____. "Illocutionary Forces and the Logic of Change". *Mind* 76 (1972), *322*, 208-224.

Arghezi, Tudor. *Tablete din Țara de Kuty* [Tablets from the Kuty Land]. Bucharest: Editura "Naționala Ciornei", [1933].

Austin, J.L. *How To Do Things with Words*. Cambridge: Harvard University Press, 1962.

Bachelard, Gaston. *La dialectique de la durée*. Paris: PUF, 1963.

Bakhtine, Mikhaïl. *L'oeuvre de François Rabelais et la culture populaire au Moyen Age et sous la Renaissance*. Paris: Gallimard, 1970a.

_____. *Problèmes de la poétique de Dostoïevski*. Paris: Seuil, 1970b.

_____. *The Dialogic Imagination: Four Essays by...* Austin & London: University of Texas Press, 1981.

Balzac, Honoré de. "La Duchesse de Langeais". In *Oeuvres complètes de....* Paris: Guy Le Prat, 1959, vol. 9, pp. 177-310.

Barthes, Roland. *Système de la mode*. Paris: Seuil, 1967.

Berrendonner, Alain. *Eléments de pragmatique linguistique*. Paris: Minuit, 1981.

Bouissac, Paul. "La profanazione del sacro nei numeri dei clown". Urbino: International Center for Cultural Studies, 1984.

Brailoiu, Constantin. "Le rythme enfantin". *Colloques de Wégimont*. Paris & Bruxelles: Elsevier, 1956, *1*, 5-37. Version remaniée "La rythmique enfantine. Notions liminaires". In Brailoiu (1973), pp. 265-299.

————. "Réflexions sur la création musicale collective". *Diogène* 25 (1959), 83-93. Repris dans Brailoiu (1973), pp. 137-147.

————. *La vie musicale d'un village. Recherches sur le répertoire de Drăguş (Roumanie) 1929-1932.* Paris, 1960.

————. *Problèmes d'ethnomusicologie.* Textes réunis et préfacés par Gilbert Rouget. Genève: Minkoff Reprint, 1973.

————. *Problems of Ethnomusicology.* Edited and translated by A.L. Lloyd. Cambridge: University Press, 1984.

Brami, Joseph. "La parodie chez Bousquet". Communication au Colloque sur la Parodie, Cerisy-la-Salle, 1985.

Buyssens, Eric. *Les langages et le discours.* Essai de linguistique fonctionnelle dans le cadre de la sémiologie. Bruxelles, 1943.

Carroll, Lewis. *Alice's Adventures in Wonderland and Through the Looking-Glass.* New York: The New American Library, 1964.

Charbonnier, Georges. *Entretiens avec Claude Lévi-Strauss.* Paris: Union générale d'édition, 1961.

Coseriu, Eugenio. *Sincronía, diacronía e historia: el problema del cambio linguistico.* Madrid: Gredos, 1978.

Danto, Arthur C. "Basic Actions". In White (1970), pp. 43-58.

Dascălu, Laurenţia et Sanda Golopenţia-Eretescu. "Les questions annulées par l'intonation en roumain". *RRL* 22 (1977), *2*, 139-146.

Dewey, John. *Logique. La théorie de l'enquête.* Paris: PUF, 1967.

Dougherty, Eleanor. "A Semiology of Interaction: Posing the Problem". *Semiotica* 50 (1984), *3/4*, 213-220.

Ducrot, Oswald. *Le dire et le dit.* Paris: Minuit, 1984.

Duras, Marguerite. *Le Navire Night—Césarée—Les mains négatives...* Paris: Mercure de France, 1984.

Espagne, M., et Michael Werner. "Parodie et sécularisation chez Heine". Communication au Colloque sur la Parodie, Cerisy-la-Salle, 1985.

France, Anatole. "La rôtisserie de la Reine Pédauque". In *Oeuvres complètes illustrées*, tome 8. Paris: Calmann-Lévy, 1948.

Gardiner, Sir Alan. *The Theory of Proper Names: A Controversial Essay.* London & New York: Oxford University Press, 1954.

Genette, Gérard. *Palimpsestes. La littérature au second degré.* Paris: Seuil, 1982.

Gerhardt, Mia. *The Art of Story-Telling.* A Literary Study of the *Thousand and One Nights*. Leiden: E.J. Brill, 1963.

Giraudoux, Jean. *Le film de la Duchesse de Langeais* d'après la nouvelle de H. de Balzac. Paris: Grasset, 1946.

Gobin, P.B. "La susceptibilité du 'parodié': fausses parodies et mystification idéologiques". Communication au Colloque sur la Parodie, Cerisy-la-Salle, 1985.

Golopentia-Eretescu, Sanda. "Grammaire de la parodie". *CLTA* (1969), 167-181.

240   *Les voies de la pragmatique*

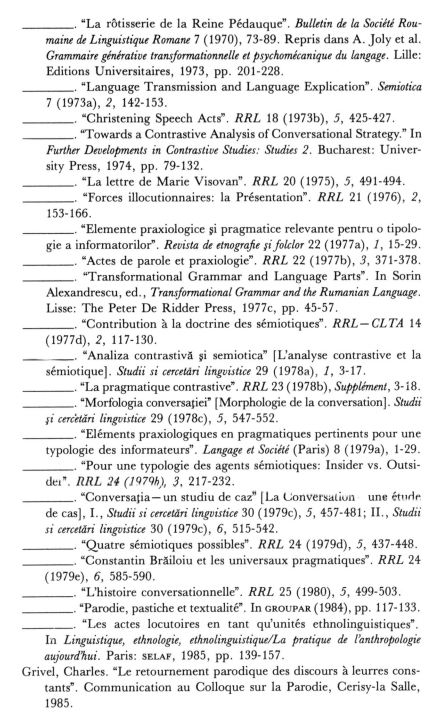

_____. "La rôtisserie de la Reine Pédauque". *Bulletin de la Société Roumaine de Linguistique Romane* 7 (1970), 73-89. Repris dans A. Joly et al. *Grammaire générative transformationnelle et psychomécanique du langage*. Lille: Editions Universitaires, 1973, pp. 201-228.

_____. "Language Transmission and Language Explication". *Semiotica* 7 (1973a), *2*, 142-153.

_____. "Christening Speech Acts". *RRL* 18 (1973b), *5*, 425-427.

_____. "Towards a Contrastive Analysis of Conversational Strategy." In *Further Developments in Contrastive Studies: Studies 2*. Bucharest: University Press, 1974, pp. 79-132.

_____. "La lettre de Marie Visovan". *RRL* 20 (1975), *5*, 491-494.

_____. "Forces illocutionnaires: la Présentation". *RRL* 21 (1976), *2*, 153-166.

_____. "Elemente praxiologice şi pragmatice relevante pentru o tipologie a informatorilor". *Revista de etnografie şi folclor* 22 (1977a), *1*, 15-29.

_____. "Actes de parole et praxiologie". *RRL* 22 (1977b), *3*, 371-378.

_____. "Transformational Grammar and Language Parts". In Sorin Alexandrescu, ed., *Transformational Grammar and the Rumanian Language*. Lisse: The Peter De Ridder Press, 1977c, pp. 45-57.

_____. "Contribution à la doctrine des sémiotiques". *RRL — CLTA* 14 (1977d), *2*, 117-130.

_____. "Analiza contrastivă şi semiotica" [L'analyse contrastive et la sémiotique]. *Studii si cercetări lingvistice* 29 (1978a), *1*, 3-17.

_____. "La pragmatique contrastive". *RRL* 23 (1978b), *Supplément*, 3-18.

_____. "Morfologia conversaţiei" [Morphologie de la conversation]. *Studii şi cercetări lingvistice* 29 (1978c), *5*, 547-552.

_____. "Eléments praxiologiques en pragmatiques pertinents pour une typologie des informateurs". *Langage et Société* (Paris) 8 (1979a), 1-29.

_____. "Pour une typologie des agents sémiotiques: Insider vs. Outsider". *RRL* 24 (1979b), *3*, 217-232.

_____. "Conversaţia — un studiu de caz" [La Conversation — une étude de cas], I., *Studii si cercetări lingvistice* 30 (1979c), *5*, 457-481; II., *Studii si cercetări lingvistice* 30 (1979c), *6*, 515-542.

_____. "Quatre sémiotiques possibles". *RRL* 24 (1979d), *5*, 437-448.

_____. "Constantin Brăiloiu et les universaux pragmatiques". *RRL* 24 (1979e), *6*, 585-590.

_____. "L'histoire conversationnelle". *RRL* 25 (1980), *5*, 499-503.

_____. "Parodie, pastiche et textualité". In GROUPAR (1984), pp. 117-133.

_____. "Les actes locutoires en tant qu'unités ethnolinguistiques". In *Linguistique, ethnologie, ethnolinguistique/La pratique de l'anthropologie aujourd'hui*. Paris: SELAF, 1985, pp. 139-157.

Grivel, Charles. "Le retournement parodique des discours à leurres constants". Communication au Colloque sur la Parodie, Cerisy-la Salle, 1985.

GROUPAR (éd.). *Le singe à la porte*. Vers une théorie de la parodie. Berne & New York: Peter Lang, 1984.

Hanson, Göte. *Dimensions in Speech Sound Perception*, 1967.

Harrah, David. *Communication: A Logical Model*. Cambridge, Mass.: M.I.T. Press, 1963.

Hintikka, Jaakko. *Knowledge and Belief: An Introduction to the Logic of the Two Notions*. Ithaca & London: Cornell University Press, 1969.

Hjelmslev, Louis. *Prolegomena to a Theory of Language*. Madison: University of Wisconsin Press, 1961.

Jakobson, Roman. *Essais de linguistique générale*. Paris: Minuit, 1963.

Katz, Jerrold J. *Semantic Theory*. New York & Evanston: Harper & Row, 1972.

Lafon, Jean Claude. *Message et phonétique: introduction à l'étude acoustique et physiologique du phonème*. Paris: PUF, 1961.

Leech, Geoffrey N. *Principles of Pragmatics*. London & New York: Longman, 1983.

Lévy-Strauss, Claude. *Le cru et le cuit*. Paris: Plon, 1964.

Lipovetsky, Gilles. *L'ère du vide. Essais sur l'individualisme contemporain*. Paris: Gallimard, 1983.

Maeterlinck, Maurice. "Réincarnations". In *Maurice Maeterlinck*. Présentation par Roger Bodart. Choix des textes, témoignages, bibliographie. Paris: P. Seghers, 1962, pp. 175-178.

Malmberg, Bertil. *Les domaines de la phonétique*. Paris: PUF, 1971.

Martin, R.M. *Toward a Systematic Pragmatics*. Amsterdam: North Holland Publishing Company, 1959.

Montaut, Annie. "La parodie et le discours de l'incroyance". Communication au Colloque sur la Parodie, Cerisy-la Salle, 1985.

Morris, Charles. *Writings on the General Theory of Signs*. The Hague & Paris: Mouton, 1971.

Mounin, Georges. "Les systèmes de communication non-linguistiques et leur place dans la vie du XXe siècle". *BSLP* 54 (1959), pp. 176-200.

──────. "Les fonctions du langage". In *Linguistic Studies Presented to André Martinet*. Part One: *General Linguistics, Word* 23 (1967), 396-413.

Pop, Dumitru, et Olga Nagy. "Arta povestitului si vîrsta povestitorilor" [L'art du contage et l'âge des conteurs]. *Revista de etnografie și folclor* 14 (1969), 4, 263-269.

Rescher, Nicholas. *The Logic of Commands*. London & New York: Routledge and Kegan Paul, 1966.

Robert, Paul, et al. *Dictionnaire alphabétique et analogique de la langue française* (Le Petit Robert). Paris: Société du Nouveau Littré, 1967.

Roche, Maurice. *Compact*. Paris: Seuil, 1976.

Romilly, Jacqueline de. "La tragédie grecque: le chant et l'action". *Corps écrit* 10 (1984), 157-165.

Rougemont, Denis de. *La part du diable*. Paris: Gallimard, 1982.

Sarraute, Nathalie. "Conversation et sous-conversation". In *L'ère du soupçon*. Paris: Gallimard, 1956, pp. 79-124.

Searle, John. *Speech Acts*. Cambridge: University Press, 1969.

Stern, Gustaf. *Meaning and Change of Meaning*, with special reference to the English language. Göteborg: Elanders Boktryckeri Aktiebolag, 1931.

Thomson, Clive. "La Parodie". Communication au Colloque sur la Parodie, Cerisy-la-Salle, 1985.

Urdang, Laurence, et Stuart Berg Flexner. *The Random House Dictionary of the English Language*. New York: Random House, Inc., 1968.

Vernet, M. "Situation de la parodie". In GROUPAR (1984), pp. 35-36.

Vieru, Sorin. "Soluţia unui paradox al logicii deontice" [La solution d'un paradoxe de la logique déontique], mss., 1974.

White, Alan H., ed. *The Philosophy of Action*. Oxford: Oxford University Press, 1970.

Wittgenstein, Ludwig. *Tractatus Logico-Philosophicus*. London: Routledge, 1961.

Wright, G.H., von. *Norm and Action*. London & New York: Routledge and Kegan Paul, 1963.

SANDA GOLOPENTIA, Associate Professor in the Department of French Studies at Brown University, is the author or coauthor of several books as well as of numerous articles on Romance linguistics and semiotic theory. Her current research interests concern pragmatic theory and its application to the study of dialogic literature, communicative violence, parody, and love spells.

COVER ILLUSTRATION

Love Letter. December 18, 1949. Breb (Maramures), Romania. Personal collection of the author.